german

Felicitas M. Starr-Egger

On course Series Editors
Sandra Truscott
John Morley

Hodder Arnold
A MEMBER OF THE HODDER HEADLINE GROUP

First published in Great Britain in 2006 by
Hodder Education, a member of the Hodder Headline Group,
338 Euston Road, London NW1 3BH

www.hoddereducation.co.uk

Orders: please contact Bookpoint Ltd, 130 Milton Park, Abingdon,
Oxon OX14 4SB. Telephone: (44) 01235 827720. Fax: (44) 01235 400454.
Lines are open from 9.00am to 5.00pm, Monday to Saturday, with a 24-hour
message answering service. You can also order through our website.

Distributed in the United States of America by
Oxford University Press Inc.
198 Madison Avenue, New York, NY10016

© 2006 Felicitas M. Starr-Egger

All rights reserved. No part of this publication may be reproduced or
transmitted in any form or by any means, electronically or mechanically,
including photocopying, recording or any information storage or retrieval
system, without either prior permission in writing from the publisher or a
licence permitting restricted copying. In the United Kingdom such licences
are issued by the Copyright Licensing Agency: 90 Tottenham Court Road,
London W1T 4LP.

Hodder Headline's policy is to use papers that are natural, renewable and
recyclable products and made fromwood grown in sustainable forests.
The logging and manufacturing processes are expected to conform to the
environmental regulations of the country of origin.

The advice and information in this book are believed to be true and
accurate at the date of going to press, but neither the authors nor the publisher
can accept any legal responsibility or liability for any errors or omissions.

British Library Cataloguing in Publication Data
A catalogue record for this book is available from the British Library

Library of Congress Cataloging-in-Publication Data
A catalog record for this book is available from the Library of Congress

ISBN-10 0 340 88532 7
ISBN-13 978 0 340 88532 1

1 2 3 4 5 6 7 8 9 10

Typeset in 10pt Frutiger by Fakenham Photosetting Limited, Fakenham, Norfolk
Printed and bound in Great Britain by CPI Bath

What do you think about this book? Or any other Hodder Education title? Please
send your comments to the feedback section on www.hoddereducation.com.

List of contents

	Acknowledgements	iv
	Introduction	v
Abschnitt 1	Erste Begegnung	1
Abschnitt 2	Ein Tag im Studentenleben	25
Abschnitt 3	Wo wohnst du?	49
Abschnitt 4	Ein Wochenende in Salzburg	76
Abschnitt 5	In der Stadt	105
Abschnitt 6	Mein Lebenslauf	133
Abschnitt 7	Unterhaltung	156
Abschnitt 8	Probleme	183
Abschnitt 9	Karriere und Beruf	210
Abschnitt 10	Zukunftsaussichten	238
	Grammatikübersicht	261
	Vokabeln	275

Acknowledgements

I would like to thank all my colleagues at the University of Manchester, particularly the series editors Sandra Truscott and John Morley for their invaluable assistance and suggestions as well as their patient support.

My special thanks also to the editorial team at Hodder Arnold for their prompt, helpful and friendly communications and guidance.

Finally and most of all, I would like to thank my family; Claudius for his professional support, Andrew, Tom and Max for their moral support during the long and sometimes exhausting months of work and occasionally difficult times.

Every effort has been made to trace and acknowledge ownership of copyright. The publishers will be glad to make suitable arrangements with any copyright holders whom it has not been possible to contact.

The author and publisher would like to thank the following for the use of text, photographs and artwork in this volume.

The borough of Salzburg for the map of Salzburg town centre on page 87 © Stadtgemeinde Salzburg, www.stadt-salzburg.at. Salzburg AG für Energie, Verkehr und Telekommunikation for the website screenshot on page 98.

All artwork by Oxford Designers and Illustrators.

Cover John Townson/Creation © Corbis; **p4** (left) Photodisc, (centre) Corbis/G. Schuster/Zefa, (right) Photodisc; **p14** (left) Jasmin Mehrgan, (right) Felicitas M. Starr-Egger; **p39** Liliana Foligno; **p44** © Verkehrsverein Tübingen; **p53** Felicitas M. Starr-Egger; **p64** All Photodisc except b), h), j) Felicitas M. Starr-Egger and 'Kerstin' Liliana Foligno; **p78** and **p85** All Felicitas M. Starr-Egger except f) courtesy Salzburg-burgen; **p91** a) and d) Rex Features/Action Press, b) Rex Features/Sipa Press, c) Alamy/Suzanne Long, e) and f) Corbis/Gregor M. Schmid; **p95** (left and right) Rex Features/Action Press, (bottom) Alamy/Suzanne Long; **p99** courtesy Salzburg-burgen; **p108** a), d) and f) Liliana Foligno, b) Rex Features/Jeremy Sutton Hibbert, c) Topfoto/Keystone, e) Topfoto/©Margot Granitsas/The Image Works; **p114** Liliana Foligno; **p117** Felicitas M. Starr-Egger; **p123** Felicitas M. Starr-Egger; **p124** a) Corbis/Steffen Schmidt/epa, b) and c) Photodisc, d) Felicitas M. Starr-Egger; **p143** Corbis/Jack Novak; **p146** courtesy Siemens Corporate Archives, Munich; **p147** (left) Science Photo Library, (centre left) Corbis/Bettmann, (centre right) Rex Features, (right) courtesy Nestlé; **p150** (left) Corbis/Bettmann, (centre) Topfoto, (right) Corbis/Bettmann **p161** Both Liliana Foligno; **p165** (top row) Photodisc, (bottom row) courtesy Grapevine Marketing (Relais & Châteaux); **p176** Lorna Ainger; **p212** a) Sarkis Images/Alamy, b) Photodisc, c) Still Pictures/Klaus Rose, d) Sipa Press/Rex Features, e) Rex Features/Sipa Press, f) Empics/Deutsche Press-Agentur, g) Getty Images/Jason Dewey, h) TU Berlin/Sabine Böck; **p233** Topfoto; **p250** (top) Rex Features/©Columbia/Everett, (bottom) Kobal Collection/Bavaria/Radiant

Introduction

This new course is especially designed for students in post-secondary education who would like to begin or refresh their knowledge of one of the major European languages – French, Spanish, Italian and German.

The course remains firmly communicative in approach with plenty of scope for pair and group activities, both orally and in written mode.
These activities are anchored within the student and study abroad experience. At the same time, it lays more emphasis on grammar than has been the tendency in many recent course books. *On Course* also includes an element of independent learning for those courses in which this has become an integral part.

The target language is used throughout, apart from grammar explanations and some of the more challenging cultural input. The rubric is accompanied by an English explanation for the preliminary units and is gradually faded out as students become more familiar with the target language. We have tried to take a multicultural approach and to introduce topics and characters from a variety of countries in which the language is used.

Each unit should take approximately six hours to cover in class time, thus allowing the first half of the book to be covered in Semester One and the second half in Semester Two. Students will be expected to make up the remainder of the 200 hours allocated to a typical 20 credit course in their own time and there is sufficient material in each unit to allow them to do this.

Each course is built round ten units – each of which deals with a different aspect of life in the target country. The chapter headings give a flavour of the material in each unit:

Unit One: First contacts
Unit Two: A day in the life of . . .
Unit Three: Where do you live?
Unit Four: A weekend away
Unit Five: A day in the city
Unit Six: My autobiography . . .
Unit Seven: Enjoying yourself . . .
Unit Eight: Problems!
Unit Nine: The world of work
Unit Ten: Future prospects

Each unit is, in turn, divided into a number of sections:

Wiederholung: a rapid overview of the main points from the previous chapter;
Aperitif: a brief introduction to the essentials of the unit;

Vorspeise, *Hauptspeise* and *Nachspeise* 'courses': each of which deals with a different aspect of the main theme, together with salient points of grammar;

Kaffee: a section which deals with the following:

Aussprache und Rechtschreibung / Betonung; pronunciation and orthography/intonation;

Portfolio: which gives suggestions of written and oral tasks to be completed by students outside class, and which can be collected to form a dossier of independent work;

Kulturbeilage: a section which introduces students to some of the cultural aspects of life in the target countries;

Wiederholung: a final section which reviews the important elements of the unit;

Vokabelübersicht: vocabulary from the unit.

As can be seen from the list of contents, there is a substantial amount of built-in revision, which should help students consolidate earlier material, while moving forward towards new ground.

Answers to the exercises and full recording transcripts are available in a separate Support Book and we strongly recommend that you obtain the *On Course German Support Book and Audio Pack*, which will enable you to develop your listening skills and get used to hearing the German language as it is spoken now.

The *On Course* team hopes that students and their teachers will enjoy using the materials and will find them an efficient and worth-while learning resource.

Erste Begegnung

Übersicht

Aperitif — 2–4
Geografie und Herkunft

- **Funktion:** Herkunft beschreiben; Begrüßung
- **Vokabeln:** Länder; Grüße; *heißen, kommen; ich*
- **Grammatik:** verwandte Wörter; Wortarten
- **Übungen:** 1–5

Vorspeise — 4–8
Vorstellung und Studium

- **Funktion:** Begrüßung; Vorstellung
- **Vokabeln:** Fachbereiche; Namen
- **Grammatik:** Fragen; Präposition *aus*
- **Übungen:** 1–10

Hauptspeise — 8–13
Mein Studium

- **Funktion:** Verabschiedung; Adresse; Telefonnummer; Anmeldung
- **Vokabeln:** Studium; *haben, sein, gehen*
- **Grammatik:** 1.–3. Person Singular; Verben *sein, haben*; Personalpronomen *Sie/sie*; Fragen; Zahlen 1–1000
- **Übungen:** 1–12

Nachspeise — 13–17
Familie und Wohnort

- **Funktion:** Wohnort; Familie
- **Vokabeln:** Wohnen; Familie
- **Grammatik:** Modalverben; Nomen: Genus; bestimmter und unbestimmter Artikel; Possessiva
- **Übungen:** 1–8

Kaffee — 17–24

Aussprache und Rechtschreibung
Portfolio
Kulturbeilage
Wiederholung
Vokabelübersicht

Abschnitt 1 Erste Begegnung

In diesem Abschnitt werden Sie
In this unit you will

- ***persönliche Angaben machen***
  practise giving personal details
- ***über den Studiengang sprechen und schreiben***
  talk and write about your degree course
- ***die Familie beschreiben***
  describe your family
- ***einige deutsche Vokale üben***
  practise some German vowels
- ***etwas über Länder in Deutschland lernen***
  learn about German federal states

Aperitif

Geografie und Herkunft

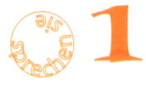

lesen sie sprechen sie **1**

Finden Sie die englischen Entsprechungen aus dem Kästchen unten. Find the English equivalents in the box below.

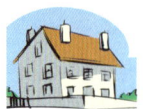

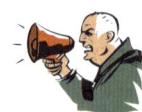

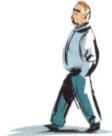

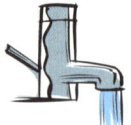

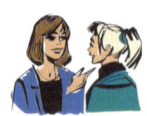

a) das Haus

b) laut

c) gehen

d) das Wasser

e) sprechen

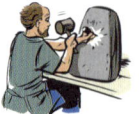

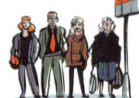

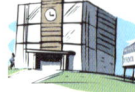

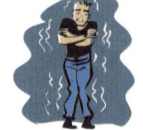

f) hart

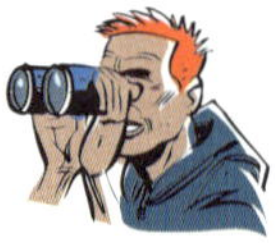

g) sehen

h) warten

i) die Schule

j) kalt

cold	to speak	hard	water	to see
house	to go	loud	to wait	school

 **2** *Englisch und Deutsch sind verwandte Sprachen. Welche Muster können Sie an den Vokalen und Konsonanten der Wörter oben erkennen?* English and German are related languages. Can you see any patterns for the vowels and consonants in the words above?

Beispiel: Buch – *book*, Maus – *mouse*, schwimmen – *to swim*

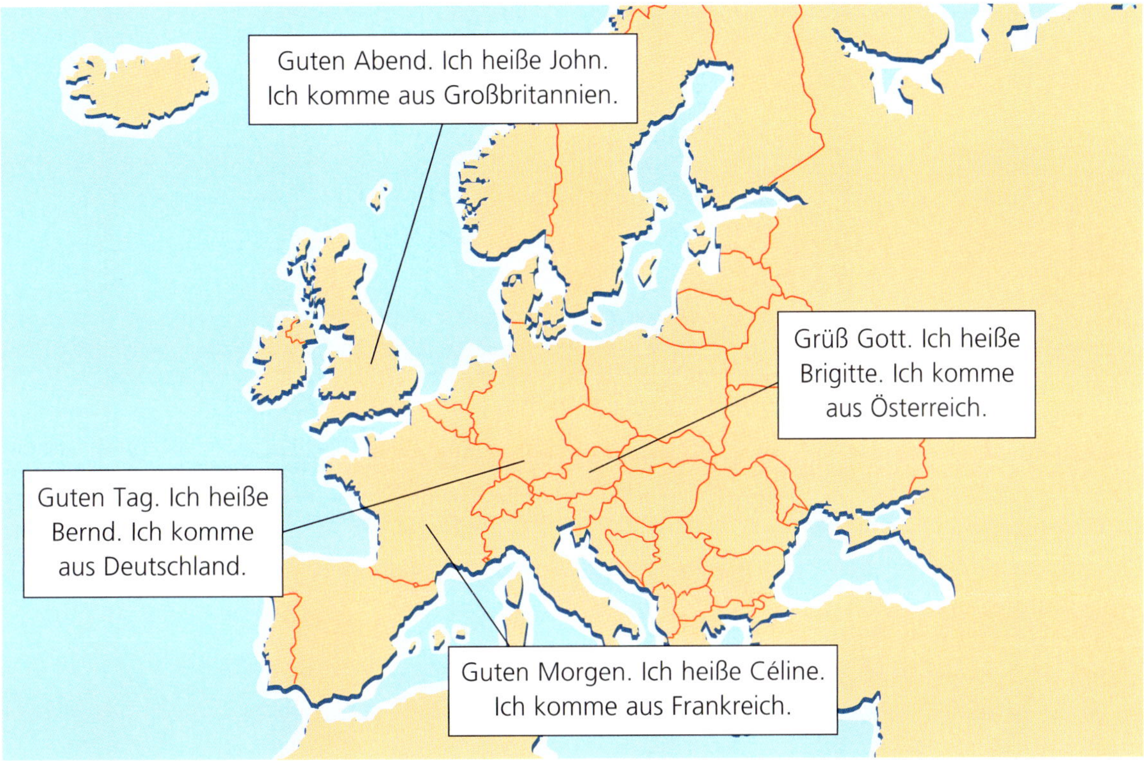

> Guten Abend. Ich heiße John. Ich komme aus Großbritannien.

> Grüß Gott. Ich heiße Brigitte. Ich komme aus Österreich.

> Guten Tag. Ich heiße Bernd. Ich komme aus Deutschland.

> Guten Morgen. Ich heiße Céline. Ich komme aus Frankreich.

 **3** *Hören Sie und üben Sie, was John, Bernd, Brigitte und Céline sagen.* Listen to what John, Bernd, Brigitte and Céline say and practise it.

  **4** *Hören Sie die Sätze und verbinden Sie die Namen und Länder.* Listen to the sentences and match up the names and countries.

1	Céline	Spanien
2	Bernd	Großbritannien
3	John	die Schweiz
4	Ana	Italien
5	Brigitte	Deutschland
6	Marco	Österreich
7	Zoltan	Frankreich
8	Helene	Ungarn

drei

1 ERSTE BEGEGNUNG

  5 *Ergänzen Sie die Sätze mit Hilfe der Namen und Ländernamen aus Übung 4.*
Complete the sentences using the names of the people and countries from activity 4.

a) Guten _____. Ich heiße Ana. Ich komme aus _____.

b) Guten _____. Ich _____ John. Ich _____ aus Großbritannien.

c) _____ Tag. Ich _____ Marco. Ich komme aus _____.

d) Guten Morgen. _____ heiße Helene. Ich _____ aus der Schweiz.

e) Grüß Gott. Ich _____ Brigitte. Ich komme _____ Österreich.

f) _____ Tag. ____ _____ Zoltan. ____ _____ aus _____.

> ★ **Kultur-Info**
>
> **Hallo! Goodbye!** There are several expressions used to start or finish a conversation in German. You will hear **Guten Morgen**, **Guten Tag**, **Guten Abend** and (in Bavaria and Austria) **Grüß Gott**, as well as the more informal **Hallo** or **Tag**. At the end of a conversation people say **(Auf) Wiedersehen** and more informally **Tschüss**.

Guten Morgen.

Guten Tag.

Guten Abend.

Vorspeise

Vorstellung und Studium

  **1**

A *Hören Sie, wie sich diese Studenten vorstellen. Worüber sprechen sie?*
Listen to some students introducing themselves. What are they talking about?

B *Hören Sie den Dialog noch einmal und entscheiden Sie, ob die folgenden Aussagen richtig oder falsch sind. Kreuzen Sie an.* Listen to the dialogue again and decide whether the following statements are true or false. Tick the box.

4 *vier*

1 Céline **2 John** **3 Derya**

	Richtig/True	Falsch/False
a) The first student is called Anne.	❏	❏
b) Céline is from France.	❏	❏
c) She studies chemistry.	❏	❏
d) The second student is called John.	❏	❏
e) John is from Australia.	❏	❏
f) He studies music.	❏	❏
g) The Turkish student is called Derya.	❏	❏

1
Guten Tag. Ich heiße Céline. Ich komme aus Frankreich. Ich studiere Biologie.

2
Guten Tag. Mein Name ist John. Ich bin aus Großbritannien und ich studiere Musik.

3
Guten Tag. Mein Name ist Derya. Ich komme aus der Türkei und ich studiere Maschinenbau.

Verbinden Sie die deutschen und englischen Begriffe. Match up the German and English expressions.

a) ich — to come (from)
b) heißen — the name
c) der Name — to study
d) kommen (aus) — my
e) sein — I
f) studieren — to be called
g) mein — to be

fünf **5**

 **3**

Ergänzen Sie die Sätze mit den Wörtern aus dem Kästchen. Complete the sentences with the words in the box.

Musik	John	Großbritannien
Frankreich	Biologie	Céline

a) Ich heiße _____   d) Mein Name ist _____

b) Ich komme aus _____   e) Ich bin aus _____

c) Ich studiere _____   f) Ich studiere _____

   4

Was studieren Sie? Verbinden Sie die deutschen und englischen Begriffe für die Fachbereiche. What do you study? Match up the German and English words for the subjects.

a) Maschinenbau — *chemistry*

b) Anglistik — *psychology*

c) Chemie — *art*

d) Physik — *physics*

e) Kunst — *mechanical engineering*

f) Betriebswirtschaftslehre (BWL) — *business studies*

g) Elektrotechnik — *electrical engineering*

h) Psychologie — *English studies*

   5

Woher kommst du? John braucht eine Pause und ist im Café. Ein anderer Student möchte sich an seinen Tisch setzen. Where are you from? John needs a break and is in the café. Another student would like to sit at his table.

Michael Entschuldigung. Ist hier frei?
John Ja.
Michael Ich heiße Michael, und du?
John Ich bin John. Woher kommst du?
Michael Aus der Schweiz. Und du?
John Aus Großbritannien. Was machst du hier?
Michael Mathematik. Und du?
John Musik.

nützliche Wörter
Entschuldigung: *excuse me*
frei: *free*
woher: *where from*
machen: *to do/study*

sechs

The preposition *aus* with countries

- The preposition *aus* is used to say where somebody or something is from:
  *Ich komme **aus** Amerika/**aus** Deutschland.*

- With some countries the definite article is added:
  *Ich komme **aus** der Schweiz/**aus** der Türkei.*

 6 *Ergänzen Sie den Dialog.* Complete the dialogue.

Michael (1) _____. Ist hier (2) _____?
John Ja.
Michael Ich (3) _____ Michael und studiere Mathematik. Was (4) _____ du?
John Musik. Woher (5) _____ du?
Michael (6) _____ der Schweiz. Und du?
John (7) _____ Großbritannien.

  7 *Üben Sie den Dialog oben mit verteilten Rollen.* Practise the dialogue above, taking a role each.

Questions

In German a question can start

- with an interrogative (question word), such as *wo* (where), *woher* (where from), *wohin* (where to), *was* (what), *wann* (when), *wie* (how): *Woher kommst du? Was machst du hier?*, or

- with a verb at the beginning: *Studierst du in Berlin? Kommt Marco aus der Türkei?*

In both cases, the subject follows the verb.

   8 *Suchen Sie die fehlenden Verbformen aus den Dialogen, die bisher gelesen wurden. Füllen Sie die Tabelle aus.* Find the missing verbs forms in the dialogues presented so far. Complete the table.

	kommen	studieren	machen
ich	komme		
du			machst
er/sie/es		studiert	

sieben 7

1 ERSTE BEGEGNUNG

 **9** *Nun sind Sie an der Reihe. Stellen Sie sich der Klasse vor. Verwenden Sie die Sätze aus Übung 1 und beginnen Sie mit „Guten …". Stellen Sie dann Ihren Partner/Ihre Partnerin vor.* Now it's your turn. Introduce yourself. Use the phrases from activity 1 and start with *Guten …* Then introduce your partner.

 **10**

A *John braucht einen **Benutzerausweis** für die Bibliothek und geht sich anmelden. Er muss seinen **Studentenausweis** vorweisen und bekommt den Ausweis und ein **Informationsblatt**. Hören Sie den Dialog.* John needs a library card and goes to register. He needs to show his student ID and receives the card and an information leaflet. Listen to the dialogue.

a) What do the bold words in the German instructions mean?

b) What does the librarian ask for?

B *Hören Sie den Dialog noch einmal. Kreuzen Sie die Wörter an, die Sie hören.* Listen to the dialogue again and tick the words you hear.

Benutzerausweis	❏	Informationsblatt	❏
Danke	❏	Bitte	❏
Architektur	❏	Studentenausweis	❏
Brauche	❏	habe	❏
Morgen	❏	Wiedersehen	❏
Ja	❏	Tschüss	❏

nützliche Wörter
brauchen: *to need*
der Benutzer: *user*
der Ausweis: *ID card*
das Blatt: *sheet (leaflet)*

Hauptspeise
Mein Studium

 **1** *Zwei weitere Studenten treffen sich im Campus-Café. Sie sprechen über sich und ihre Studiengänge. Hören Sie den Dialog. Was studieren die beiden? Worüber sprechen sie?* Two other students meet in the campus café. They talk about themselves and their courses. Listen to the dialogue. What is each of them studying? What do they talk about?

A Guten Tag, ist hier frei?
B Ja, klar.
A Ich heiße Bernd.
B Tag, und ich bin Kerstin.
A Was studierst du hier?
B Maschinenbau im vierten (4.) Semester. Und du?
A Anglistik im sechsten (6.) Semester. Ich gehe nächstes Jahr ins Ausland.
B Toll, wohin gehst du?
A Nach Leeds. Ich habe einen Studienkollegen, der ist dieses Semester in Toulouse. Er sagt, im Ausland studieren macht richtig Spaß.
B Das sagen meine Freunde auch.
A Ach du Schreck! Schon vier. Da muss ich gehen. Tschüss.
B Tschüss.

nützliche Wörter
gehen: *to go*
nächstes Jahr: *next year*
das Ausland: *abroad*
der Studienkollege: *fellow student*
richtig: *really*
der Spaß: *fun*
der Freund: *friend*
Ach du Schreck!: *Oh heck!*
schon: *already*

2 *Üben Sie den folgenden Dialog mit verteilten Rollen.* Practise the dialogue below, taking a role each.

A Guten Tag, ich heiße Bernd.
B Hi, I'm …
A Was studierst du hier?
B Electrical engineering. I'm in my fourth semester. And what about you?
A Anglistik im sechsten (6.) Semester. Ich gehe nächstes Jahr ins Ausland.
B Super, where are you going?
A Nach Leeds. Ich habe einen Studienkollegen, der ist dieses Semester in Toulouse. Er sagt, im Ausland studieren macht richtig Spaß.
B My friends say that too.
A Ach du Schreck! Schon vier. Da muss ich gehen. Tschüss.
B Bye!

3 *Ergänzen Sie nun einen ähnlichen Dialog mit den Wörtern aus dem Kästchen.* Now complete a similar dialogue with the words in the box.

| Chemie | fünften (5.) | Semester | Studienkollegen | Tschüss |
| gehen | Spaß | Ausland | frei | Manchester | Jahr |

Klaus Hallo, ist hier **(1)** _____?
Monika Tag, ja.
Klaus Was studierst du hier?
Monika **(2)** _____ im **(3)** _____ Semester. Und du?
Klaus Medizin im siebten (7.) **(4)** _____. Ich gehe nächstes Jahr ins Ausland.
Monika Toll, wohin denn?
Klaus Nach **(5)** _____. Ich habe einen **(6)** _____, der ist dieses **(7)** _____ in London. Er sagt, im **(8)** _____ studieren macht richtig **(9)** _____.
Monika Schon zwei. Ich muss **(10)** _____. Tschüss.
Klaus **(11)** _____.

Verb forms in the singular

You have already seen how German verbs change their endings according to the subject (*ich*, *du*, *Klaus* etc.) The regular endings are as follows:

1st person (I)	ich	_____e
2nd person (you, familiar)	du	_____st
3rd person (he/she/it)	er/sie/es	_____t

■ Verbs whose stem ends in *-s* or *-ß* only add *-t* in the *du* form, e.g. *heißt, weißt*.

■ Those ending in *-t* add *-est*, e.g. *arbeitest*.

Hauptspeise

neun 9

4 *Ergänzen Sie die richtigen Verbendungen.* Fill in the correct verb endings.

a) Du studier___ Maschinenbau.

b) Er komm___ aus Birmingham.

c) Im Ausland studieren mach___ Spaß.

d) Ich heiß___ Julia.

e) Sie geh___ ins Ausland.

5 *Verbinden Sie die deutschen und englischen Sätze.* Match up the German and English sentences.

a) Ich bin im 4. Semester.

b) Sie ist in London.

c) Er hat ein Informationsblatt.

d) Das macht Spaß.

e) Du bist Chemie-Studentin.

f) Ich habe einen Studentenausweis.

g) Hast du einen Benutzerausweis?

He has an information leaflet.

I have a student ID card.

I am in the 4th semester.

She is in London.

Do you have a library user card?

You are a chemistry student.

This is fun.

Verb forms: *sein* and *haben*

The verbs *sein* and *haben* are particularly useful. They are quite irregular and their forms are as follows:

	sein *(to be)*		haben *(to have)*	
1st person	ich	bin	ich	habe
2nd person	du	bist	du	hast
3rd person	er/sie/es	ist	er/sie/es	hat

6 A *Céline möchte sich nun beim Auslandsamt anmelden. Sie spricht mit Frau Wilkins. Hören Sie den Dialog.* Céline now wants to register at the Visiting Students' Advice Centre. She talks to Mrs Wilkins. Listen to the dialogue.

B *Richtig oder falsch? Kreuzen Sie an.* True or false? Tick the box.

	Richtig/True	Falsch/False
a) Céline wants to stay for four semesters.	❏	❏
b) She studies sociology.	❏	❏
c) Céline is from Switzerland.	❏	❏
d) She lives at number 6 Seelandstraße.	❏	❏
e) She has no email address.	❏	❏

7 *Ergänzen Sie die Sätze mit den deutschen Verben aus der Wortliste unten.* Complete the sentences with the German verbs from the vocabulary box below.

a) Ich möchte mich _____.   d) Woher _____ Sie?

b) Ich _____ Ihre E-Mail-Adresse.   e) Ich _____ Seelandstraße 6.

c) Ich _____ vier Semester.

8 *Lesen Sie den Dialog mit verteilten Rollen.* Read the dialogue, taking a role each.

nützliche Wörter

to register: sich anmelden
to live: wohnen
to stay: bleiben
to need: brauchen
to come: kommen

Céline	Guten Tag, ich möchte mich anmelden.
Frau Wilkins	Sind Sie Studentin hier?
Céline	Ja, hier bitte mein Studentenausweis.
Frau Wilkins	Woher kommen Sie?
Céline	Aus Frankreich.
Frau Wilkins	Und was studieren Sie?
Céline	Biologie.
Frau Wilkins	Sind Sie Erasmus-Studentin?
Céline	Ja. Ich bleibe vier (4) Semester.
Frau Wilkins	Danke. Dann brauche ich noch Ihre Adresse und Ihre E-Mail-Adresse.
Céline	Ich wohne Seelandstraße sechs (6). Meine E-Mail-Adresse lautet c.boucher@hotmail.com.
Frau Wilkins	Vielen Dank und hier ist unser Programm für das Wintersemester. Auf Wiedersehen.
Céline	Tschüss.

★ **Kultur-Info**

In German **du** is used when addressing a friend, a family member or a child. **Sie** is used with people you have not met before and with colleagues, generally until people agree to call each other **Du**. In a work environment, the combination of first name plus **Sie** is becoming more usual.

The personal pronoun *Sie/sie*

Sie is a tricky word, as it has a number of meanings.

■ It can mean 'she': *Sie kommt aus Spanien.* She comes from Spain.

■ It can mean 'they': *Sie kommen aus Deutschland.* They come from Germany.

■ It can mean 'you' (formal): *Woher kommen Sie?* Where are you from?

Note how

■ the verb form for 'she' (third person singular) ends in -*t* in the present tense

■ the verb form is the same for formal 'you' and 'they' (third person plural): it ends in -*en*

■ *Sie* meaning formal 'you' is written with a capital *S*.

elf 11

 **9** Sie möchten sich am Sprachlehrzentrum der Universität anmelden und müssen ein Online-Formular ausfüllen. *You have decided to register at the university language centre and need to fill in an online form.*

← → ☒

Anmeldung für das Fremdsprachenprogramm
im Sommersemester/Wintersemester 2 ☐

Name ☐   Vorname ☐

Straße ☐   Nummer ☐   PLZ ☐

Stadt ☐

Telefon ☐   E-Mail ☐

Ich möchte einen Sprachkurs besuchen: (bitte nur einen Kurs ankreuzen)

○ Englisch

○ Französisch

○ Italienisch

○ Spanisch

○ Russisch

Datum ☐   [Abschicken]

★ Kultur-Info

In German addresses the house number follows the road name: **Seelandstraße 6**. **PLZ** (= **Postleitzahl**) is the post code, which consists of five digits (no letters) in Germany and four digits in Austria.

Numbers

The German numbers are fairly straightforward from 1 to 20. From 21 onwards they get a bit tricky, as they are 'back to front', i.e. the units are read first and then the tens:
einundzwanzig = 21 (one and twenty)
Many students find it easier to write numbers in this order when taking notes (e.g. 4 + 20).

zwölf

 **10** *Hören Sie die Zahlen und sprechen Sie nach.* Listen to the numbers and repeat.

0	null	13	dreizehn	30	dreißig
1	eins	14	vierzehn	40	vierzig
2	zwei	15	fünfzehn	50	fünfzig
3	drei	16	sechzehn	60	sechzig
4	vier	17	siebzehn	70	siebzig
5	fünf	18	achtzehn	80	achtzig
6	sechs	19	neunzehn	90	neunzig
7	sieben	20	zwanzig	100	hundert
8	acht	21	einundzwanzig	400	vierhundert
9	neun	22	zweiundzwanzig	900	neunhundert
10	zehn	23	dreiundzwanzig	1000	tausend
11	elf	24	vierundzwanzig		
12	zwölf	25	fünfundzwanzig		

 **11** *Hören Sie und schreiben Sie die sechs Telefonnummern auf.* Listen and write down the six telephone numbers.

a) _____ d) _____

b) _____ e) _____

c) _____ f) _____

 **12** *Fragen Sie zwei Kollegen/Kolleginnen nach ihrer Adresse und ergänzen Sie die Tabelle.* Ask two of your colleagues for their address and complete the grid.

Beispiel: Wie ist deine Adresse?

Name	Straße	Nummer	Stadt

Nachspeise
Familie und Wohnort

 **1**

A *Hören Sie den Dialog. Worüber sprechen Bernd und Kerstin?* Listen to the dialogue. What are Bernd and Kerstin talking about?

B *Hören Sie den Dialog noch einmal. Lesen Sie den Text auch gleichzeitig im Buch.* Listen to the dialogue again. This time follow the text in your book.

1 ERSTE BEGEGNUNG

Bernd Sag mal, woher kommst du?
Kerstin Aus Magdeburg. Und du?
Bernd Ich bin aus Berlin und wohne in Kreuzberg.
Kerstin Wohnst du bei deinen Eltern?
Bernd Ja, wir wohnen in einer Wohnung. Sie ist aber sehr klein. Hast du Geschwister?
Kerstin Ja, ich habe einen Bruder und eine Schwester. Sie sind siebenundzwanzig und neunzehn. Ich wohne hier im Studentenwohnheim in Charlottenburg. Das gefällt mir recht gut, es ist aber ziemlich laut. Und du? Hast du Geschwister?
Bernd Ja, einen Bruder. Er hat Elektrotechnik studiert und arbeitet jetzt für Siemens.
Kerstin Toll.
Bernd Tja, ich muss leider wieder in die Bibliothek gehen. Ich schicke dir eine E-Mail.
Kerstin Ja gut. Bis dann.
Bernd Tschüss.
Kerstin Also bis später.

  **2**

Verbinden Sie die deutschen und englischen Begriffe. Match up the German and English expressions.

a) die Eltern (Pl.) — sister

b) der Bruder (die Brüder Pl.) — I like it

c) die Schwester (die Schwestern Pl.) — to send

d) die Geschwister (Pl.) — student hall of residence

e) das Studentenwohnheim — to live

f) das gefällt mir — siblings, brothers and sisters

g) wohnen — parents

h) schicken — fairly, rather

i) ziemlich — brother

j) bis später — see you later

Nouns and definite article

All German nouns have one of three genders: masculine, feminine or neuter. In activity 2 and in the vocabulary lists, nouns are listed with the definite article *der/die/das* ('the') to show their gender:

Maskulinum (m.): der	**Femininum (f.): die**	**Neutrum (n.): das**
der Bruder	die Stadt	das Studentenwohnheim

When you learn a new noun, you should always memorise its gender too.

lesen sie · partner arbeit

3 *Lesen Sie den Dialog noch einmal mit verteilten Rollen.* Read the dialogue again, taking a role each.

lesen sie

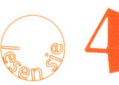

4 *Beantworten Sie die Fragen auf Englisch.* Answer the questions in English.

a) *What did Bernd's brother study?* ________________

b) *Where does Bernd's brother work?* ________________

c) *Does Kerstin have any siblings?* ________________

d) *What does she not like about the hall of residence?* ________________

e) *How is Bernd going to contact Kerstin again?* ________________

f) *Where is Bernd going now?* ________________

schreiben sie · sprechen sie · partner arbeit

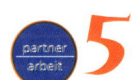

5 **A** *Personenprofil. Ergänzen Sie die ersten zwei Spalten der Tabelle mit Information aus dem Dialog (Übung 1).* Personal profile. Complete the first two columns of the grid with information from the dialogue (activity 1).

B *Ergänzen Sie die letzten zwei Spalten der Tabelle mit Information über sich selbst und einen Partner/eine Partnerin.* Complete the last two columns of the grid with information about yourself and a partner.

Beispiel: ***A*** Wo wohnst du? Woher kommst du? Was studierst du? Hast du einen Bruder? Hast du eine Schwester?

	Kerstin	**Bernd**	**Selbst**	**Partner/in**
Wohnort				
Heimatstadt				
Studiengang	Maschinenbau	Anglistik		
Brüder				
Schwestern				

Modal verbs

The dialogues in this unit use the verb forms *ich muss* ('I must' or 'I have to') and *ich möchte* ('I would like to'). These are both examples of modal verbs. In sentences, modal verbs are often combined with the infinitive of another verb, where the modal acts as the main verb and the infinitive comes at the end:
Ich muss jetzt gehen.

	müssen *(to have to)*	**mögen** *(to like)*
ich	muss	möchte
du	musst	möchtest
er/sie/es	muss	möchte

6 *Schreiben Sie die Sätze in der richtigen Reihenfolge neu. Die Dialoge können Ihnen dabei helfen.* Rewrite the sentences in the correct order. Use the dialogues to help you.

a) Leeds gehen nach Ich muss

b) studieren Er möchte Berlin in

c) arbeiten Du musst jetzt in der Bibliothek

d) Sie E-Mail eine dir schicken muss

e) einen machen Deutschkurs Ich möchte

f) Charlottenburg wohnen in möchte Mein Bruder

7 *Beantworten Sie Beates Fragen auf Deutsch. Der Dialog in Übung 1 kann Ihnen dabei helfen.* Answer Beate's questions in German. The dialogue in activity 1 will help you.

Beate	Woher kommst du?
Günther	From Linz. That is in Austria.
Beate	Hast du Geschwister?
Günther	Yes, I have one brother and one sister.
Beate	Und was macht dein Bruder?
Günther	He is working.
Beate	Wo wohnst du hier in Berlin?
Günther	I live in the student hall of residence. And what about you? Do you have any brothers and sisters?
Beate	Ja, einen Bruder. Er wohnt in München. Was machst du jetzt?
Günther	I have to go to the library now.
Beate	Tschüss.
Günther	See you later.

Indefinite article and possessives

In the dialogues the words *ein, einen, eine* (the indefinite article, 'a/an') as well as *dein, deine, deinen* and *mein, meine, meinen* (possessives) are used. These have to 'agree' with the following noun in gender and number, which means that a different form is used depending on whether the noun is masculine, feminine or neuter and is used in singular or plural. More about this in unit 2.

8 *Übersetzen Sie die Sätze ins Deutsche.* Translate the sentences into German.

a) I am from France.

b) Good morning, my name is Zoltan.

c) I study Mechanical Engineering.

d) What do you do?

e) Excuse me, is anybody sitting here?

f) I need a library user card.

g) Do you have a student ID card?

h) Here is an information leaflet.

i) That is fun!

j) I live at 6 Seelandstraße.

k) Do you have a brother?

l) I have to go now.

Kaffee

Aussprache und Rechtschreibung

Umlaute

1 *Hören Sie die Sätze und sprechen Sie nach.* Listen to the sentences and repeat.

Ich komme aus Österreich. Ich studiere Physik.
Ich komme aus der Türkei. Ich studiere Theologie.
Ich heiße Günther. Ich studiere Chemie.
Ich heiße Jörg. Ich studiere Psychologie.

Umlauts *Umlaute*
An umlaut is the two dots that appear on top of a vowel and modify its sound, as you will have noticed in the exercise above. Umlauts are only used on the vowels *a*, *o* and *u* – you will practise *ä* in unit 2.

  **2**

Hören Sie und kreuzen Sie die Wörter mit einem Umlaut an. Ergänzen Sie dann den Umlaut. Listen and tick the words which contain an umlaut (*ü*). Then write in the umlaut.

Bruder	❑	Buch	❑
Mutter	❑	Stuhl	❑
Kuche	❑	Benutzer	❑
Student	❑	Wurmer	❑
tschuss	❑	Bucher	❑
grun	❑	guten	❑

Alphabet

 **3**

Hören Sie das Alphabet. Listen to the alphabet.

Aa, Bb, Cc, Dd, Ee, Ff, Gg, Hh, Ii, Jj, Kk, Ll, Mm, Nn, Oo, Pp, Qq, Rr, Ss, Tt, Uu, Vv, W, Xx, Yy, Zz
Ää, Öö, Üü, ß

Eszett
The letter *ß* (called *Eszett*) is used for the sound *ss* after a long vowel.

  4

Wie heißen die Personen? Hören Sie und schreiben Sie die Namen. What are the people called? Listen and write down the names.

1 _____   5 _____

2 _____   6 _____

3 _____   7 _____

4 _____   8 _____

  5

Üben Sie mit einem Partner/einer Partnerin. Practise with a partner.

Beispiel: **A** Wie buchstabierst du deinen Namen?

achtzehn

6

Hören Sie und schreiben Sie die Abkürzungen auf. Listen and write down the abbreviations. (Then look them up in a dictionary or on the internet and find out what they stand for.)

1 _____ 6 _____
2 _____ 7 _____
3 _____ 8 _____
4 _____ 9 _____
5 _____ 10 _____

Portfolio

Im folgenden nun einige Vorschläge für eigenständige Aufgaben für Ihr Portfolio. Alle basieren auf Übungen und Material aus diesem Abschnitt. Here are a few ideas for independent work for your portfolio. It is all based on activities and material from this unit.

1 *Finden Sie die Länder im Kästchen auf einer Weltkarte. Lernen Sie ihre Namen auf Deutsch.* Find the countries listed in the box on a map of the world. Learn their names in German.

Frankreich	Belgien	Holland	Spanien	Portugal
Großbritannien	Norwegen	Türkei	Schweden	Tunesien
Griechenland	Deutschland	Österreich	Schweiz	Tschechien
Slowakien	Ungarn	Irland	Slowenien	Marokko

2 *Suchen Sie im Internet Information zu den deutschen Städten aus diesem Abschnitt. Wo liegen die Städte? Wie viele Einwohner hat die Stadt? Liegt sie an einem Fluss? Welche Industrie gibt es? Schreiben Sie 50 Wörter auf Deutsch.* Use the internet to find out something about the German towns mentioned in this unit. Where are they located? How many inhabitants does each town have? Is it on a river? What industries does it have? Write 50 words in German.

3 *Lesen Sie die Dialoge noch einmal und schreiben Sie einen kurzen Fragebogen. Suchen Sie einen deutschsprachigen Studenten/eine deutschsprachige Studentin und interviewen Sie ihn/sie.* Study the dialogues again and write a short questionnaire. Find a German-speaking student and interview him/her.

Kulturbeilage

Die deutschen Länder

Die Karte zeigt die Hauptstädte der Länder in Deutschland, aber nicht alle Ländernamen. Suchen Sie im Internet Karten von Deutschland und ergänzen Sie die Information. The map shows the capitals of the German federal states, but not all the names of the states. Find maps of Germany on the internet and fill in the missing information.

Wiederholung

Sie sollten nun in der Lage sein
You should now be able to

★ *Leute formell oder informell zu begrüßen*
  greet people in a formal or informal way

★ *über sich und Ihre Familie sprechen*
  talk about yourself and your family

★ *Ihren Namen mit dem deutschen Alphabet zu buchstabieren*
  spell your name using the German alphabet

★ *von 1 bis 1000 zählen*
  count from 1 to 1000

 **1** *Wortsalat. Im folgenden Text sind horizontal oder vertikal neun Fachbereiche versteckt. Wordsearch.* There are nine academic subjects hidden in the text, horizontally or vertically.

O	H	F	D	Z	V	B	M	D	I	C	A	G	L
E	L	E	K	T	R	O	T	E	C	H	N	I	K
E	Q	I	U	Y	R	Ö	B	H	K	E	P	S	D
M	G	T	N	H	J	V	C	S	I	M	E	T	B
A	V	O	S	Z	U	L	M	E	D	I	Z	I	N
T	S	P	T	C	H	T	I	K	D	E	Ü	L	F
H	N	J	I	E	M	A	R	G	T	R	P	V	E
E	F	G	Ä	U	S	D	J	A	L	T	M	M	I
M	A	S	C	H	I	N	E	N	B	A	U	T	S
A	R	E	U	B	T	K	L	O	C	B	S	S	Ö
T	V	E	N	T	B	I	O	L	O	G	I	E	T
I	E	W	T	N	K	O	L	P	I	E	K	N	Q
K	F	P	H	Y	S	I	K	H	F	I	L	O	S

 **2** *Die Wörter in den folgenden Sätzen sind durcheinander geraten. Können Sie sie in der richtigen Reihenfolge neu schreiben?* The words in the sentences below have been jumbled up. Can you rewrite them in the correct order?

a) Morgen Guten | Ich Céline heiße | Frankreich aus Ich komme

b) Abend Guten | heiße Ich Frank | komme Großbritannien aus Ich

c) Tag Guten | Ana heiße Ich | Spanien komme aus Ich

d) Gott Grüß | Ich Brigitte heiße | Österreich komme Ich aus

e) Guten Morgen | Helene Ich heiße | der Ich aus Schweiz komme

einundzwanzig 21

3 *Fragen. Schreiben Sie diese Fragen mit der richtigen Wortstellung neu.*
Questions. Rewrite these questions using the correct word order.

a) sie woher kommt?
b) wohnen in München Sie wo?
c) in studiert Salzburg er?
d) Frankfurt gehst du nach?
e) studierst du was?

4 *Ergänzen Sie den Text mit den passenden Formen der Verben im Kästchen.*
Complete the text with the correct forms of the verbs in the box.

| heißen kommen studieren lernen |
| gehen arbeiten sprechen |

Ich **(1)** _____ Paul und **(2)** _____ aus Australien. Ich **(3)** _____ Elektrotechnik im 6. Semester. Ich **(4)** _____ jetzt Deutsch, **(5)** _____ aber auch Französisch und Spanisch. Nächstes Jahr **(6)** _____ ich nach Frankreich und **(7)** _____ bei Alcatel.

5 *Schreiben Sie den Text aus Übung 4 in der „er"-Form.* Rewrite the text from activity 4 in the *er* form.

Beispiel: Er heißt Paul …

6 *Beschreiben Sie ein Familienmitglied. Verwenden Sie „er" oder „sie".*
Describe a member of your family. Use *er* ('he') or *sie* ('she').

Name

Alter

Beruf

Studium

Wohnort

Fremdsprachenkenntnisse

nützliche Wörter
das Alter: *age*
der Beruf: *job*
das Studium: *studies*
der Wohnort: *place of residence*
die Fremdsprachenkenntnisse (Pl.): *knowledge of foreign languages*

 **7** *Dieser Abschnitt enthält wichtige Verben. Finden Sie die fehlenden Formen dieser Verben und tragen Sie sie in die Tabelle ein.* This unit contains some key verbs. Find the missing forms of these verbs and use them to complete the grid.

	Infinitiv	1. Person ich	2. Person du	3. Person er/sie/es
1	studieren			
2				wohnt
3		komme		
4			heißt	
5		bin		
6	haben			
7				macht
8			wartest	
9		schicke		
10	gehen			

 8 *Machen Sie eine Umfrage in der Klasse. Fragen Sie fünf Kollegen/Kolleginnen nach ihrem Namen und ihrem Herkunftsland und berichten Sie der Klasse.* Carry out a survey in your class. Ask five of your colleagues to give their name and country of origin and report back to the class.

	1	2	3	4	5
Wie heißt du?					
Wo wohnst du?					
Woher kommst du?					
Was studierst du?					
Wie alt bist du?					

Vokabelübersicht

Nomen	**Nouns**
das Alter	age
das Ausland	abroad
der Benutzerausweis	user card
der Beruf	job
die Bibliothek	library
der Bruder	brother
die Eltern (Pl.)	parents
die E-Mail	email
die E-Mail-Adresse	email address
die Fremdsprachenkenntnisse (Pl.)	knowledge of foreign languages
das Fremdsprachenprogramm	foreign language programme
der Freund/die Freundin	(male/female) friend
die Geschwister (Pl.)	siblings
das Informationsblatt	information leaflet
das Jahr	year
das Land	country, federal state
die Mutter	mother
der Name	name

die Nummer	number
die Postleitzahl	post code
die Schwester	sister
das Semester	semester
der Spaß	fun
die Stadt	city
die Straße	street
der Studentenausweis	student ID card
das Studentenwohnheim	student hall of residence
der Studiengang	degree course
der Studienkollege/die Studienkollegin	fellow student
das Studium	studies
die Universität	university
der Vater	father
der Wohnort	place of residence
die Wohnung	flat, apartment

Fachbereiche — *Subjects*

Anglistik	*English studies*
Betriebswirtschaftslehre (BWL)	*business studies*
Biologie	*biology*
Chemie	*chemistry*
Elektrotechnik	*electrical engineering*
Englisch	*English*
Geografie	*geography*
Kunst	*art*
Linguistik	*linguistics*
Maschinenbau	*mechanical engineering*
Mathematik	*mathematics*
Medizin	*medicine*
Musik	*music*
Physik	*physics*
Psychologie	*psychology*
Sprachwissenschaft	*linguistics*
Theologie	*theology*

Verben — *Verbs*

(sich) anmelden	*to register*
arbeiten	*to work*
bleiben	*to stay*
brauchen	*to need*
gehen	*to go*
haben	*to have*
heißen	*to be called*
kommen	*to come*
mögen (ich möchte)	*to like (I would like)*
müssen	*to have to*
sagen	*to say*
schicken	*to send*
sehen	*to see*
sein	*to be*
sprechen	*to speak*
studieren	*to study*
wohnen	*to live*

Adjektive — *Adjectives*

klein	*small*
laut	*loud*
nächster/e/es	*next*
toll	*super*

Artikel und Pronomen — *Articles and pronouns*

dein	*your*
der/die/das	*the*
du	*you*
ein/eine/einen	*a, an*
er	*he*
es	*it*
ich	*I*
Ihr	*your (formal)*
mein	*my*
sie	*she*
Sie	*you (formal)*
unser	*our*

Adverbien — *Adverbs*

hier	*here*
jetzt	*now*
leider	*unfortunately*
recht	*really*
richtig	*right*
schon	*already*
sehr	*very*
ziemlich	*fairly, rather*

Interrogative — *Interrogatives*

was	*what*
wie	*what, how*
wo	*where*
woher	*where from*
wohin	*where (to)*

Präpositionen — *Prepositions*

aus	*from*
in (im)	*in/to (in/to the)*
nach	*to*

Andere Wörter — *Other words*

bitte	*please*
danke	*thanks*
hallo	*hi*
tschüss	*bye*

Nützliche Sätze — *Useful phrases*

Ach du Schreck!	*Oh heck!*
Bis dann.	*See you then.*
Bis später.	*See you later.*
Das gefällt mir.	*I like that.*
Das macht Spaß.	*That is fun.*
Ich muss gehen.	*I have to go.*
Ist hier frei?	*Is anybody sitting here?*
nächstes Jahr	*next year*
Was studierst du?	*What are you studying?*
Wie heißt du?	*What is your name?*
Woher kommst du?	*Where are you from?*

Ein Tag im Studentenleben
Übersicht

Wiederholung   26

Aperitif   27
Essen und trinken

Funktion:	Essen und trinken
Vokabeln:	Getränke; Frühstücksspeisen
Grammatik:	unbestimmter Artikel
Übungen:	1–2

Vorspeise   28-31
Frühstück

Funktion:	Bestellungen; Geld
Vokabeln:	Getränke; Frühstücksspeisen
Grammatik:	Genus; Akkusativ; unbestimmter Artikel
Übungen:	1–10

Hauptspeise   32-37
Wie spät ist es?

Funktion:	Uhrzeit; Tagesablauf
Vokabeln:	Wochentage; Lehrveranstaltungen; Zeit
Grammatik:	Satzstellung: Inversion; Präposition *in* + Akkusativ/Dativ
Übungen:	1–14

Nachspeise   38-42
Freizeit

Funktion:	Freizeit; Treffen vereinbaren
Vokabeln:	Freizeitaktivitäten; Verb *gefallen*; *gern*
Grammatik:	1.–3. Person unregelmäßiger Verben; 1. Person plural; trennbare Verben; Satzstellung: Fragen
Übungen:	1–11

Kaffee   43-48

Aussprache und Rechtschreibung
Portfolio
Kulturbeilage
Wiederholung
Vokabelübersicht

Abschnitt 2

Ein Tag im Studentenleben

In diesem Abschnitt werden Sie
In this unit you will

★ *Speisen und Getränke zum Frühstück bestellen*
   order breakfast food and drink

★ *über den Tagesablauf und Uhrzeiten sprechen und schreiben*
   talk and write about your daily routine

★ *den wöchentlichen Stundenplan beschreiben*
   describe your weekly timetable

★ *über eine deutsche Universitätsstadt lesen*
   read about a German university town

Wiederholung

  **1**

Hören Sie die Wörter und ergänzen Sie die Tabelle. Listen to the words and complete the grid.

Universität	3	Engländer	Tschüss	11
1	Maschinenbau	6	9	Biologie
heiße	4	kommst	studierst	12
2	bist	7	10	Deutschkurs
muss	5	8	aus	13

 **2**

A *Erinnern Sie sich, wie sich die Studenten im ersten Abschnitt vorstellen? Ergänzen Sie den folgenden Dialog mit Wörtern aus Übung 1.*
Remember how the students introduce themselves in unit 1? Complete the dialogue below with words from activity 1.

Babs Hi. Ich bin Babs.
Matthew Tag, ich **(1)** _____ Matthew.
Babs Du bist **(2)** _____, woher kommst du?

Matthew	**(3)** _____ Manchester, dies ist mein Auslandsjahr. Und du? **(4)** _____ du aus München?
Babs	Nein, ich bin aus Stuttgart.
Matthew	Was **(5)** _____ du?
Babs	**(6)** _____ im 5. (fünften) Semester. Und du?
Matthew	Mathe im 2. (zweiten) Semester.
Babs	**(7)** _____ du im Studentenwohnheim?
Matthew	Nein, in einer **(8)** _____ in der Mozartstraße.
Babs	Ich muss jetzt gehen. Also **(9)** _____.
Matthew	Tschüss.

B *Üben Sie den Dialog mit verteilten Rollen.* Practise the dialogue, taking a role each.

Aperitif

Essen und Trinken

  **1** *Verbinden Sie die Beschriftungen mit den Abbildungen.* Match the captions to the pictures.

a   b   c

d   e   f

> ein Glas Orangensaft, ein Becher Schokolade, eine Portion Wurst, ein weiches Ei, zwei Scheiben Toast, eine Portion Marmelade

 **2** **A** *Beachten Sie, dass man manchmal „ein" und manchmal „eine" benutzt. Können Sie erklären warum?* Notice how sometimes we say *ein* and sometimes *eine*. Can you explain why?

B *Tragen Sie die Begriffe aus Übung 1 in die entsprechende Spalte der Tabelle unten ein.* Write the expressions from activity 1 in the appropriate column of the table below.

Maskulinum (m.) und Neutrum (n.): **ein**	Femininum (f.): **eine**
	eine Scheibe Toast

──────── Vorspeise
Frühstück

  **1**

A *Hören Sie die Sätze und numerieren Sie sie beim Hören.* Listen to the phrases and number each one as you hear it.

eine Tasse Kaffee	❏	ein weiches Ei	❏
ein Brötchen	❏	ein Glas Orangensaft	❏
eine Portion Butter	❏	eine Scheibe Brot	❏
ein Glas Wasser	❏	ein Spiegelei	❏
zwei Scheiben Toast	❏	eine Tasse Tee	❏
eine Portion Honig	❏	eine Portion Käse	❏
eine Portion Marmelade	❏	Milch	❏
Müsli	❏	Zucker	❏

B *Hören Sie und wiederholen Sie die Sätze.* Listen and repeat the phrases.

 **2**

Versuchen Sie die Wörter aus Übung 1 in zwei Gruppen zu unterteilen: Speisen und Getränke. Try to categorise the words from activity 1 into two groups: food and drinks.

> ★ **Kultur-Info**
> German *Marmelade* can be made from any fruit. If you want 'marmalade' you need to ask for *Orangenmarmelade*.

 **3**

Vor dem Seminar möchte Tom einen Kaffee trinken und geht ins Campus-Café. Hören Sie, was er bestellt. Wie trinkt Tom seinen Kaffee? Before the seminar Tom would like to have a coffee and goes to the campus café. Listen to what he orders.

How does Tom like his coffee?	mit Milch ❏	mit Zucker ❏
	Espresso ❏	Filterkaffee ❏

4 *Hören Sie den Dialog noch einmal und entscheiden Sie, ob die folgenden Aussagen richtig oder falsch sind. Kreuzen Sie an.* Listen to the dialogue again and decide whether the following statements are true or false. Tick the box.

	Richtig/True	Falsch/False
a) Tom möchte einen Espresso.	❏	❏
b) Er möchte jetzt nichts essen.	❏	❏
c) Der Kaffee kostet € 1,00.	❏	❏
d) Tom bekommt € 3,50 zurück.	❏	❏

  5

A *Schreiben Sie den Dialog in der richtigen Reihenfolge neu.* Rewrite the dialogue in the correct order.

Bedienung	Hier bitte der Kaffee. Möchten Sie Zucker?
Tom	Tschüss.
Bedienung	Filter oder Espresso?
Tom	Hier bitte.
Bedienung	Guten Morgen. Was darf's sein?
Tom	Nein, danke. Was macht das?
Bedienung	Wiedersehen.
Tom	Hmm, nein danke, jetzt nicht.
Tom	Ich möchte eine Tasse Kaffee, bitte.
Bedienung	Und drei Euro fünfzig (€ 3,50) zurück. Danke.
Tom	Einen Filterkaffee mit Milch, bitte.
Tom	Guten Morgen.
Bedienung	Kommt sofort. Möchten Sie auch etwas essen?
Bedienung	Das macht ein Euro fünfzig (€ 1,50).

nützliche Wörter

Was darf's sein?: *What can I get you?*
Ich möchte …: *I would like*
mit: *with*
die Milch: *milk*
essen: *to eat*
nein danke: *no thank you*
der Zucker: *sugar*
Was macht das?: *How much is it?*
€3,50 zurück: *€3,50 change*

B *Lesen Sie den Dialog mit verteilten Rollen.* Read the dialogue, taking a role each.

  **6** *Lesen Sie die folgenden Sätze. Wie verändert sich „ein"?* Read the sentences below. How does *ein* change?

Ich möchte ein Glas Orangensaft.
Sie möchte einen Becher Schokolade.
Er möchte einen Kaffee.
Er möchte ein Glas Wasser.
Ich möchte eine Tasse Tee.
Sie möchte eine Portion Käse.
Er möchte einen Kuchen.

Cases: accusative

■ Look at these examples:
Ein Becher Schokolade kostet € 1,50.
Eine Tasse Kaffee kostet € 1,50.
Ein Glas Orangensaft kostet € 1,00.
Notice that the indefinite article takes the forms *ein* (m.), *eine* (f.) and *ein* (n.). This is called the 'nominative' case and is used for the subject, which usually comes before the verb.

■ Now look at these:
Ich möchte einen Becher Schokolade.
Ich möchte eine Tasse Kaffee.
Ich möchte ein Glas Orangensaft.
These are examples of the 'accusative' case. It is used for the object, which usually follows the verb. Notice how the masculine form acquires *-en* to become *einen*. This is the only change.

	Maskulinum (m.)	Femininum (f.)	Neutrum (n.)
Nominativ	ein	eine	ein
Akkusativ	ein**en**	eine	ein

 **7** *Hören Sie die Preise und sprechen Sie nach.* Listen to the prices and repeat.

- 50 Cent
- € 3,50
- 20 Cent
- € 6,20
- 30 Cent
- 40 Cent
- € 1,00
- € 5,00
- € 60,00
- € 1,70
- 15 Cent
- € 12,90

 8 *Hören Sie und schreiben Sie die Zahlen.* Listen to the numbers and write them down.

1 _____   6 _____
2 _____   7 _____
3 _____   8 _____
4 _____   9 _____
5 _____   10 _____

9 *Was kostet das? Decken Sie eine der beiden Speisekarten zu, fragen Sie Ihren Partner/Ihre Partnerin nach den fehlenden Preisen und ergänzen Sie die Speisekarte. (Verwenden Sie den Nominativ.)* How much is it? Cover one of the two menus, ask your partner the missing prices and complete the menu. (Use the nominative case.)

Beispiel: **A** Was kostet ein Becher Schokolade?

  B Ein Becher Schokolade kostet € 1,50.

SPEISEKARTE A	€
eine Tasse Kaffee	1,20
ein Glas Orangensaft	
ein Becher Schokolade	
ein Spiegelei	0,50
ein weiches Ei	
zwei Scheiben Toast	1,00
ein Brötchen	
eine Portion Butter	0,30
eine Portion Marmelade	0,30
eine Portion Honig	
eine Portion Käse	
eine Portion Wurst	0,45

SPEISEKARTE B	€
eine Tasse Kaffee	
ein Glas Orangensaft	1,10
ein Becher Schokolade	1,50
ein Spiegelei	
ein weiches Ei	0,40
zwei Scheiben Toast	
ein Brötchen	0,75
eine Portion Butter	
eine Portion Marmelade	
eine Portion Honig	0,30
eine Portion Käse	0,40
eine Portion Wurst	

10 *Bestellungen. Üben Sie nun Mini-Dialoge. Sie müssen den Gesamtpreis mit Hilfe der Speisekarte oben errechnen.* Orders. Now practise mini-dialogues. Work out the total from the menu above.

Beispiel: **A** Was möchten Sie?

  B Ich möchte einen Becher Schokolade.

  A Möchten Sie auch etwas essen?

  B Ja, zwei Scheiben Toast und eine Portion Marmelade bitte.

  A Hier bitte.

  B Danke. Was macht das?

  A Das macht …

Bestellung	Preis

Vorspeise

einunddreißig **31**

Hauptspeise

Wie spät ist es?

1 *Hören Sie, was Bernd und Kerstin machen. Kreuzen Sie die Uhrzeiten an, die Sie hören.* Listen to what Bernd and Kerstin are doing. Tick the times you hear.

8:00	❑	7:15	❑
10:00	❑	18:00	❑
2:05	❑	4:30	❑
23:10	❑	3:20	❑
11:30	❑	9:45	❑
12:00	❑	19:10	❑
15:40	❑	21:50	❑
0:25	❑	16:30	❑

2 *Verbinden Sie die Uhrzeiten.* Match up the times.

a) 6:30   neunzehn Uhr fünfundvierzig (Viertel vor acht)

b) 9:15   sechs Uhr dreißig (halb sieben)

c) 14:20   vierzehn Uhr zwanzig

d) 19:45   zweiundzwanzig Uhr dreißig (halb elf)

e) 22:30   neun Uhr fünfzehn (Viertel nach neun)

f) 0:40   null Uhr vierzig

3 *Im Deutschen gibt es zwei Systeme für Zeitangaben. Können Sie aus der Information in Übung 2 beschreiben, wie diese funktionieren? Was muss man bei „halb" beachten? Was fällt Ihnen bei „nach" und „vor" auf?* There are two systems for telling the time in German. Can you work out from the information in activity 2 how they work? What is important about halb? What do you notice about the use of nach and vor?

> ★ **Kultur-Info**
>
> **Time** Both the 12-hour and the 24-hour clock are used in German. The 24-hour clock is used more frequently in official contexts, e.g. at railway stations, in airports and on TV and radio. In everyday conversation people use the 12-hour clock.

- The words *viertel*, *halb*, *vor* and *nach* are only used with the 12-hour clock, e.g. *fünf vor drei* but *vierzehn Uhr fünfundfünfzig*.

- In Austrian German *dreiviertel*, and in southern Austria *viertel*, are used like *halb*, e.g. *dreiviertel zwölf = elf Uhr fünfundvierzig, viertel acht = sieben Uhr fünfzehn*.

zweiunddreißig

4 *Wie spät ist es? Fragen und antworten Sie abwechselnd. Schreiben Sie dann die Uhrzeit auf Deutsch auf. Benutzen Sie die 24-Stunden Uhr.* What time is it? Take turns to ask and answer questions. Then write the time in words below each clock.

Beispiel: **A** Wie spät ist es?

B Es ist drei Uhr.

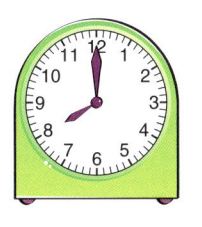

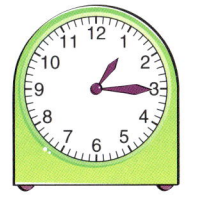

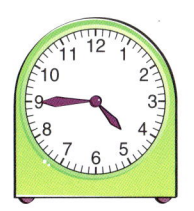

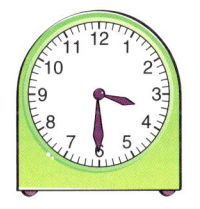

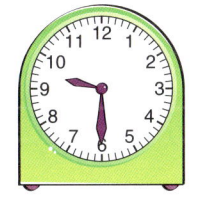

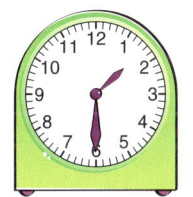

a _____ b _____ c _____

d _____ e _____ f _____

5 *Verbinden Sie die deutschen und englischen Begriffe.* Match up the German and English expressions.

a)	die Vorlesung	*first*
b)	das Tutorium	*practical*
c)	die Übung	*hour, lesson*
d)	der Vormittag	*morning*
e)	der Nachmittag	*tutorial*
f)	anfangen	*start*
g)	zuerst	*at*
h)	dann	*again*
i)	danach	*lunch break*
j)	wieder	*lecture*
k)	die Stunde	*after that*
l)	um	*afternoon*
m)	die Mittagspause	*then*

Hauptspeise

dreiunddreißig

2 EIN TAG IM STUDENTENLEBEN

6 *Bernd beschreibt seinen Stundenplan für Montag, Dienstag und Mittwoch. Hören Sie und ergänzen Sie den Text.* Bernd describes his timetable for Monday, Tuesday and Wednesday. Listen and complete the text.

> Ich muss **(1)** _____, Seminare, Übungen und Tutorien besuchen. Am Montag bin ich am **(2)** _____ von zehn bis zwölf Uhr in der Vorlesung und dann im **(3)** _____. Am Nachmittag habe ich von zwei bis vier ein **(4)** _____. Am Dienstag fange ich um neun Uhr an. Zuerst habe ich eine Vorlesung, dann ein **(5)** _____ und danach ein Seminar. Von zwölf bis zwei mache ich **(6)** _____, dann gehe ich wieder in die **(7)** _____ von zwei bis vier. Am Mittwoch habe ich nur vier **(8)** _____, eine Vorlesung von elf bis ein Uhr und eine **(9)** _____ von drei bis fünf. Am Freitag habe ich am **(10)** _____ frei.

7 *Schreiben Sie mindestens sechs Sätze über Bernds Stundenplan.* Write at least six sentences about Bernd's timetable.

Beispiel: Am Montag ist er am Vormittag von 10 bis 12 Uhr in der Vorlesung.

nützliche Wörter

die Vorlesung (Vorlesungen Pl.): *lecture(s)*
das Seminar (Seminare Pl.): *seminar(s)*
die Übung (Übungen Pl.): *practical(s)*
das Tutorium (Tutorien Pl.): *tutorial(s)*
besuchen: *to attend*
am Vormittag: *in the morning*
anfangen (ich fange an): *to start*
um: *at*
zuerst: *first*
danach: *after that*
die Mittagspause: *lunch break*
die Stunde (Stunden Pl.): *class(es), hour(s)*

Bernds Stundenplan (Wintersemester)

	Montag	Dienstag	Mittwoch	Donnerstag	Freitag
9–10		Vorlesung		Vorlesung	
10–11	Vorlesung	Tutorium		Vorlesung	
11–12	Vorlesung	Seminar	Vorlesung		Übung
12–13	Tutorium		Vorlesung		Übung
13–14					
14–15	Seminar	Vorlesung		Tutorium	
15–16	Seminar		Übung	Seminar	
16–17			Übung		

Legende:

- Vorlesung (rosa)
- Übung (orange)
- Seminar (blau)
- Tutorium (gelb)

8

Ergänzen Sie die Sätze. Complete the sentences.

a) Am Montag _____ _____ in der Vorlesung.

b) Am Nachmittag _____ _____ ein Seminar.

c) Am Freitag _____ _____ am Nachmittag frei.

d) Zuerst _____ _____ eine Vorlesung, dann _____ _____ ins Seminar.

e) Von 12 bis 2 Uhr _____ _____ Mittagspause.

9

Lesen Sie die Sätze in Übung 8 noch einmal. Was fällt Ihnen bei der Satzstellung auf? In deutschen Sätzen verändert sich die Satzstellung unter bestimmten Bedingungen. Wie? Re-read the sentences in activity 8. What do you notice about the word order? The word order in German sentences changes under certain circumstances. How?

Word order

Unlike English, German word order is very flexible. However, there are a few principles.

- In standard word order, the subject (in this case *ich*) is the first idea in the sentence and the verb is the second – as in English:
  Ich gehe um 9 Uhr in die Vorlesung.

- If the sentence does not start with the subject, the verb must still be the second idea, so verb and subject must swap (or 'invert'):
  Um 9 Uhr gehe ich in die Vorlesung.
  This adds emphasis to *um 9 Uhr*.
  In general, the word order must change if the sentence starts with something other than the subject.

10

Befragen Sie einen Partner/eine Partnerin und ergänzen Sie die Tabelle. Interview a partner and complete the grid.

Beispiel: **A** Was machst du am Montag um zehn Uhr?

B Am Montag um zehn Uhr …

	Selbst	Partner/in
Montag 10:00		
Dienstag 12:00		
Mittwoch 1:30		
Donnerstag 15:00		
Freitag 18:00		

Hauptspeise

fünfunddreißig 35

2 EIN TAG IM STUDENTENLEBEN

11

A *Kerstin und Bernd treffen sich vor der Uni. Jeder erzählt, wie viele Stunden er/sie pro Woche machen muss.* Kerstin and Bernd meet outside the university. They each talk about how many hours they have to do in a week.

a) Möchte Bernd etwas essen?   Ja ☐   Nein ☐

b) Wohin muss Kerstin jetzt?   Ins Seminar ☐   In die Vorlesung ☐

B *Hören Sie den Dialog noch einmal und beantworten Sie die Fragen auf Deutsch.* Listen to the dialogue again and answer the questions in German.

a) Was macht Bernd am Montagvormittag?

b) Wohin muss er um 2 Uhr?

c) Wie viele Stunden hat Kerstin pro Woche?

d) Wo ist sie meistens am Dienstag?

e) Was macht Bernd heute Abend?

Kerstin	Hallo, Bernd. Was machst du denn hier?
Bernd	Tag, Kerstin. Montagvormittag habe ich eine Vorlesung und dann ein Tutorium. Ich bin fix und fertig!
Kerstin	Möchtest du etwas essen gehen?
Bernd	Nein danke, aber ich brauche jetzt einen Kaffee. Um zwei muss ich ins Seminar.
Kerstin	Wie viele Stunden hast du pro Woche?
Bernd	Einundzwanzig.
Kerstin	Das ist aber viel. Ich habe nur sechzehn und am Dienstag habe ich frei. Da bin ich meistens in der Bibliothek.
Bernd	Du hast es gut. Ich bin fast jeden Tag von neun bis fünf Uhr in Lehrveranstaltungen.
Kerstin	Ich habe auch ziemlich viel zu tun. Aber jetzt muss ich ins Seminar. Was machst du heute Abend?
Bernd	Weiß ich noch nicht. Ich rufe dich an. Tschüss.
Kerstin	Ja gut, bis später.

nützliche Wörter

fix und fertig (coll.): *exhausted*
wie viele: *how many*
pro Woche: *per week*
Das ist viel.: *That's a lot.*
meistens: *most of the time*
fast: *almost*
jeden Tag: *every day*
die Lehrveranstaltung (Lehrveranstaltungen Pl.): *class(es)*
heute Abend: *this evening*
wissen (ich weiß): *to know*
noch nicht: *not yet*
anrufen (ich rufe an): *to call, phone*

12 *Lesen Sie den Dialog mit verteilten Rollen.* Read the dialogue, taking a role each.

13 *In Abschnitt 1 haben Sie die Präpositionen „aus" und „in" kennen gelernt. „In" wird auch im Dialog oben verwendet. Machen Sie eine Liste der Beispielen und übersetzen Sie sie.* In unit 1 you met the prepositions *aus* and *in*. *In* is also used in the dialogue above. List the examples and translate them.

Prepositions and Cases

Look at these sentences in which the preposition *in* is used:

*Um 2 Uhr muss ich **ins** Seminar.* – At 2 o'clock I must go to a seminar.
*Da bin ich **in der** Bibliothek.* – I am in the library at that time.
*Ich bin von 9 bis 5 Uhr **in** Lehrveranstaltungen.* – From 9 to 5 I am at lessons.

There are a number of points to notice:

- *in* can be translated in several ways (to, in, at)

- the definite article that follows *in* changes according to whether you are talking about location or direction
  - If you are talking about direction, use the accusative: *Ich gehe in die Bibliothek* – I am going to the library.
  - If you are talking about location, you need to use another case (the dative): *Ich bin in der Bibliothek* – I am in the library.

- *in* combines with some forms of the definite article, e.g. *ins = in das*.

	Maskulinum (m.)	Femininum (f.)	Neutrum (n.)
Nominativ	der	die	das
Akkusativ	in den	in die	in das (= ins)
Dativ	in dem (= im)	in der	in dem (= im)

- You will come across other prepositions which work in a similar way.

14

Versuchen Sie diese Sätze mit „in" + bestimmtem Artikel (der/die/das) zu ergänzen. Entscheiden Sie zuerst: Welches Genus hat das Nomen (m, f, n)? Welcher Fall ist erforderlich? Now try to complete these sentences with *in* + definite article. You will need to ask yourself: Which gender is the noun? Which case is needed?

a) Er geht _____ _____ Bibliothek.

b) Gehst du _____ _____ Vorlesung?

c) Ich muss _____ Seminar.

d) Er ist _____ Deutschkurs.

e) Ich gehe _____ _____ Lehrveranstaltung.

f) Du musst _____ _____ Vorlesung.

Nachspeise

Freizeit

1 *Was machen die Leute? Finden Sie die richtige Beschreibung aus dem Kästchen unten.* What are these people doing? Find the right description in the box below.

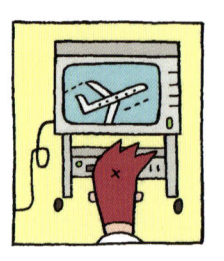

a    b    c

d    e    f

| ins Kino gehen | kochen | tanzen |
| fernsehen | Fußball spielen | lesen |

2 *Hören Sie, was die Leute machen, und kreuzen Sie die Sätze an, die Sie hören.* Listen to what the people are doing and tick the sentences you hear.

Ich spiele Fußball. ❏　　Ich koche. ❏

John hört klassische Musik. ❏　　Kerstin geht ins Theater. ❏

Céline liest ein Buch. ❏　　Frau Wilkins sieht fern. ❏

Ich spiele Tennis. ❏　　Wir tanzen. ❏

Wir gehen essen. ❏　　John macht Hausaufgaben. ❏

Bernd und Kerstin gehen ins Konzert. ❏　　Zoltan geht ins Kino. ❏

3 *Bernd ruft Kerstin an und sie besprechen, was sie am Abend machen könnten. Hören Sie, was Bernd und Kerstin vereinbaren. Um wie viel Uhr treffen sie sich?* Bernd phones Kerstin and they talk about what they could do in the evening. Listen to what Bernd and Kerstin arrange. What time are they going to meet?

4 *Verbinden Sie die deutschen und englischen Sätze.* Match up the German and English sentences.

nützliche Wörter

Schön, dass du anrufst.: *Nice of you to call.*
langweilig: *boring*
anstrengend: *strenuous*
Wann geht's los?: *When does it start*
treffen: *to meet*
wir treffen uns: *we'll meet (each other)*

a) Schön, dass du anrufst. — *Shall we meet at 7?*
b) 7:15 ist mir lieber. — *Nice of you to ring.*
c) Filme sind langweilig. — *That's too strenuous.*
d) Wann geht's los? — *I'd prefer 7:15.*
e) Hast du Lust auf ein Konzert? — *When does it start?*
f) Wie wär's mit tanzen? — *Do you fancy a concert?*
g) Das ist zu anstrengend. — *Films are boring.*
h) Treffen wir uns um 7? — *How about dancing?*

5 A *Schreiben Sie den Dialog in der richtigen Reihenfolge neu.* Rewrite the dialogue in the correct order.

Kerstin	Ja, warum nicht?
Bernd	Bis dann. Tschüss.
Bernd	Nein danke, das ist zu anstrengend. Hast du Lust auf ein Konzert?
Kerstin	Ja gut, um sieben?
Kerstin	Toll, die sind super. Wann geht's los?
Bernd	Hallo Kerstin, hier Bernd.
Kerstin	Ja, kein Problem. Also dann bis später.
Bernd	Ich weiß noch nicht. Möchtest du fernsehen oder ins Kino gehen?
Kerstin	Hallo, schön, dass du anrufst. Also was machen wir?
Kerstin	Nein, Filme sind langweilig. Wie wär's mit tanzen?
Bernd	Wie wär's mit den Berliner Symphonikern? Die spielen heute im Konzerthaus Mozart und Mahler.
Bernd	Um halb acht. Treffen wir uns vor dem Konzerthaus?
Bernd	Viertel nach sieben ist mir lieber. Geht das?

B *Lesen Sie den rekonstruierten Dialog mit verteilten Rollen.* Read the reconstructed dialogue, taking a role each.

neununddreißig **39**

6 *Befragen Sie fünf Kollegen/Kolleginnen, was sie heute Abend machen. Berichten Sie dann über die Ergebnisse.* Interview five colleagues about what they intend to do tonight. Then present the results.

	1	2	3	4	5
Also was machen wir heute Abend?					
Hast du Lust auf …?					
Wo treffen wir uns?					
Wann treffen wir uns?					

7 *Ergänzen Sie die Sätze mit der richtigen Verbform.* Complete the sentences with the correct form of the verb.

a) Er _____ am Abend einen Film. (sehen)

b) Kerstin _____ mit Bernd ins Konzert. (gehen)

c) Wir _____ uns am Montag um 10 Uhr. (treffen)

d) Du _____ ein Buch. (lesen)

e) Marco _____ am Samstag Fußball. (spielen)

8 **A** *Kreuzen Sie die richtige Verbform an.* Tick the correct form of the verb.

a) Ich _____ jetzt ein Buch.   lese ❏   liest ❏   lesen ❏

b) Wir _____ uns um 7 vor dem Kino.   treffen ❏   treffe ❏   triffst ❏

c) Der Kurs _____ am Dienstag _____.   fange an ❏   fangen an ❏   fängt an ❏

d) Sie _____ ins Konzert.   gehe ❏   geht ❏   gehst ❏

e) Du _____ am Samstagabend_____.   sehen fern ❏   siehst fern ❏   sieht fern ❏

B *Welche Muster können Sie an der Formenbildung erkennen? Versuchen Sie, die folgenden Fragen zu beantworten, bevor Sie die Erklärungen unten lesen.* Can you see any patterns in the verb formations? Try to answer these questions before reading the explanations below.

What is the ending for all the verbs in the *du* form?
What happens to the verbs *lesen* and *treffen* in the *du* and *er/sie/es* forms?
What happens to the verbs *fernsehen* and *anfangen*?

Verbs: Present tense

- The usual verb ending for *du* (2nd person singular) is *-st*.

- Some verbs (*lesen* and *treffen* are examples) change the sound of the vowel in the main part of the verb (the stem). They sometimes mark this with the umlaut (*laufen* – to run – is an example).

Infinitiv	ich	du	er/sie/es	wir
treffen	treffe	triffst	trifft	wir treffen
laufen	laufe	läufst	läuft	wir laufen

- Some verbs are separable. When used in a sentence, they usually split in two and send the first part to the end of the sentence:
anfangen – to start: *Ich fange an.* – I start.
fernsehen – to watch TV: *Du siehst fern.* – You watch TV.

9 partnerarbeit

Fragen und antworten Sie abwechselnd. Take turns to ask and answer questions.

Wie gefällt dir	das Seminar?	Das Seminar	gefällt mir gut.
	der Kurs?	Der Kurs	gefällt mir sehr.
	die Vorlesung?	Die Vorlesung	gefällt mir nicht.

10 gruppenarbeit

Fragen und antworten Sie abwechselnd. Take turns to ask and answer questions.

Was machst du in der Freizeit?	Ich	mache	gern	Sport.
		spiele		Fußball.
				Squash.
		gehe		Schi fahren.
				schwimmen.
				ins Konzert.
		höre		klassische Musik.
				Popmusik.

nützliche Wörter

Wie gefällt dir …?: *How do you like …?*
die Freizeit: *free time, leisure*
die Zeit: *time*
Ich mache gern …: *I like to do …*
Schi fahren: *skiing*
Eis laufen: *ice-skating*
wandern: *hiking*
wenig: *little*
überhaupt nicht: *not at all*
glauben: *to think*
Recht haben: *to be right*

Word order: Questions

- As you have seen, standard word order in German is like English:
  John geht ins Konzert. – John is going to the concert.
  Subject – Verb – Rest of sentence

- But if you start the sentence with another word or phrase, you have to invert the subject and verb:
  Am Montag geht John ins Konzert. – On Monday John is going to the concert.
  Time phrase – Verb – Subject – Rest of sentence

- Questions in German also use inversion of subject and verb:
  Was machst du sonst in der Freizeit?
  Machst du auch Sport?
  (Interrogative) – Verb – Subject – Rest of sentence

11 *Befragen Sie fünf Kollegen/Kolleginnen nach ihren Freizeitaktivitäten und ergänzen Sie die Tabelle.* Interview five of your colleagues about their leisure activities and complete the grid.

Beispiel: **A** Fährst du Schi?

B Ja, ich fahre gern Schi.

A Siehst du gern fern?

B Nein, ich sehe nicht gern fern.

	1	2	3	4	5
Musik hören					
Fernsehen					
Fußball spielen					
Schi fahren					
Ins Konzert gehen					
Freunde treffen					
Sport machen					

Kaffee

Aussprache und Rechtschreibung
Umlaute, ch und Satzmelodie

1 *Kreuzen Sie die Wörter an, die Sie hören.* Tick the words you hear.

fahre	❏	Kanne	❏
fährst	❏	Kännchen	❏
gefallen	❏	war	❏
gefällt	❏	wär's	❏
Tasse	❏	fange an	❏
Tässchen	❏	fängst an	❏

2 *Hören Sie die Wörter und sprechen Sie nach.* Listen to the words and repeat.

- machen *(to do)*
- lachen *(to laugh)*
- sprechen *(to speak)*
- brechen *(to break)*
- streichen *(to cross out)*
- einreichen *(to hand in)*
- brauchen *(to need)*
- rauchen *(to smoke)*
- suchen *(to look for)*
- buchen *(to book)*
- kichern *(to giggle)*
- versichern *(to insure)*

3 *Hören Sie die Sätze und sprechen Sie nach.* Listen to the sentences and repeat.

Portfolio

1 *Füllen Sie den folgenden Stundenplan mit Ihren Lehrveranstaltungen an der Universität aus und beschreiben Sie ihn in einer E-Mail an einen Freund/eine Freundin in ca. 100 Wörtern.* Fill in your university timetable below and describe it in an email to a friend. (c. 100 words)

Beispiel: Mein Tag fängt um … an, dann …

	Montag	Dienstag	Mittwoch	Donnerstag	Freitag
9–10					
10–11					
11–12					
12–1					
1–2					
2–3					
3–4					
4–5					

2 EIN TAG IM STUDENTENLEBEN

2 *Befragen Sie einen Partner/eine Partnerin nach seinem/ihrem Stundenplan und tragen Sie die Information in eine Tabelle wie oben ein. Beschreiben Sie dann den wöchentlichen Ablauf in max. 100 Wörtern.* Interview a partner about his/her timetable and enter the information in a grid like the one above. Then write a maximum of 100 words about his/her weekly routine.

Kulturbeilage
Tübingen

nützliche Wörter

die Fachhochschule: HE college
ältester/e/es: oldest
der Raum: region
sich befinden in: to be located in
stammen aus: to date from
naturwissenschaftlich: science
seit: since
die Zahnmedizin: dentistry
belegen: to enrol for
wichtig: important
der Industriestandort: industrial location
die Bahn: railway
das Flugzeug: plane
bequem: comfortably, conveniently
erreichen: to reach
die Stiftskirche: monastery church
das Gebäude: building

In vielen Städten in Deutschland, Österreich und der Schweiz gibt es Universitäten und Fachhochschulen. Eine der ältesten Universitäten im deutschsprachigen Raum befindet sich in Tübingen, die Eberhard-Karls-Universität. Sie stammt aus dem Jahre 1477, hat 14 Fakultäten und 22 000 Studenten. Hier gibt es auch die älteste naturwissenschaftliche Fakultät (1863) und seit 1805 eine Universitätsklinik. Man kann hier viele Fachrichtungen studieren, von Ägyptologie bis Zahnmedizin, und jedes Jahr kommen auch viele Studenten um DaF (Deutsch als Fremdsprache) Kurse zu belegen.

Tübingen liegt ca. 40 Kilometer südlich von Stuttgart im Land Baden-Württemberg und ist auch ein wichtiger Industriestandort. Man kann die Stadt bequem mit dem Auto, der Bahn oder dem Flugzeug erreichen.

In der Altstadt von Tübingen gibt es viel zu sehen: das Schloss (Hohentübingen) aus dem 16. Jahrhundert, den Marktplatz, die Stiftskirche, die Alte Aula und viele andere schöne Gebäude.

1 *Lesen Sie die „Kulturbeilage". Suchen Sie dann im Internet Information zu einer alten Universitätsstadt und schreiben Sie einen Bericht von ca. 150 Wörtern.* Read the *Kulturbeilage*. Find information about an ancient university town on the internet and write a report of about 150 words.

2 *Schreiben Sie einen kurzen Absatz über Ihre Universität.* Write a short paragraph about your own university.

Wiederholung

Sie sollten nun in der Lage sein
You should now be able to

★ *einfache Getränke und Speisen zu bestellen*
 ask for simple drinks and snacks

★ *Preisangaben in Euro zu verstehen*
 understand prices in euros

★ *nach der Uhrzeit zu fragen und die Uhrzeit anzugeben*
 ask and give the time

★ *über Ihren Tagesablauf und Ihren Stundenplan zu sprechen*
 talk about your daily routine and timetable

★ *eine Verabredung zu arrangieren*
 invite somebody to go out

★ *ein einfaches Telefongespräch zu führen*
 hold a simple telephone conversation

1

Lösen Sie das Kreuzworträtsel mit den Wörtern aus dem Kästchen. Solve the crossword puzzle using the words in the box.

Pause	möchten	du	es	einen	er	habe	Brötchen
	ich	nein danke		mit	gehen	Portion	bin

Senkrecht (vertikal)

1. Zum Frühstück kann man ein _____ essen. (8)
2. Ich möchte zwei Kaffee _____ Milch und Zucker. (3)
3. Bernd und Kerstin _____ ins Konzert. (5)
5. _____ _____. (4, 5) Ich möchte nichts essen.
4. Von 12 bis 1 mache ich eine _____. (5)
7. _____ ist jetzt halb drei. (2)
9. Das ist Bernd. _____ studiert Anglistik. (2)
11. _____ gehe am Abend ins Kino. (3)

Waagrecht (horizontal)

4. Was kostet eine _____ Marmelade? (7)
6. Was studierst _____? (2)
7. _____ Kaffee, bitte. (5)
8. Ich _____ vier Vorlesungen in der Woche. (4)
10. Freitag _____ ich in der Bibliothek. (3)
12. Was _____ Sie? (6)

2 *Üben Sie die Mini-Dialoge.* Practise the mini-dialogues.

Beispiel: **A** Was kostet eine Tasse Kaffee?

B Eine Tasse Kaffee kostet einen Euro (€ 1,00).

ein Glas Tee	€ 1,00
ein Brötchen	€ 0,50
ein Becher Schokolade	€ 1,50
eine Portion Butter	€ 0,30
ein weiches Ei	€ 0,50

3 *Jörg stellt sich vor. Lesen Sie den Text.* Jörg is introducing himself. Read the text.

> Guten Tag. Ich heiße Jörg und studiere Physik im sechsten (6.) Semester. Ich komme aus Hildesheim. Hier in Berlin wohne ich in einer Wohnung mit vier Studenten. Zwei studieren Informatik und zwei machen Maschinenbau. Mein Studium dauert zehn Semester und es ist interessant und gefällt mir gut. Jedes Semester muss ich Vorlesungen, Seminare und Übungen machen. Ich mache zwanzig Stunden pro Woche.

4 *Lesen Sie den Text noch einmal und beantworten Sie dann die Fragen auf Deutsch in ganzen Sätzen.* Read the text again and then answer the questions in German, using full sentences.

a) Was studiert Jörg?

_____

b) Woher kommt er?

_____

c) Wo wohnt er?

_____

d) Wie lange dauert sein Studium und gefällt es ihm?

_____

5 *Ergänzen Sie den folgenden Text mit Angaben zu Ihrer Person.* Complete the following text with your personal details.

Ich heiße _____ und studiere _____ an der Universität. Ich komme aus _____. Hier in _____ wohne ich in _____ mit _____ anderen Studenten/Studentinnen. _____ studieren _____ und _____ machen _____. Mein Studium dauert _____ Semester und es gefällt mir gut. Es ist _____ _____ aber schwierig (*difficult*). Ich mache _____ Stunden _____ _____ .

6 *Stellen Sie sich der Klasse vor und beschreiben Sie Ihren Studiengang. Der Text oben hilft Ihnen dabei.* Introduce yourself to the class and describe your degree course. The text above will help you.

7 *Schreiben Sie den Text aus Übung 5 in der 3. Person Singular („er/sie").* Rewrite the text from activity 5 in the 3rd person singular (*er/sie*).

8 *Was machen die Leute gern oder nicht gern? Verbinden Sie die Satzteile.* What do these people like or not like to do? Match up the sentence halves.

a) John sieht — gern ins Kino.

b) Kerstin macht — gern fern.

c) Jörg geht nicht — gern Popmusik.

d) Brigitte fährt — gern ein Buch.

e) Bernd hört — gern Schi.

f) Frau Wilkins liest — wenig Sport.

Vokabelübersicht

Nomen	**Nouns**
die Bahn	*railway*
der Becher	*mug*
das Brötchen	*roll*
der Cent	*cent*
Dienstag	*Tuesday*
Donnerstag	*Thursday*
das Ei	*egg*
der Euro	*euro*
die Fachhochschule	*HE college*
das Flugzeug	*plane*
Freitag	*Friday*
die Freizeit	*free time, leisure*
das Frühstück	*breakfast*
das Glas	*glass*
die Hausaufgaben (Pl.)	*homework*
der Honig	*honey*
das Internet	*internet*
der Käse	*cheese*
das Kino	*cinema*
das Konzert	*concert*
das Konzerthaus	*concert hall*
die Lehrveranstaltung	*lesson, class*
die Marmelade	*jam*
die Milch	*milk*
die Mittagspause	*lunch break*
Mittwoch	*Wednesday*
Montag	*Monday*
der Nachmittag	*afternoon*
der Orangensaft	*orange juice*
die Portion	*portion*
der Raum	*region*
die Scheibe	*slice*
die Schokolade	*chocolate*

das Seminar	seminar
das Spiegelei	fried egg
die Stunde	hour, lesson
der Stundenplan	timetable
die Suppe	soup
die Tasse	cup
das Tutorium	tutorial
die Übung	practical
die Vorlesung	lecture
der Vormittag	morning
die Woche	week
die Wurst	sausage, cold meat
die Zeit	time
der Zucker	sugar

Verben — **Verbs**

anfangen (ich fange an)	to start
anrufen (ich rufe an)	to call
(sich) befinden in	to be located in
belegen	to enrol for
Eis laufen	to ice-skate
essen	to eat
fernsehen (ich sehe fern)	to watch TV
glauben	to think
hören	to hear, to listen
kochen	to cook
kosten	to cost
lesen	to read
mögen (möchten Sie?)	to like (would you like?)
Recht haben	to be right
Schi fahren	to ski
schwimmen	to swim
spielen	to play
tanzen	to dance
(sich) treffen	to meet
tun	to do
wandern	to go hiking
wissen	to know

Adjektive — **Adjectives**

ältester/e/es	oldest
anstrengend	strenuous
jeder/e/es	every, each
klassisch	classical
langweilig	boring
schön	nice, beautiful
spät	late
toll	super
viel	a lot of
wenig	little

Adverbien — **Adverbs**

anschließend	following that
danach	after that
dann	then
fast	almost
heute	today
meistens	mostly, mainly
sofort	immediately
sonst	else, otherwise
wieder	again
zuerst	first
zum Schluß	finally

Interrogative — **Interrogatives**

wann	when
wie viel	how much
wie viele	how many

Präpositionen — **Prepositions**

am (= an + dem)	on
bis	till
nach	past
seit	since
um	at
von	from
vor	to

Nützliche Sätze — **Useful phrases**

fix und fertig (coll.)	exhausted
halb (acht)	half past (seven)
heute Abend	this evening
Ich (mache) gern …	I like to (do) …
jeden Tag	every day
noch nicht	not yet
pro Woche	per week
um … Uhr	at … o'clock
Um wie viel Uhr …?	At what time …?
Viertel nach/vor	a quarter past/to
Wie gefällt dir …?	How do you like …?
Wie spät ist es?	What time is it?

Wo wohnst du?

Übersicht

Wiederholung — 50

Aperitif — 51–53
Im Studentenwohnheim

- **Funktion:** Studentenwohnheim beschreiben
- **Vokabeln:** Einrichtungen
- **Grammatik:** Ordinalia
- **Übungen:** 1–5

Vorspeise — 53–59
Mein Zimmer

- **Funktion:** Wohnung und Zimmer beschreiben
- **Vokabeln:** Wohnungstyp; Einrichtungen; Möbel; Adjektive
- **Grammatik:** Ordinalia; Negation; Präpositionen + Dativ: *in, vor, hinter, neben, auf, an, über, unter*
- **Übungen:** 1–18

Hauptspeise — 60–63
Unterkunft

- **Funktion:** Unterkunft suchen
- **Vokabeln:** Unterkunftsarten; Miete und Kosten; Lage
- **Grammatik:** Abkürzungen
- **Übungen:** 1–10

Nachspeise — 64–68
Meine Familie

- **Funktion:** Familie beschreiben
- **Vokabeln:** Verwandte; Berufe
- **Grammatik:** Possessiva (1.–3. Person singular)
- **Übungen:** 1–6

Kaffee — 68–75

Aussprache und Satzmelodie
Portfolio
Kulturbeilage
Wiederholung
Vokabelübersicht

Abschnitt 3 Wo wohnst du?

> **In diesem Abschnitt werden Sie**
> **In this unit you will**
>
> ★ *sich über das Wohnungsangebot in einer Universitätsstadt informieren*
>   find out about accommodation in a university town
>
> ★ *die eigene Unterkunft beschreiben*
>   describe your accommodation
>
> ★ *am Telefon Auskünfte einholen*
>   make enquiries on the phone
>
> ★ *etwas über andere deutschsprachige Länder erfahren*
>   learn about other German-speaking countries

Wiederholung

1 *Verbinden Sie die deutschen und englischen Begriffe.* Match up the German and English expressions.

a)	zuerst	*homework*
b)	anrufen	*where*
c)	treffen	*first*
d)	wissen	*today*
e)	danach	*to call*
f)	wo	*to meet*
g)	Hausaufgaben	*to know*
h)	heute	*then, after that*

2 *Bringen Sie die Sätze in die richtige Reihenfolge und lesen Sie den Dialog dann mit einem Partner/einer Partnerin.* Reorder the sentences and then read the dialogue with a partner.

A Kerstin Hallo
B Bernd Hallo, | dass anrufst schön, du
A heute du Abend machst Was ?

B nicht Ich weiß | Hausaufgaben muss machen, Ich | Kino ins ich aber möchte gehen
A denn läuft Was ?
B 19:30 „Die Blechtrommel" Um „Die Klavierspielerin" oder 21:30 um
A auch Text einen lesen muss ich Eigentlich | Machen Hausaufgaben die zuerst wir | danach können treffen wir uns und
B gut Ja | uns treffen Wann wir ?
A 21:15 Um ?
B Super | wo Und ?
A dem Vor Multiplex Kino
B ist das Wo ?
A Kochstraße der In
B ja Ach | später bis dann Also
A Tschüss

Aperitif

Im Studentenwohnheim

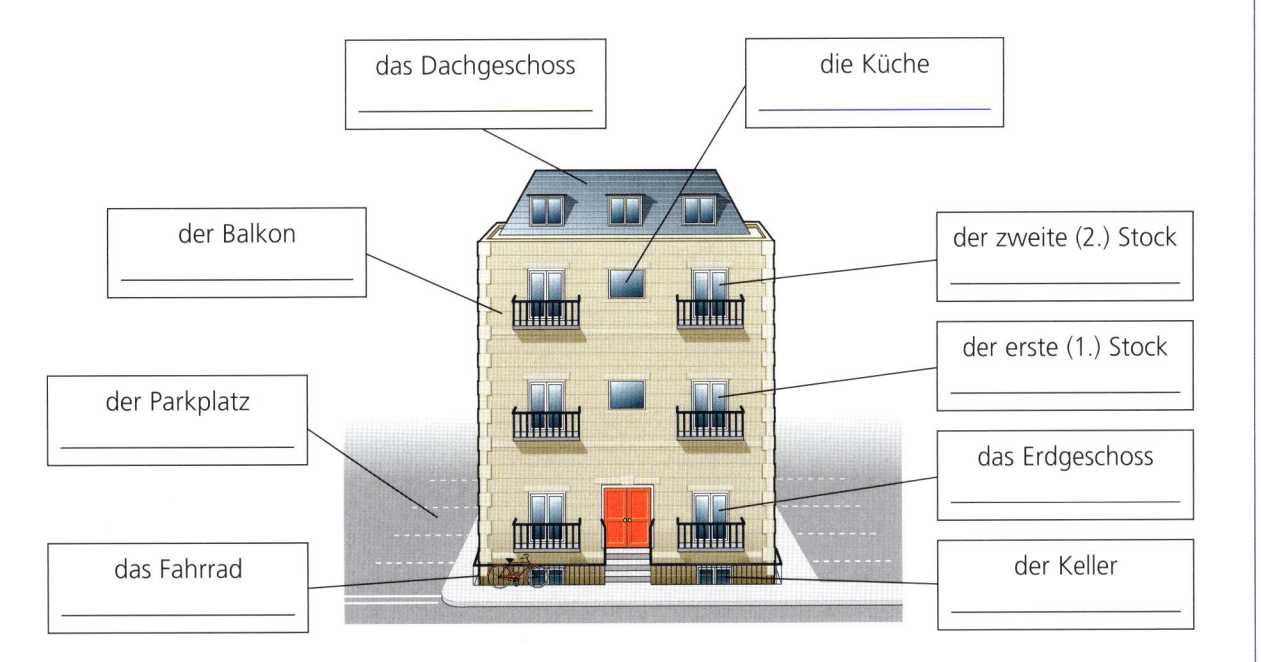

- das Dachgeschoss
- die Küche
- der Balkon
- der zweite (2.) Stock
- der erste (1.) Stock
- der Parkplatz
- das Erdgeschoss
- das Fahrrad
- der Keller

1 *Beschriften Sie das Studentenwohnheim auf Englisch. Verwenden Sie die Wörter aus dem Kästchen.* Label the student house in English. Use the words in the box.

ground floor	top floor	basement	first floor
second floor	balcony	car park	kitchen	bicycle

einundfünfzig **51**

2 Finden Sie die englischen Entsprechungen aus den Lageplänen/Grundrissen unten. Find the English equivalents on the floor plans below.

a) das Wohnzimmer _____
b) das Badezimmer _____
c) der Abstellraum _____
d) der Hobbyraum _____
e) der Fitnessraum _____
f) die Dusche _____
g) der Waschraum _____
h) das Schlafzimmer _____
i) das Esszimmer _____
j) die Küche _____

Keller

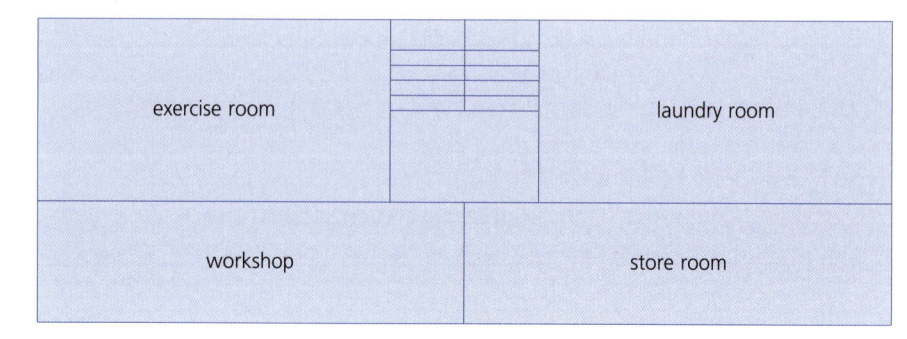

exercise room		laundry room
workshop		store room

Erdgeschoss

bathroom	shower		shower	bathroom
bedroom				bedroom
living room		kitchen		dining room

3

A Kreuzen Sie die Wörter an, die Sie hören. Tick the words you hear.

der Abstellraum ❏	der Parkplatz ❏	der erste (1.) Stock ❏
das Zimmer ❏	die Haltestelle ❏	das Erdgeschoss ❏
der Waschraum ❏	die Dusche ❏	das Studentenwohnheim ❏
das Badezimmer ❏	das Dachgeschoss ❏	der Gemeinschaftsraum ❏
der Keller ❏	die Wohnung ❏	die Küche ❏

B Lesen Sie die Wörter abwechselnd laut. Take turns to read the words aloud.

zweiundfünfzig

4

John und Céline treffen sich an der Haltestelle vor der Universität. Wohin fahren sie? John and Céline meet at the bus stop outside the university. Where are they going?

Céline Hallo John. Wie geht's?
John Tag Céline. Danke gut.
Céline Wohin fährst du?
John Nach Hause. Und du?
Céline Auch nach Hause. Wo wohnst du denn?
John In einer Wohnung. Und du?
Céline Ich wohne im Studentenwohnheim. Das ist ziemlich billig und gefällt mir gut.

5

Lesen Sie den Dialog mit verteilten Rollen, füllen Sie dann die Tabelle aus. Read the dialogue, taking a role each, then complete the grid.

	Wohin fährt er/sie?	Wo wohnt er/sie?
John		
Céline		

Vorspeise

Mein Zimmer

1

Hören Sie den zweiten Teil des Dialogs und kreuzen Sie die Einrichtungen an, die Céline in ihrem Wohnheim hat. Listen to the second part of the dialogue and tick the facilities Céline has in her hall of residence.

a) ein Parkplatz ❏
b) ein Hobbyraum ❏
c) eine Küche ❏
d) ein Fitnessraum ❏
e) ein Gemeinschaftsraum ❏
f) ein Esszimmer ❏
g) ein Abstellraum ❏
h) ein Badezimmer ❏
i) ein Waschraum ❏
j) ein Musikzimmer ❏
k) eine Dusche ❏
l) ein Fernsehraum ❏

3 WO WOHNST DU?

Céline Ich habe ein Zimmer mit Balkon und Bad im ersten Stock. Das Zimmer ist schön und groß. In jedem Stockwerk gibt es auch zwei Küchen und vier Duschen. Im Keller haben wir einen Fitnessraum, einen Hobbyraum, einen Waschraum und einen Abstellraum für Fahrräder. Der ist warm und hell.

John Das ist toll. Gibt es auch einen Parkplatz?

Céline Ja, hinter dem Wohnheim. Aber ich brauche keinen, ich habe kein Auto und fahre meistens mit meinem Fahrrad zur Uni.

John Ich nehme lieber den Bus.

Céline Nun ja, im Winter ist Fahrradfahren kein Spaß, aber es ist billig. Hier kommt dein Bus. Tschüss John.

John Ruf mich mal an! Tschüss.

nützliche Wörter
das Fahrrad: *bicycle*
warm: *warm*
hell: *bright*
Gibt es …?: *Is/Are there …?*
hinter: *behind*
kein(en): *no, none*
billig: *cheap*

2 *Lesen Sie beide Teile des Dialogs, tauschen Sie dann die Rollen.* Read both parts of the dialogue, then swap roles.

3 *Richtig oder falsch? Kreuzen Sie an.* True or false? Tick the box.

		Richtig	Falsch
a)	John wohnt im Studentenwohnheim.	❏	❏
b)	Céline fährt nach Hause.	❏	❏
c)	Célines Zimmer hat ein Badezimmer.	❏	❏
d)	Céline wohnt im zweiten (2.) Stock.	❏	❏
e)	Der Waschraum ist im Erdgeschoss.	❏	❏
f)	Der Parkplatz ist vor dem Wohnheim.	❏	❏
g)	Céline fährt meistens mit dem Bus.	❏	❏
h)	Im Winter macht Fahrradfahren Spaß.	❏	❏

4 *Céline erzählt von ihrer Unterkunft. Ergänzen Sie den Text mit den Wörtern aus dem Kästchen.* Céline talks about her accommodation. Complete the text with the words in the box.

Fitnessraum	Abstellraum	Fahrrad	Zimmer
Küchen	Parkplatz	Duschen	Waschraum
Badezimmer	Hobbyraum	Stock	

Ich habe ein **(1)** _____ mit Balkon und ein **(2)** _____. Ich wohne im ersten **(3)** _____. In jedem Stockwerk gibt es auch zwei **(4)** _____ und vier **(5)** _____. Im Keller haben wir einen **(6)** _____, einen **(7)** _____, einen **(8)** _____ und einen **(9)** _____ für Fahrräder. Hinter dem Wohnheim gibt es einen **(10)** _____, aber ich brauche keinen, ich habe ein **(11)** _____.

vierundfünfzig

5 *Fragen und antworten Sie abwechselnd. Ergänzen Sie die Tabelle.* Take turns to ask and answer questions. Complete the grid.

	Selbst	Partner/in
Wohnst du in einer Wohnung, einem Haus oder einem Studentenwohnheim?		
Gibt es eine Küche?		
Gibt es ein Badezimmer?		
Gibt es eine Dusche?		
Gibt es einen Fitnessraum?		
Gibt es einen Waschraum?		
Gibt es ein Wohnzimmer?		
Gibt es einen Hobbyraum?		
Gibt es einen Abstellraum?		
Gibt es einen Parkplatz?		

6 *Beschreiben Sie Célines Studentenwohnheim zuerst mündlich und dann schriftlich. Was gibt es da?* Describe Céline's hall of residence, first orally and then in writing. What is there?

Beispiel: In Célines Studentenwohnheim gibt es …

7 *Schreiben Sie eine Kurzbeschreibung Ihrer Unterkunft.* Write a short description of your own accommodation.

8 *Ergänzen Sie die folgenden Sätze mit „nicht" oder „kein". Welche Muster können Sie erkennen? Können Sie die Form von „kein" für feminine Nomen vorhersagen?* Complete the sentences below with *nicht* or *kein*. Can you see any patterns? Can you predict the form of *kein* for feminine (*die*) nouns?

a) Bernd hat _____ Fahrrad.

b) Er arbeitet heute _____.

c) Ich kann _____ schwimmen.

d) Im Erdgeschoss gibt es _____ Esszimmer.

e) Céline fährt _____ mit dem Bus zur Uni.

f) John hat _____ Auto.

fünfundfünfzig 55

Negation

To make a sentence negative in German, you can use *nicht* or *kein*.

- *nicht* (not) negates a verb, but *kein* (not a, no) negates a noun:
  Er kann nicht schwimmen. Ich habe kein Auto.

- *nicht* never changes, but *kein* is an adjective and has to agree with its noun in gender and case. It works like *ein* – see the grammar box on 'Cases: accusative' in unit 2 Vorspeise.

9 *Beschriften Sie so viele Gegenstände in Célines Zimmer wie möglich. Benutzen Sie Ihre Kenntnisse anderer Sprachen.* Label as many of the items in Céline's room as you can. Use your knowledge of other languages to help you.

Célines Zimmer

Célines Zimmer ist möbliert und hat eine Tür, ein Fenster, ein Bett, einen Schreibtisch, einen Computer, eine Leselampe, einen Kleiderschrank, einen Stuhl, ein Bücherregal, einen Fernseher, eine Stereoanlage, eine Pinwand, Vorhänge, einen Teppich und einen Papierkorb.

10 *Verbinden Sie die deutschen und englischen Begriffe.* Match up the German and English expressions.

a)	die Tür	chair
b)	das Fenster	door
c)	der Schreibtisch	desk
d)	der Fernseher	bookshelf
e)	das Bücherregal	hi-fi
f)	das Bett	TV
g)	die Vorhänge	bed
h)	die Stereoanlage	wardrobe
i)	der Stuhl	window
j)	der Kleiderschrank	curtains

11

Céline beschreibt ihr Zimmer. Hören Sie und überprüfen Sie Ihre Antworten für Übung 10. Céline describes her room. Listen and check your answers to activity 10.

nützliche Wörter

stehen: *to stand, to be*
hängen: *to hang*
die Wand: *wall*

> Der Schreibtisch steht unter dem Fenster. Das Bett steht neben dem Kleiderschrank. Der Teppich ist vor dem Bett. Die Pinwand hängt an der Wand, über dem Schreibtisch. Der Papierkorb steht unter der Pinwand. Der Stuhl steht vor dem Schreibtisch. Der Computer steht auf dem Schreibtisch. Die Leselampe steht neben dem Computer. Das Bücherregal ist neben der Tür. Die Stereoanlage steht auf dem Bücherregal. Der Fernseher steht neben der Stereoanlage. Die Vorhänge hängen hinter der Leselampe.

12

Unterstreichen Sie nun die Präpositionen im Text und ergänzen Sie die Tabelle mit Beispielen aus dem Text und der englischen Übersetzung. Alle Präpositionen beschreiben, wo etwas ist. Underline the prepositions in the text and complete the grid with examples from the text and the English translation. All the prepositions refer to where something is.

	Beispiel	**Englisch**
neben	neben der Tür	*next to the door*
vor		
hinter		
unter		
über		
auf		
an		

13

Der Text verwendet mehrere Präpositionen um zu beschreiben, wo sich etwas befindet. Können Sie zusammenfassen, wie sich der bestimmte Artikel („der/die/das") mit diesen Präpositionen verändert? The text uses several prepositions to describe where something is located. Can you summarise how the definite article ('the') changes when used with these prepositions?

	Nominativ	**Präposition mit Artikel (Dativ)**
der		
die		
das		

Vorspeise

siebenundfünfzig 57

Prepositions

In units 1 and 2 you met the prepositions *aus* and *in*, both referring to location and followed by the dative. The prepositions *neben, vor, hinter, unter, über, auf* and *an* can also be followed by the dative.

14 *Beschreiben Sie Ihr Zimmer.* Write a description of your room.

15 *Hören Sie, in welchem Stock die Studenten wohnen, und kreuzen Sie an.* Listen to the information about which floor the students live on and tick the appropriate box.

Wo wohnt …?	im Erdgeschoss (EG)	im ersten (1.) Stock	im zweiten (2.) Stock	im dritten (3.) Stock	im vierten (4.) Stock	im fünften (5.) Stock
1 Kerstin	❏	❏	❏	❏	❏	❏
2 John	❏	❏	❏	❏	❏	❏
3 Céline	❏	❏	❏	❏	❏	❏
4 Mario	❏	❏	❏	❏	❏	❏
5 Brigitte	❏	❏	❏	❏	❏	❏
6 Zoltan	❏	❏	❏	❏	❏	❏

16 *Verbinden Sie die deutschen und englischen Sätze.* Match up the German and English sentences.

a) Céline lives on the first floor. — Brigitte wohnt auch im dritten Stock.

b) Zoltan lives on the second floor. — John wohnt im vierten Stock.

c) Kerstin lives on the third floor. — Mario wohnt im Erdgeschoss.

d) Mario lives on the ground floor. — Zoltan wohnt im zweiten Stock.

e) John lives on the fourth floor. — Céline wohnt im ersten Stock.

f) Brigitte also lives on the third floor. — Kerstin wohnt im dritten Stock.

17 *Können Sie erklären, wie die Kardinalia („eins, zwei, …") in Ordinalia („im ersten, im zweiten, …") verwandelt weden? Lesen Sie die Sätze in Übung 16 noch einmal und schreiben Sie eine Liste bis 5.* Can you explain how the cardinal numbers ('one, two, …') are turned into ordinal numbers ('first, second, …') in German? Read the sentences in activity 16 again and write a list up to 5.

Ordinal numbers

- In German, the ordinal numbers 1st–19th are derived from the cardinal numbers 1–19 by adding *-te*, with *eins*, *drei* and *sieben* having irregular forms. The forms:

  eins – **erste**   sechs – sechste
  zwei – zweite   sieben – **siebte**
  drei – **dritte**   acht – ach**t**e
  vier – vierte   neun – neunte
  fünf – fünfte   zwölf – zwölfte

- From 20 onwards you add *-ste* to the cardinal number:
  zwanzig – zwanzigste
  zweiunddreißig – zweiunddreißigste
  hundert – hundertste

- German uses a full stop to abbreviate cardinal numbers, e.g. *1.* = '1st', *2.* = '2nd', *12.* = '12th'.

- Ordinal numbers behave like adjectives: when used with nouns, they add endings according to case, gender and number, e.g.
  eins – der erste – im ersten Stock
  drei – der dritte – im dritten Stock
  acht – der achte – im achten Stock
  einundvierzig – der einundvierzigste – im einundvierzigsten Stock

18 *Finden Sie heraus, in welchem Stock die Fachbereiche bzw. Einrichtungen sind. Fragen und antworten Sie abwechselnd und ergänzen Sie die Tabellen.* Find out on which floor the departments and facilities are. Take turns to ask and answer questions and complete the grids.

Beispiel: **A** In welchem Stock ist Elektrotechnik?

B Elektrotechnik ist im dritten Stock.

Partner/in A

Bibliothek	EG	Informatik	
Elektrotechnik		Chemie	
Mathematik	2.	Physik	3.
Maschinenbau		das Büro	

Partner/in B

Bibliothek		Informatik	2.
Elektrotechnik	3.	Chemie	1.
Mathematik		Physik	
Maschinenbau	1.	das Büro	EG

neunundfünfzig

Hauptspeise

Unterkunft

★ Kultur-Info

Some students rent a room in a student hall of residence and others share a house or flat, i.e. they live in a *WG (Wohngemeinschaft)*. Some students also live with their parents. As in the UK, information about accommodation can be found on notice boards *(Schwarzes Brett)* or in newspapers; however, German universities do not usually offer an accommodation service. The size of a flat is stated in square metres and the number of rooms. *Warmmiete* means the rent includes heating; *Kaltmiete* means the opposite.

nützliche Wörter

sofort: *immediately*
vermieten: *to let*
(in der) Nähe: *close by*
sonnig: *sunny*
saubillig (coll.): *dirt cheap*
renovieren: *to renovate*
die Altbauwohnung: *flat in old building*
die Aussicht: *view*
das Schnäppchen: *bargain*
die Dachterrasse: *roof terrace*
die U-Bahn: *underground railway*
die S-Bahn: *urban railway*
suchen: *to look for*
die Nichtraucherin: *non-smoker (f)*
die Frauen (Pl.): *women*

1 Studio sofort zu vermieten, Nähe Uni, 45 m², im 2. St., Kü, Bd, ZH, sonnig, Parkplatz u. Balkon. Kaltmiete € 500,– + NK. Tel. nach 18:00.

2 Saubillig! Nicht renovierte Altbauwohnung 90 m², € 335,– kalt + 10 NK, 3 Zi., schöne Aussicht.

3 Wohnung im Zentrum. 2 Zi., 60 m², Kü, Bad, Gasheizung, 4. St, Lift, Balkon, sofort zu vermieten. Warmmiete € 650,– + NK.

4 Schnäppchen! Zimmer in super Studenten-Whg, 75 m², 2 Zi, Kü, Bad, Dachterrasse, € 235,– kalt + 70 NK. Nähe U-Bahn u. S-Bahn.

5 Suchen 4. Studentin (Nichraucherin + Vegetarierin) für Frauen-WG in Uni-Nähe, 5 Min. zum Supermarkt. 5. Stock, großes Zi. (25 m²), ruhig, Kaltmiete € 136,– NK € 67,–.

1 *Verbinden Sie die Abkürzungen, Wörter und Übersetzungen.* Match up the abbreviations, words and translations.

Zi	Küche	central heating
Bd.	Stock	shared flat
Kü	Zentralheizung	running cost
NK	Zimmer	bathroom
WG	Wohnung	kitchen
St.	Nebenkosten	room
Whg	Wohngemeinschaft	floor
ZH	Bad	flat

2

Lesen Sie die Anzeigen links und beantworten Sie die Fragen auf Englisch.
Read the adverts on the left and answer the questions in English.

a) How many rooms does flat 1 have?

b) Why is flat 2 so cheap?

c) When can you rent flat 3?

d) What is near flat 4?

e) Who can move into the shared flat 5?

f) Which flat is the most expensive per person and why?

3

Brigitte, Mario, Zoltan und Bernd lesen die Zeitung und unterhalten sich über Wohnungen und WGs. Was möchte Mario? Brigitte, Mario, Zoltan and Bernd are reading the newspaper and talking about flats and shared flats. What does Mario want?

Brigitte Mario, du suchst doch eine Wohnung. Hier ist ein Zimmer für dich.
Mario Wie groß ist es und was kostet es?
Brigitte Die Wohnung ist fünfundsiebzig Quadratmeter (75 m²) und das Zimmer kostet nur zweihundertfünfunddreißig Euro (€ 235,–) im Monat in einer WG.
Mario Nein, ich möchte nicht in einer WG wohnen. Ich möchte mein eigenes Badezimmer.
Bernd Das gibt es nur in deiner eigenen Wohnung.
Mario Ja, ich weiß und das ist teuer. Ich suche eine billige Wohnung.
Zoltan Hier ist eine billige Altbauwohnung. Nur dreihundertfünfunddreißig Euro (€ 335,–)!
Mario Aber die Wohnung ist nicht renoviert und hat keine Zentralheizung.
Brigitte Vielleicht ist das etwas für dich. Ein Studio um fünfhundert Euro (€ 500,–).
Mario Das kann ich mir nicht leisten.
Zoltan Da hast du leider nicht viel Auswahl. Hier ist eine Zwei-Zimmer-Wohnung um sechshundertfünfzig Euro (€ 650,–) warm. Da musst du nur mit einer Person teilen.
Mario Zeig mal! Ja, du hast Recht, die ist nicht schlecht.

nützliche Wörter

der Quadratmeter: *square metre*
im Monat: *per month*
eigen: *own*
vielleicht: *maybe*
Das kann ich mir nicht leisten.: *I can't afford that.*
die Auswahl: *choice*
teilen: *to share*
Zeig mal!: *Show me!*

3 WO WOHNST DU?

4 *Fragen und antworten Sie abwechselnd und kreuzen Sie an.* Take turns to ask and answer the questions and tick the boxes.

	Selbst	Partner/in
Möchtest du in einer Wohnung wohnen?	❏	❏
Möchtest du in einer WG wohnen?	❏	❏
Möchtest du ein großes Zimmer?	❏	❏
Möchtest du ein eigenes Badezimmer?	❏	❏
Soll die Wohnung einen Parkplatz haben?	❏	❏
Soll die Wohnung einen Balkon haben?	❏	❏
Möchtest du in einer Altbauwohnung wohnen?	❏	❏
Möchtest du in der Nähe der Uni wohnen?	❏	❏
Muss das Zimmer sonnig und ruhig sein?	❏	❏
Soll die Wohnung Zentralheizung haben?	❏	❏

5 *Berichten Sie der Klasse über die Wohnungswünsche Ihres Partners/Ihrer Partnerin.* Report to the class what kind of accommodation your partner would like.

Beispiel: Simon möchte in einer Wohnung mit Balkon wohnen.

6 *Schreiben Sie eine Anzeige für das „Schwarze Brett" für die folgende Wohnung.* Write an advert for the notice board for the following flat.

> Flat to let immediately. 45 sq.m. on the 2nd floor. Quiet with car park and balcony. Close to university. € 450.– incl. running costs but phone extra. Tel. after 20:00.

7 *Hören Sie und entscheiden Sie, welche der Wohnungen auf Seite 60 zu welchem Studenten/welcher Studentin passt.* Listen and decide which of the flats described on page 60 would suit which student.

Studentin 1: Wohnung Nr. ____
Studentin 2: Wohnung Nr. ____
Student 3: Wohnung Nr. ____
Studentin 4: Wohnung Nr. ____
Student 5: Wohnung Nr. ____

8 *Mario interessiert sich für eine Wohnung und ruft den Vermieter an.* Mario is interested in a flat and calls the landlord.

a) Wie viel kostet die Wohnung im Monat?   b) Was ist in der Nähe?

9 *Ergänzen Sie den Dialog und lesen Sie ihn mit einem Partner/einer Partnerin.* Complete the dialogue and then read it with a partner.

Mario   Guten Tag, ich suche eine **(1)** _____ oder ein Zimmer in einer Wohnung. In der Zeitung steht, sie haben eine Zwei-**(2)** _____-Wohnung für sechshundertfünfzig Euro (€ 650,–) im Monat. Ist die noch **(3)** _____?

Vermieter   Ja, aber viele **(4)** _____ haben schon angerufen.

Mario   Ja, ich verstehe. Wie hoch sind die **(5)** _____?

Vermieter   Fünfzig Euro (€ 50,–). Sie müssen aber auch eine Kaution von sechshundertfünfzig Euro (€ 650,–) zahlen, also eine Monatsmiete.

Mario   Was, jeder **(6)** _____?

Vermieter   Nein, die Wohnung hat zwei Zimmer, also zahlt jeder Mieter dreihundertfünfundzwanzig Euro (€ 325).

Mario   Ja, gut. Ist die Wohnung in einem **(7)** _____?

Vermieter   Ja, in einem renovierten Altbau. In der **(8)** _____ sind U-Bahn und S-Bahn.

Mario   Wie weit ist es bis zur **(9)** _____?

Vermieter   Zur TU zehn Minuten, zur FU zwanzig zu Fuß.

Mario   Kann ich die Wohnung besichtigen?

Vermieter   Ja, heute Abend um sieben Uhr kommen einige Leute zur **(10)** _____.

Mario   Gut, dann bin ich um sieben da. Geben Sie mir bitte die Adresse.

10 *Verbinden Sie die Fragen und Antworten und üben Sie dann mit einem Partner/einer Partnerin.* Match up the questions and answers and then practise with a partner.

nützliche Wörter
in der Zeitung steht: *it says in the newspaper*
die Leute (Pl.): *people*
haben angerufen: *have called*
die Kaution: *deposit*
jeder: *each*
der Mieter: *tenant*
wie weit: *how far*
zu Fuß: *on foot*
besichtigen: *to view*
einige: *a few*

a) Ist das Zimmer noch frei?   Ja, die Kaution ist eine Monatsmiete.

b) Wie groß ist es?   Nein, in einem renovierten Altbau.

c) Wie hoch sind die Nebenkosten?   Ja, aber es haben schon drei Leute angerufen.

d) Muss ich eine Kaution zahlen?   In der Nähe sind U-Bahn und S-Bahn.

e) Ist die Wohnung in einem Neubau?   Ja, heute um 18 Uhr.

f) Gibt es eine Bushaltestelle in der Nähe?   Zur TU 15 Minuten, zur FU 25 Minuten zu Fuß.

g) Wie weit ist es bis zur Uni?   € 45,–.

h) Kann ich die Wohnung besichtigen?   20 m^2.

Nachspeise

Meine Familie

Kerstin kommt aus einer großen Familie. Sie hat viele Verwandte. Kerstin comes from a large family. She has lots of relatives.

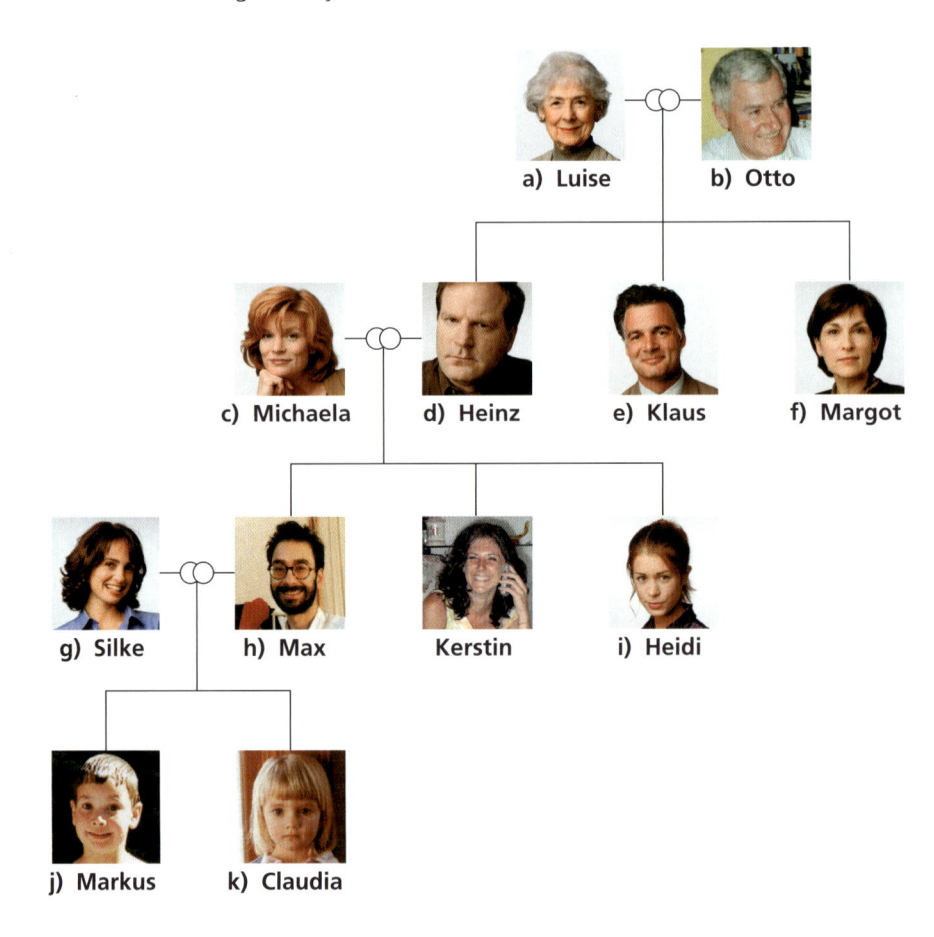

a) Luise — b) Otto

c) Michaela — d) Heinz   e) Klaus   f) Margot

g) Silke — h) Max   Kerstin   i) Heidi

j) Markus   k) Claudia

die Mutter	die Großeltern	der Ehemann
der Vater	die Tante	der Enkel
die Großmutter	der Onkel	die Enkelin
der Großvater	der Neffe	die Schwägerin
die Schwester	die Nichte	die Ehefrau
der Bruder	der Cousin	der Sohn
die Eltern	die Cousine	die Tochter

1 *Ergänzen Sie die folgenden Sätze mit Wörtern aus dem Kästchen. Verwenden Sie wenn nötig die Vokabelübersicht auf Seite 74.* Complete the sentences below with words from the box, using the vocabulary summary on page 74 if necessary.

a) Kerstin ist die _____ von Max und die _____ von Claudia.

b) Michaela ist die _____ von Kerstin und die _____ von Heinz.

c) Heinz ist der _____ von Heidi und der _____ von Klaus.

d) Claudia ist die _____ von Kerstin und die _____ von Silke.

e) Luise und Otto sind die _____ von Max, Kerstin und Heidi.

f) Otto ist der _____ von Luise und der _____ von Kerstin.

g) Markus ist der _____ von Heidi und der _____ von Max.

h) Kerstin ist die _____ von Otto und die _____ von Margot.

2 A *Kerstin trifft Bernd in der Mensa und Bernd erzählt von seiner Familie. Hören Sie den ersten Teil des Dialogs. Warum wohnt Bernd nicht im Studentenheim? Wohin möchte er umziehen?* Kerstin meets Bernd in the refectory and Bernd talks about his family. Listen to the first part of the dialogue. Why doesn't Bernd live in the hall of residence? Where is he thinking of moving to?

Bernd Tag Kerstin. Wie geht's?
Kerstin Hallo Bernd. Danke gut. Und dir?
Bernd Es geht. Meine Familie nervt mich wieder einmal.
Kerstin Ach, du wohnst zu Hause bei deinen Eltern, nicht wahr?
Bernd Ja, manchmal möchte ich lieber im Studentenheim wohnen, aber das ist zu teuer.
Kerstin Kommst du mit deinen Eltern nicht gut aus?
Bernd Na ja, meine Mutter sagt immer, ich spiele zu laut Musik, mein Bruder nimmt meine CDs, mein Vater möchte nicht, dass ich bis zwei Uhr clubben gehe und so weiter. Ich glaube, ich ziehe aus und gehe zu meinen Großeltern. Die haben ein Haus am Stadtrand.

nützliche Wörter
nerven (coll.): *to get on one's nerves*
einmal: *once*
manchmal: *sometimes*
gut auskommen mit: *to get on well with*
und so weiter: *and so on*
glauben: *to think*
ausziehen: *to move out*
am Stadtrand: *in the suburbs*

B *Hören Sie den zweiten Teil des Dialogs. Welchen Beruf haben Kerstins und Bernds Eltern?* Listen to the second part of the dialogue. What do Kerstin's and Bernd's parents do for a living?

3 WO WOHNST DU?

Kerstin Du tust mir Leid. Ich sehe meine Familie nur einmal im Monat und komme gut mit meinen Eltern aus. Mein Bruder Max ist Arzt und seine Frau Silke ist Krankenschwester. Sie wohnen in Hildesheim und meine Schwester Heidi ist an der Uni in Düsseldorf. Was machen deine Eltern?

Bernd Meine Mutter ist Sekretärin, mein Vater ist Mechaniker und mein Bruder arbeitet bei Siemens. Und deine?

Kerstin Meine Eltern sind beide Lehrer wie meine Tante Margot, aber mein Onkel Klaus ist Arzt wie mein Großvater. Meine Großeltern sind aber jetzt in Rente.

Bernd Meine auch. Du, ich glaube, ich rufe sie an. Vielleicht kann ich da wohnen.

Kerstin Gute Idee.

> **nützliche Wörter**
> Du tust mir Leid.: *I feel sorry for you.*
> der Arzt: *doctor*
> die Krankenschwester: *nurse*
> der Mechaniker: *mechanic*
> der Lehrer: *teacher*
> in Rente sein: *to be retired*

3 *Hören Sie den zweiten Teil des Dialogs noch einmal und kreuzen Sie die entsprechenden Berufe an.* Listen to the second part of the dialogue again and tick the people's jobs.

	Mechaniker	Lehrer/in	Arzt	in Rente	Sekretärin	Student/in
Kerstins Mutter Michaela						
Kerstins Bruder Max						
Kerstins Schwester Heidi						
Kerstins Tante Margot						
Kerstins Onkel Klaus						
Kerstins Großmutter Louise						
Bernds Mutter						
Bernds Vater						

Verb forms in the plural

Verb forms in the singular were set out in unit 1. The dialogues in this unit contain sentences with verb forms in the plural, for example:

Im Keller haben wir einen Fitnessraum.   Meine Eltern sind beide Lehrer.
Die haben ein Haus am Stadtrand.   Meine Großeltern sind aber jetzt in Rente.

The plural forms are as follows. Note that the forms for *wir* and *sie/Sie* are identical to the infinitive in regular verbs.

1st person (we)	wir	_____en
2nd person (you, familiar plural)	ihr	_____t
3rd person (they; you, formal)	sie/Sie	_____en

sechsundsechzig

4 *Ergänzen Sie die passenden Plural-Verbformen.* Fill in the correct plural verb forms.

a) Wir arbeit_____ am Montag in der Bibliothek.

b) Ihr geh_____ morgen ins Café.

c) Sie studier_____ Maschinenbau und Elektrotechnik.

d) Komm_____ ihr mit ins Kino?

e) Sie wohn_____ im Studentenwohnheim.

f) Wir fahr_____ am Freitag nach Hause.

g) Sie hab_____ vier Vorlesungen im Semester.

h) Sei_____ ihr schon lange in Berlin?

5 *Lesen Sie den Dialog mit verteilten Rollen und verbinden Sie dann die Satzteile.* Read the dialogue, taking a role each, and then match up the sentence halves.

a) Du wohnst zu Hause   mit meinen Eltern aus.

b) Meine Großeltern   ich spiele zu laut Musik.

c) Ich möchte lieber   haben ein Haus am Stadtrand.

d) Du tust   ist an der Uni.

e) Meine Großeltern   bei deinen Eltern, nicht wahr?

f) Meine Mutter sagt,   im Studentenheim wohnen.

g) Vielleicht kann   sind in Rente.

h) Mein Vater möchte nicht,   mir Leid.

i) Ich komme gut   ich da wohnen.

j) Meine Schwester Heidi   dass ich bis zwei Uhr clubben gehe.

6 *Lesen Sie die Dialoge in diesem Abschnitt noch einmal und ergänzen Sie dann die Possessiva in der Tabelle.* Read the dialogues in this unit again and then complete the possessives in the grid.

	Artikel + Nomen	Possessiv
m.	der Bruder	mein__ Bruder
f.	die Tante	mein__ Tante
n.	das Kind	mein__ Kind
Pl.	die Eltern	mein__ Eltern

Possessives

In German, possessives follow the same system of gender and case endings as the indefinite article. Here are the forms of the singular possessives:

Person	Nominativ		Akkusativ			Dativ	
	m./n.	f.	m.	f.	n.	m./n.	f.
ich *(I)*	mein *(my)*	meine	meinen	meine	mein	meinem	meiner
du *(you)*	dein *(your)*	deine	deinen	deine	dein	deinem	deiner
er/es *(he/it)*	sein *(his/its)*	seine	seinen	seine	sein	seinem	seiner
sie *(she)*	ihr *(her)*	ihre	ihren	ihre	ihr	ihrem	ihrer

Kaffee

Aussprache und Satzmelodie
Vokale o/ö, Konsonaten v/w, Satzmelodie

1 *Kreuzen Sie die Wörter an, die Sie hören.* Tick the words you hear.

- die Wohnung ☐
- der Sohn ☐
- die Größe ☐
- kommen ☐
- die Tochter ☐
- können ☐
- die Söhne ☐
- möbliert ☐
- groß ☐
- die Broschüre ☐
- der Stock ☐
- die Töchter ☐
- morgen ☐
- ich möchte ☐
- die Börse ☐

nützliche Wörter
die Broschüre: *brochure*
die Börse: *exchange*

2 *Hören Sie und sprechen Sie nach.* Listen and repeat.

- wann
- Vater
- wie
- viel
- wo
- vor
- Wohnung
- Vorhang

3 *Hören Sie und sprechen Sie nach. Achten Sie auf die Satzmelodie.* Listen and repeat. Pay attention to the intonation.

- Hallo, wie geht's?
- Woher kommst du?
- Wohin fährst du?
- Wo wohnst du?
- Was machst du heute Abend?
- Wie viel kostet das?

4 *Fragen und antworten Sie mit ihren Kollegen/Kolleginnen.* Practise asking and answering these questions with your colleagues.

- Hast du Geschwister?
- Wie heißen sie?
- Wo wohnen sie?
- Was machen sie?
- Wo wohnen deine Eltern?
- Was machen sie?
- Wohnst du bei deinen Eltern?
- Hast du eine Wohnung?

5 *Fassen Sie die Information aus Übung 4 in einem kurzen Bericht zusammen.* Using the information from activity 4, write a short report about a colleague's family.

6 *Lesen Sie die folgenden Sätze.* Read the sentences below.

- Die Wohnung ist möbliert.
- Die Küche ist groß.
- Das Zimmer hat einen Balkon.
- Die Broschüre gibt Tipps.
- Die Wohnungsbörse hilft dir eine Wohnung zu finden.

Portfolio

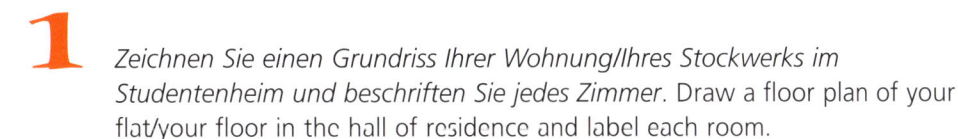

1 *Zeichnen Sie einen Grundriss Ihrer Wohnung/Ihres Stockwerks im Studentenheim und beschriften Sie jedes Zimmer.* Draw a floor plan of your flat/your floor in the hall of residence and label each room.

2

A *Suchen Sie einen deutschsprachigen Studenten/eine deutschsprachige Studentin und interviewen Sie ihn/sie zu ihrer Unterkunft. Bereiten Sie die Fragen im voraus vor und bitten Sie ihn/sie langsam zu sprechen. Nehmen Sie das Interview auf.* Find a German-speaking student and interview him/her about his/her accommodation. Prepare the questions beforehand and ask him/her to speak slowly. Record the interview.

B *Erstellen Sie eine Beschreibung seiner/ihrer Unterkunft anhand des Interviews und zeichnen Sie einen Grundriss.* Write a description of his/her accommodation based on the interview and draw a floor plan.

3 *Sie möchten Ihre Wohnung/Ihr Zimmer vermieten. Schreiben Sie eine Anzeige.* You would like to let your own flat/room in the hall of residence. Write an advert.

Kulturbeilage

Wo spricht man Deutsch?

nützliche Wörter

das Gebiet: *region*
gesprochen wird: *is spoken*
verschieden: *different*
unterteilt werden: *be divided*
die Linie: *line*
die Grenze: *border*
sogenant: *so-called*
trennen: *to separate*
die Umgangssprache: *colloquial language*

Auf der Karte sehen Sie die Gebiete, in denen Deutsch gesprochen wird, das heißt, in Deutschland, Österreich, Luxemburg und Teilen der Schweiz, wie auch in Südtirol (ein Teil von Italien). Deutsch kann aber in verschiedene Varianten unterteilt werden, nicht nur in Hochdeutsch und Umgangssprache. Die beiden Linien auf der Karte (rot und blau) markieren linguistische Grenzen. Die rote Linie ist die sogenannte (gedachte) „Benrather Linie" (Benrath ist ein Ort in der Nähe von Düsseldorf) und trennt das Niederdeutsche vom Mitteldeutschen. Die blaue Linie (der „Weißwurst-Äquator") trennt das Mitteldeutsche vom Oberdeutschen. Aber alle diese Varianten sind letzten Endes eine Form des Deutschen.

1 *Beantworten Sie die folgenden Fragen auf Englisch.* Answer the following questions in English.

1. In which countries is German spoken?
2. What do the red and blue lines on the map denote?
3. What are the main regional variants of German called?

Wiederholung

Sie sollten nun in der Lage sein
You should now be able to

★ *Ihre Unterkunft und deren Ausstattung zu beschreiben*
  describe your accommodation and facilities

★ *die Lage von Gegenständen zu beschreiben*
  describe the location of items

★ *zwei verschiedene Arten der Negation zu verwenden*
  use two different types of negation

★ *Ordinalzahlen zu verwenden*
  use ordinal numbers

★ *einfache Wohnungsanzeigen zu lesen und zu verstehen*
  read and understand simple accommodation adverts

★ *Verwandtschaftsverhältnisse zu beschreiben*
  describe family relations

1 A *Finden Sie im Wortsalat zehn Begriffe, die mit dem Thema „Wohnen" zu tun haben.* Find ten words related to 'accommodation' in the wordsearch.

F	B	U	J	M	K	Z	U	S	O	B
W	O	H	N	H	E	I	M	T	P	A
S	L	I	P	G	L	M	W	O	A	L
C	K	G	A	H	L	M	Ü	C	R	K
H	Ü	D	R	U	E	E	C	K	F	O
Ö	C	V	K	E	R	R	H	R	G	N
K	H	B	P	A	S	E	R	D	C	H
O	E	O	L	S	D	U	S	C	H	E
M	G	E	A	L	Q	U	M	S	A	V
A	B	S	T	E	L	L	R	A	U	M
R	A	L	Z	B	M	O	P	A	S	Ä

B *Tragen Sie die Nomen aus dem Wortsalat in die entsprechende Spalte der Tabelle unten ein. Ergänzen Sie dann die Tabelle mit anderen wichtigen Nomen aus dem Abschnitt.* Write the nouns from the wordsearch in the appropriate column of the grid below. Then complete the grid with other important nouns from this unit.

der (Maskulinum)	die (Femininum)	das (Neutrum)

2 *Stellen Sie sich gegenseitig Fragen und antworten Sie mit „Ja" oder „Nein". Kreuzen Sie an.* Ask each other questions and answer with *Ja* or *Nein*. Tick the boxes.

Beispiel: Hast du ein/eine/einen …?

	Selbst	Partner/in
Balkon	❏	❏
Badezimmer	❏	❏
Dusche	❏	❏
Küche	❏	❏
Abstellraum	❏	❏
Hobbyraum	❏	❏
Parkplatz	❏	❏
Fitnessraum	❏	❏
Waschraum	❏	❏
Keller	❏	❏

3 *Machen Sie eine Umfrage in der Klasse mit Hilfe der Tabelle oben. Befragen Sie fünf Kollegen/Kolleginnen und berichten Sie der Klasse.* Carry out a survey in your class using the grid above. Interview five of your colleagues and report back to the class.

4

A *Suchen Sie aus den ersten drei Abschnitten zwölf Nomen mit unterschiedlichem Genus, die man mit der Frage „Hast du ein/eine/einen …?" verbinden kann. Tragen Sie sie in die entsprechende Spalte der Tabelle unten ein.* In the first three units, find twelve nouns with different genders which can be used in the question 'Have you got a …?' and write them in the appropriate column of the grid.

Maskulinum	Femininum	Neutrum

B *Verwenden Sie die Wörter aus Übung 4A und stellen Sie sich gegenseitig Fragen. Vermerken Sie die Antworten Ihres Partners/Ihrer Partnerin in der Tabelle mit + oder –.* Using the words from Activity 4A, ask each other questions. Note your partner's answers in the grid with + or –.

Beispiel: **A** Hast du einen/eine/ein …?

  B Ja, ich haben ein/eine/einen …/Nein, ich habe keinen/keine/kein …

5

Schreiben Sie die Sätze in der richtigen Reihenfolge neu. Rewrite the sentences in the correct order.

a) im Ich Studentenwohnheim wohne

b) ziemlich ist billig Das

c) gefällt mir Es gut

d) lieber Ich Bus nehme den

e) höre oft Ich auch Rockmusik

f) ist und Das schön groß Zimmer

g) Das toll ist

h) Fitnessraum Keller wir einen haben Im

i) kein habe Ich Auto

j) Bus kommt dein Hier

dreiundsiebzig

6

Heidi beschreibt ihre Familie. Ergänzen Sie den Text mit den passenden Possessiva und Artikeln. Heidi describes her family. Complete the text with the correct possessives and articles.

Ich habe **(1)** _____ Bruder und **(2)** _____ Schwester. **(3)** _____ Bruder heißt Max. Er wohnt nicht zu Hause. **(4)** _____ Schwester heißt Kerstin, sie wohnt in Berlin. **(5)** _____ Eltern heißen Michaela und Heinz. Ich habe auch **(6)** _____ Tante und **(7)** _____ Onkel, Margot und Klaus. **(8)** _____ Großeltern haben **(9)** _____ Haus. **(10)** _____ Großmutter heißt Luise und **(11)** _____ Großvater heißt Otto. Ich habe auch **(12)** _____ Neffen und **(13)** _____ Nichte. **(14)** _____ Neffe heißt Markus und **(15)** _____ Nichte Claudia.

Vokabelübersicht

Nomen	**Nouns**
der Abstellraum	store room
der Altbau	old building
die Anzeige	advert
der Arzt	doctor
die Aussicht	view
das Badezimmer	bathroom
der Balkon	balcony
das Bett	bed
die Börse	exchange
die Broschüre	brochure
das Bücherregal	bookshelves, bookcase
der Cousin	cousin
das Dachgeschoss	attic
die Dachterrasse	roof terrace
die Dusche	shower
die Ehefrau	wife
der Ehemann	husband
der Enkel	grandson
die Enkelin	granddaughter
das Erdgeschoss	ground floor
das Fahrrad	bicycle
das Fenster	window
der Fernseher	TV
der Fitnessraum	exercise room
die Frau (Frauen Pl.)	woman
das Gebiet	region
das Geld	money
die Grenze	border
die Großeltern (Pl.)	grandparents
die Großmutter	grandmother
der Großvater	grandfather
der Hobbyraum	DIY room
der Ingenieur	engineer
die Kaltmiete	rent excluding heating
der Keller	basement
der Kleiderschrank	wardrobe
die Krankenschwester	nurse
die Küche	kitchen
der Lehrer	teacher
die Leselampe	lamp
die Linie	line
die Miete	rent
der Mieter	tenant
die Möglichkeit	opportunity
die Mutter	mother
die Naturwissenschaften (Pl.)	science
die Nebenkosten (Pl.)	running cost
der Neffe	nephew
die Nichte	niece
der Nichtraucher/die Nichtraucherin	non-smoker (m/f)
der Onkel	uncle
der Papierkorb	waste paper bin
der Parkplatz	car park
die Pinwand	pinboard
der Quadratmeter	square metre
die S-Bahn	urban railway
das Schlafzimmer	bedroom
das Schnäppchen	bargain
der Schreibtisch	desk
der Schwager	brother-in-law
die Schwägerin	sister-in-law
der Sohn	son
der Stadtrand	suburbs
die Stereoanlage	hi-fi
der Stock	floor
der Stuhl	chair
die Tante	aunt
der Teppich	rug
die Tochter	daughter
die Tür	door
die U-Bahn	underground railway
die Umgangssprache	colloquial language
die Unterkunft	accommodation
der Vater	father
der Vegetarier/die Vegetarierin	vegetarian (m/f)
die Verwandten (Pl.)	relations

die Vorhänge (Pl.)	curtains
die Warmmiete	rent including heating
der Waschraum	laundry room
die Wohngemeinschaft (WG)	shared flat/house
die Wohnung	flat
die Zeitung	newspaper
das Zimmer	room

Verben — *Verbs*

auskommen mit (ich komme mit … aus)	to get on with
ausziehen (ich ziehe aus)	to move out
brauchen	to need
fahren (er fährt)	to go (by car/bus/train)
geben (es gibt)	to be (there is/are)
gesprochen werden	to be spoken
glauben	to believe, to think
hängen	to hang
(sich) leisten	to afford
nehmen (er nimmt)	to take
nerven	to get on somebody's nerves
renovieren	to renovate
stehen	to stand, to be
suchen	to look for
teilen	to share
trennen	to separate
unterteilt werden	to be divided
vermieten	to let

Adjektive — *Adjectives*

alt	old
billig	cheap
dunkel	dark
eigen	own
einige	a few
groß	big
hässlich	ugly
hell	light, bright
kalt	cold
kein	no, not a
klein	small
laut	loud
möbliert	furnished
neu	new
ruhig	quiet
sogenant	so-called
teuer	expensive
verschieden	different
warm	warm

Possessiva — *Possessives*

dein	your
ihr	her
mein	my
sein	his, its

Adverbien — *Adverbs*

einmal	once
immer	always
lieber	rather
manchmal	sometimes
meistens	most of the time
nur	only
sofort	immediately
vielleicht	maybe

Präpositionen — *Prepositions*

an	on
auf	on top of
hinter	behind
neben	next to
über	above
unter	below
vor	in front of

Andere Wörter — *Other words*

aber	but, however
beide	both

Nützliche Sätze — **Useful expressions**

Das kann ich mir nicht leisten.	I can't afford that.
Du tust mir Leid.	I'm sorry for you.
Es gibt …	There is/are …
Gibt es …?	Is there …?/Are there …?
Ich komme nicht gut mit … aus.	I don't get on well with …
im Monat	per month
in der Nähe	close by
in Rente sein	to be retired
Sie nerven mich.	They get on my nerves.
und so weiter	and so on
Wie weit ist es bis zu …?	How far is it to …?
zu Fuß	on foot

Ein Wochenende in Salzburg

Übersicht

Wiederholung   77–78

Aperitif   78–79

Sehenswürdigkeiten in Salzburg
- **Funktion:** Über Sehenswürdigkeiten lesen
- **Vokabeln:** Sehenswürdigkeiten
- **Grammatik:** –
- **Übungen:** 1–2

Vorspeise   79–84

Am Bahnhof
- **Funktion:** Fahrkarten kaufen und Auskunft einholen
- **Vokabeln:** Fahrten mit Bahn und Bus; Fahrkartentypen; Stundenplan
- **Grammatik:** Interrogative
- **Übungen:** 1–15

Hauptspeise   85–90

Wie komme ich …?
- **Funktion:** Nach dem Weg fragen; den Weg beschreiben
- **Vokabeln:** Ort und Richtungen
- **Grammatik:** Präpositionen mit Dativ und/oder Akkusativ; Trennbare Verben
- **Übungen:** 1–10

Nachspeise   91–96

Im Hotel
- **Funktion:** Unterkunft suchen; Zimmer reservieren
- **Vokabeln:** Unterkunft; Hotelkategorien
- **Grammatik:** Steigerung der Adjektive
- **Übungen:** 1–11

Kaffee   97–104

Aussprache und Rechtschreibung
Portfolio
Kulturbeilage
Wiederholung
Vokabelübersicht

Abschnitt 4 Ein Wochenende in Salzburg

In diesem Abschnitt werden Sie
In this unit you will

* *Fahrkarten kaufen und Auskunft einholen*
  buy tickets and obtain travel information

* *nach dem Weg fragen und den Weg beschreiben*
  practise asking for and giving directions

* *ein Zimmer in einem Hotel/einer Frühstückspension reservieren*
  book a room in a hotel/bed and breakfast

* *etwas über die Festung Hohensalzburg erfahren*
  read about the Hohensalzburg fortress

Wiederholung

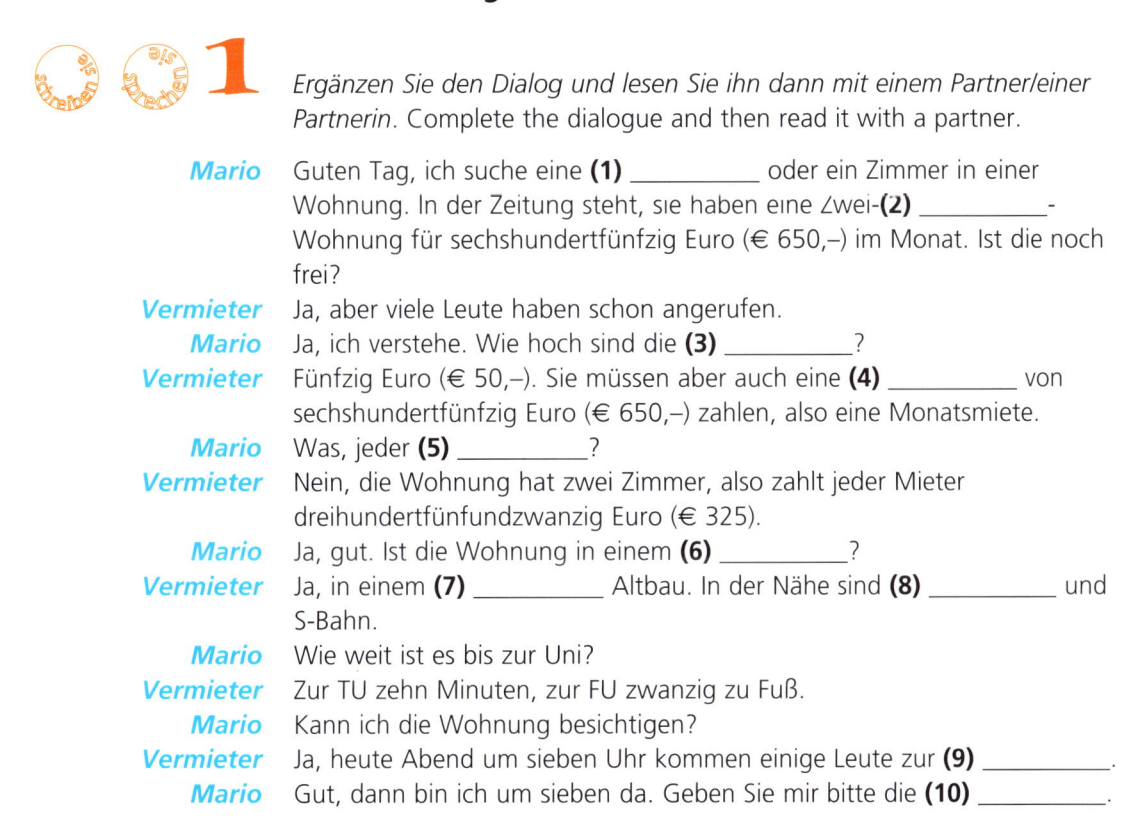

1

Ergänzen Sie den Dialog und lesen Sie ihn dann mit einem Partner/einer Partnerin. Complete the dialogue and then read it with a partner.

Mario Guten Tag, ich suche eine **(1)** _____ oder ein Zimmer in einer Wohnung. In der Zeitung steht, sie haben eine Zwei-**(2)** _____-Wohnung für sechshundertfünfzig Euro (€ 650,–) im Monat. Ist die noch frei?

Vermieter Ja, aber viele Leute haben schon angerufen.

Mario Ja, ich verstehe. Wie hoch sind die **(3)** _____?

Vermieter Fünfzig Euro (€ 50,–). Sie müssen aber auch eine **(4)** _____ von sechshundertfünfzig Euro (€ 650,–) zahlen, also eine Monatsmiete.

Mario Was, jeder **(5)** _____?

Vermieter Nein, die Wohnung hat zwei Zimmer, also zahlt jeder Mieter dreihundertfünfundzwanzig Euro (€ 325).

Mario Ja, gut. Ist die Wohnung in einem **(6)** _____?

Vermieter Ja, in einem **(7)** _____ Altbau. In der Nähe sind **(8)** _____ und S-Bahn.

Mario Wie weit ist es bis zur Uni?

Vermieter Zur TU zehn Minuten, zur FU zwanzig zu Fuß.

Mario Kann ich die Wohnung besichtigen?

Vermieter Ja, heute Abend um sieben Uhr kommen einige Leute zur **(9)** _____.

Mario Gut, dann bin ich um sieben da. Geben Sie mir bitte die **(10)** _____.

4 EIN WOCHENENDE IN SALZBURG

2 *Übersetzen Sie die folgende Anzeige ins Deutsche.* Translate the advert below into German.

> We are looking for 4th student (female, non-smoker, vegetarian) for all-female shared flat near university. 5 mins to supermarket, 5th floor, large room (25 m²), quiet. Rent without heating € 136.–, running costs € 67.–.

Aperitif

Sehenswürdigkeiten in Salzburg

1 *Verbinden Sie die Fotos von Sehenswürdigkeiten in Salzburg mit den Beschriftungen aus dem Kästchen unten.* Match the photos of places of interest in Salzburg to the captions in the box below.

| Café Tomaselli | Pferdeschwemme | Festspielhaus |
| Getreidegasse | Festung | Mozarts Geburtshaus |

a

b

c

d

e

f

achtundsiebzig

2

Ordnen Sie mit einem Partner/einer Partnerin die folgenden Aussagen den Fotos zu. With a partner, match these statements to the photos.

nützliche Wörter
die Burg: *castle*
weltbekannt: *world famous*
stattfinden: *to take place*
der Brunnen: *fountain*
die Pferdeställe (Pl.): *stables*
die Besucher (Pl.): *visitors*

1. Im Jahre 1077 beginnt man mit dem Bau dieser Burg.
2. Der weltbekannte Komponist wurde 1756 hier geboren.
3. Dies ist die weltbekannte Einkaufsstraße und ist heute Fußgängerzone.
4. Jedes Jahr finden hier die weltbekannten Musikfestspiele statt.
5. Dieser Brunnen stammt aus dem Jahre 1693 und war Teil der Pferdeställe.
6. Viele Besucher kommen hierher und genießen Kaffee und Kuchen.

Vorspeise

Am Bahnhof

1

Was kaufen die Leute? Hören Sie und entscheiden Sie. What do these people buy? Listen and decide.

Fahrgast 1:
a) 1× München einfach
b) 2× München einfach
c) 1× Münster einfach

Fahrgast 2:
a) 1× Salzburg hin und zurück
b) 2× Salzburg hin und zurück
c) 3× Salzburg hin und zurück

Fahrgast 3:
a) 2 Erwachsene und 1 Kind nach Köln
b) 1 Erwachsener und 1 Kind nach Köln
c) 2 Erwachsene und 2 Kinder nach Köln

Fahrgast 4:
a) 2× Berlin 2. Klasse einfach
b) 2× Berlin 1. Klasse einfach
c) 1× Berlin 2. Klasse einfach

2

Verbinden Sie die deutschen und englischen Begriffe. Match up the German and English expressions.

a)	einfach	return
b)	2 Erwachsene	3 tickets
c)	1 Kind	2nd class
d)	hin und zurück	1 family ticket
e)	2. Klasse	single
f)	1 Familienkarte	1 child
g)	3 Fahrkarten	2 adults

3

Am Bahnhof. Céline und John möchten nach Salzburg und kaufen eine Fahrkarte. Was müssen sie vorweisen? At the station. Céline and John would like to go to Salzburg and buy a ticket. What do they have to show?

4

Bringen Sie den Dialog in die richtige Reihenfolge und hören Sie ihn dann noch einmal. Reorder the dialogue and then listen to it again.

Schalterbeamtin	Danke. … Hier bitte die Fahrkarten.
Schalterbeamtin	Einfach oder hin und zurück?
Schalterbeamtin	Haben Sie Studentenausweise?
Céline	Einfach, bitte.
Céline	Ja, natürlich, hier bitte. Was macht das?
Céline	Danke. Auf Wiedersehen.
Schalterbeamtin	Hundertzwanzig Euro.
Céline	Guten Tag. Zweimal zweiter Klasse nach Salzburg, bitte, mit Ermäßigung.

5

Üben Sie den rekonstruierten Dialog mit verteilten Rollen. Practise the reconstructed dialogue, taking a role each.

6 *Üben Sie Fahrkarten kaufen. In Übung 1 finden Sie nützliches Vokabular.* Practise buying tickets. Look back at activity 1 for useful vocabulary.

Beispiel: **A** Einmal erster Klasse nach München, bitte.

B Einfach oder hin und zurück?

A Einfach, bitte.

a) 1× München – 1st class – single

b) 2× Linz – 2nd class – concession – return

c) 1 child, 2 adults Leipzig – 1st class – return

7 *Am Auskunftsschalter. Céline möchte wissen, wann der nächste Zug fährt.* At the information point. Céline would like to know what time the next train leaves.

a) Wann fährt der nächste Zug nach Salzburg?
Um 8:00 ❏   Um 8:20 ❏   Um 7:40 ❏

b) Von welchem Bahnsteig fährt der Zug?
Bahnsteig 2 ❏   Bahnsteig 3 ❏   Bahnsteig 4 ❏

c) Wann kommt der Zug in Salzburg an?
Um 12:40 ❏   Um 11:40 ❏   Um 12:20 ❏

Céline	Entschuldigung, wann fährt der nächste Zug nach Salzburg?
Auskunft	Um acht Uhr zwanzig.
John	Und von welchem Bahnsteig?
Auskunft	Von Bahnsteig drei.
Céline	Müssen wir umsteigen?
Auskunft	Nein, der Zug fährt direkt nach Salzburg.
John	Wann kommt der Zug in Salzburg an?
Auskunft	Um zwölf Uhr vierzig.
Céline und John	Vielen Dank. Wiedersehen.
Auskunft	Keine Ursache. Gute Reise.

nützliche Wörter

der nächste Zug: *the next train*
von welchem: *from which*
der Bahnsteig: *platform*
umsteigen: *to change*
ankommen: *to arrive*
Keine Ursache.: *You're welcome.*
Gute Reise.: *Have a pleasant journey.*

8 *Hören Sie die Information der Telefonauskunft der Deutschen Bahn (DB) zu Zügen von Salzburg nach München. Notieren Sie die Abfahrtszeiten zwischen 8:00 und 9:30 morgens. Muss man umsteigen?* Listen to the information the Deutsche Bahn (DB) telephone enquiry line gives about trains from Salzburg to Munich. Note down the train times between 8:00 and 9:30 a.m. Do you have to change?

	Abfahrt in Salzburg	Ankunft in München	Umsteigen?
1			
2			
3			
4			

9 *Üben Sie Mini-Dialoge.* Practise mini-dialogues.

Beispiel: Wann fährt der nächste Zug nach …?

Von welchem Bahnsteig?

Wann kommt er in … an?

der Eisenbahnfahrplan

Nach	Abfahrt	Bahnsteig	Ankunft
Linz	06:20	3	08:15
Sankt Gallen	07:05	4	07:45
Innsbruck	16:04	1	18:26
Kiel	11:09	2	14:32
Luzern	00:27	11	05:42
Augsburg	20:14	7	21:53

10 *In Salzburg möchten Céline and John sich die Universität ansehen und müssen eine Studentenkarte für den Bus kaufen. Zuerst müssen sie herausfinden, mit welchem Bus sie fahren müssen.* In Salzburg, Céline and John would like to have a look at the university and need to buy a student bus pass. First they need to know which number bus they have to catch.

a) Welchen Bus müssen sie nehmen?
   Nr. 4 ❑   Nr. 5 ❑   Nr. 14 ❑

b) Was zeigt Céline dem Fahrer?
   Wochenkarte ❑   Rückfahrkarte ❑   Studentenausweis ❑

Céline	Entschuldigung, welcher Bus fährt zur Uni?
Passantin	Die Nummer vier.
Céline	Danke schön.
Passantin	Gern geschehen.
	…
Céline	Zwei Wochenkarten, bitte.
Busfahrer	Mit Ermäßigung für Studenten?
Céline	Ja bitte, wir haben Studentenausweise. Was macht das?
Busfahrer	Zwanzig Euro.
Céline	Danke. – Ach, ich möchte zur Egger-Lienz-Gasse. Können Sie mir bitte sagen, wo ich aussteigen muss?
Busfahrer	Ja, kein Problem.
Céline	Vielen Dank.

11

Verbinden Sie die deutschen und englischen Sätze. Match up the German and English sentences.

a) Ich möchte zur Uni. — Two weekly bus passes please.

b) Eine Monatskarte mit Ermäßigung. — How much is that?

c) Zwei Wochenkarten, bitte. — We have student ID cards.

d) Können Sie mir sagen, wo ich aussteigen muss? — I would like to go to the university.

e) Wir haben Studentenausweise. — Which bus goes to the station?

f) Was macht das? — A monthly bus pass with concession.

g) Welcher Bus fährt zum Bahnhof? — Can you tell me, where I have to get off?

12

Ergänzen Sie den Dialog und üben Sie ihn dann mit verteilten Rollen. Complete the dialogue and then practise it, taking a role each.

A Eine _____, bitte. Was _____ das?
B Acht _____.
A Danke. – Wir müssen _____ Uni. _____ Sie mir sagen, wo wir _____ müssen?
B Ja, kein _____
A _____ Dank.
B Gern geschehen.

13

Sie arbeiten in der Auskunft der Verkehrsbetriebe, der Salzburg AG. Beantworten Sie die Anfragen der Kunden mit Hilfe der Buslinienkarte auf der nächsten Seite. You work in the information centre at Salzburg AG, the city's public transport company. Answer these customers' enquiries with the help of the bus map overleaf.

Beispiel: **A** Welcher Bus fährt von de Volksschule Mülln von Kugelhof?

B Am besten nehmen Sie die Nummer 27. (It's best to take the number 27.)

Jemand möchte:

a) vom Hauptbahnhof zur Karolingerstraße

b) von der Christian-Doppler-Klinik zur Moosstraße

c) von der Schwedenstraße zum Europark

d) von der Gaswerkgasse zum H.-v.-Karajan-Platz

e) vom Kongresshaus zum Mozartsteg

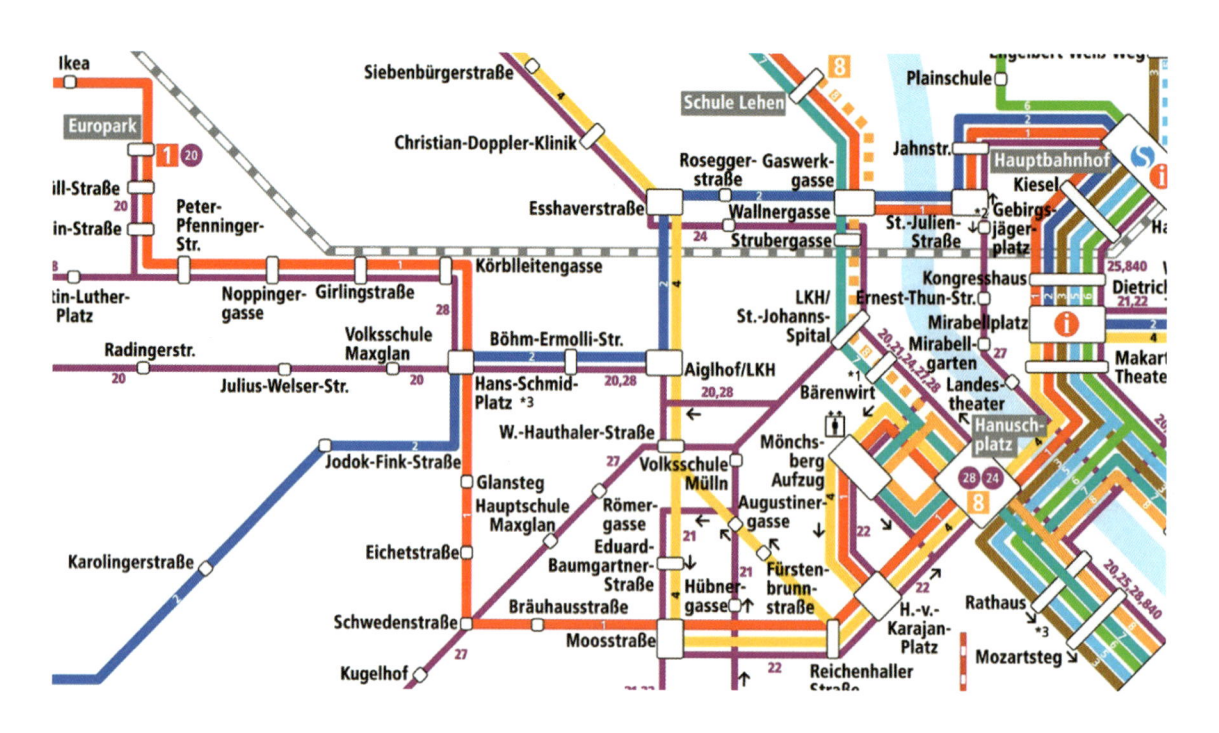

14 *Suchen Sie alle bisher verwendeten Interrogative und tragen Sie in die Tabelle unten ein. Wie viele dieser Interrogative kennen Sie? Ergänzen Sie die Tabelle, so gut es geht.* Find all the question words used so far and write them in the grid below. How many of these question words do you know? Fill in as much of the grid as you can.

Deutsch	Englisch

15 *Schreiben Sie nun neun Fragen mit den Fragewörtern aus Übung 14 und fragen und antworten Sie abwechselnd.* Now write nine questions with the question words from activity 14 and take turns to ask and answer the questions.

Hauptspeise
Wie komme ich …?

1

Die Getreidegasse mit Mozarts Geburtshaus ist die berühmteste Straße in Salzburg. Céline möchte sie gerne besuchen, kann sie aber nicht finden und fragt einen Passanten. Wie weit ist die Getreidegasse? The Getreidegasse with Mozart's birthplace is the most famous street in Salzburg. Céline would like to visit it but cannot find it and asks a passer-by. How far is it?

Céline Entschuldigen Sie, wie komme ich in die Getreidegasse?
Passant Von hier geradeaus, dann rechts und über die Staatsbrücke. Dort überqueren Sie den Fluss. Weiter geradeaus den Rathausplatz entlang. Dann sind Sie in der Getreidegasse.
Céline Kann ich da mit dem Bus hinfahren?
Passant Nein, die Getreidegasse ist Fußgängerzone, da fährt kein Bus. Aber Sie können zu Fuß gehen, das sind nur ungefähr fünfzehn Minuten.
Céline Vielen Dank.
Passant Gern geschehen.

2

Verbinden Sie die deutschen und englischen Begriffe. Match up the German and English expressions.

nützliche Wörter
der Fluss: *river*
die Gasse: *lane*
der Platz: *square*
die Brücke: *bridge*
der Kai: *quay*

a) die Fußgängerzone — *right*
b) links — *after that*
c) die Kreuzung — *pedestrian precinct*
d) die Hauptstraße — *to cross*
e) geradeaus — *straight on*
f) dann — *junction*
g) rechts — *left*
h) die Haltestelle — *main street*
i) überqueren — *then*
j) entlang — *bus stop*
k) danach — *along*

3

Ergänzen Sie den Dialog. Complete the dialogue.

Céline   (1) _____ Sie, wie (2) _____ ich in die Getreidegasse?
Passant   Von hier (3) _____ , dann rechts und über die (4) _____ . Dort überqueren Sie den (5) _____ . Weiter geradeaus den (6) _____ entlang. Dann sind Sie in der Getreidegasse.
Céline   Kann ich da mit dem (7) _____ hinfahren?
Passant   (8) _____ , die Getreidegasse ist (9) _____ , da fährt kein Bus. Aber Sie können zu (10) _____ gehen, das sind nur ungefähr fünfzehn Minuten.
Céline   (11) _____ Dank.
Passant   Gern (12) _____ .

4

Fragen und antworten Sie abwechselnd. Take turns to ask and answer questions.

Beispiel: **A** Entschuldigen Sie, bitte, wie komme ich in die Griesgasse?

B Gehen Sie geradeaus, dann rechts, dann sind Sie in der Griesgasse.

Fragen	Antworten
in die Mozartstraße	hier rechts
zum Mirabellplatz	zuerst links, dann geradeaus
nach Anif	immer geradeaus, dann links
in die Kleistgasse	zuerst rechts, dann links, dann wieder links

5

Versuchen Sie einige Mini-Dialoge mit Hilfe der Karte auf der nächsten Seite zu erstellen und zu üben. Try to make up and practise some mini-dialogues using the map opposite.

Sie möchten:

a) Von der Griesgasse zum Bastionsgarten

b) Vom Mirabellplatz in die Klampferergasse

c) Von der Schrannengasse zum Müllner Steg

d) Von der Hauptstraße zum Rathausplatz

> ★ **Kultur-Info**
> On most maps **Platz** is abbreviated to **pl./Pl., Straße** to **str./Str.** and **Gasse** to **g./G.**

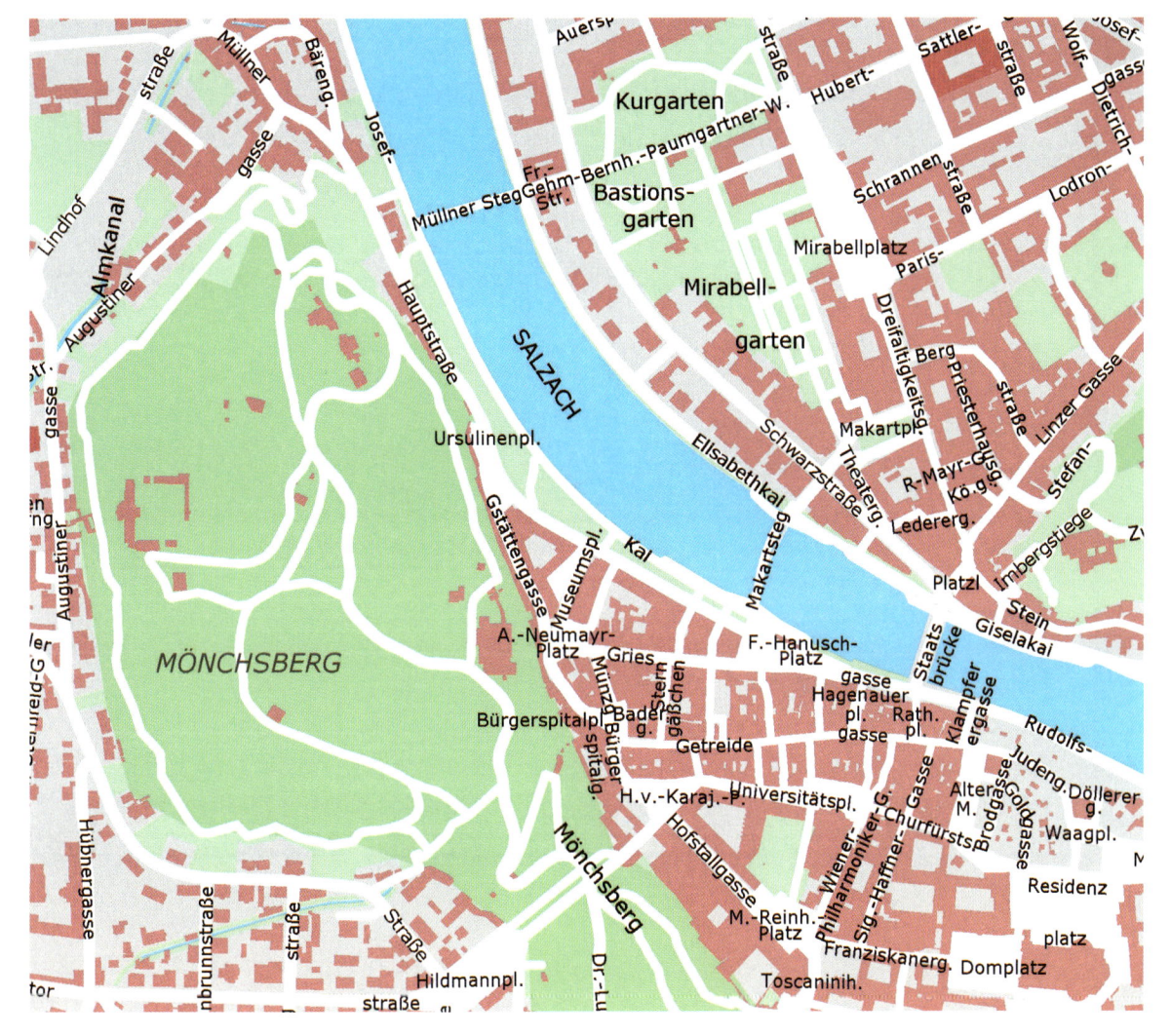

6 A *Suchen Sie aus diesem Abschnitt Sätze mit Präpositionen und ergänzen Sie dann die Artikel in den folgenden Sätzen.* Find sentences with prepositions in this unit and then fill in the articles in the sentences below.

a) Gehen Sie in _____ Getreidegasse.

b) Fahren Sie über _____ Staatsbrücke.

c) Wie komme ich vo_____ Zentrum zu_____ Uni?

d) Nehmen Sie den Bus Nr. 10 zu_____ Makartplatz.

e) Gehen Sie zuerst rechts, dann links, dann sind Sie in _____ Elisabethstraße.

B *Können Sie sich gegenseitig die Regeln für Präpositionen mit dem Dativ und/oder dem Akkusativ erklären und sie zusammenfassen?* Can you explain the rules for prepositions with the dative and/or accusative to each other and summarise them?

Prepositions

As you saw in unit 3, German prepositions must be followed by a specific case. You already know most of these useful prepositions for giving directions and locations: *an, in, hinter, neben, vor, über, unter, zu, zwischen.*

- Prepositions followed by accusative:
  durch, ohne, gegen, bis, um, für
  (D O G B U F – This is a 'mnemonic' to help you remember the words.)
  Er arbeitet für den Professor.

- Prepositions followed by dative:
  nach, aus, von, zu, bei, ab, mit
  (N A V Z B A M)
  Ich treffe dich nach der Vorlesung.

- Prepositions followed by accusative or dative, depending on whether the sentence describes motion or position:
  in, hinter, an, vor, auf, neben, unter, zwischen, über
  (I HAV AN UZÜ)
  Ich gehe in die Stadt. (motion)
  Ich bin in der Stadt. (position)

- Remember that *zu* and *in* combine with some forms of the following article, e.g. *zu dem = zum, zu der = zur, in dem = im, in das = ins.*
  Wir fahren zur Universität.
  Wir fahren zum Bahnhof.

7

Wegbeschreibung. Lesen Sie den Text und zeichnen Sie den Weg auf der Karte auf der nächsten Seite ein. Lesen Sie dann den Text laut. Giving directions. Read the text and mark the route on the map opposite. Then read the text aloud.

Mein Weg zur Uni

Ich gehe normalerweise um 8 Uhr aus dem Haus und gehe die Hauptmanngasse entlang bis zur Kreuzung. Dort überquere ich die Hauptstraße und gehe nach links bis zur Haltestelle. Ich fahre mit dem Bus Nr. 47 bis zum Stadtzentrum, steige am Marktplatz aus und überquere die Bahnhofstraße an der Ampel. Dann gehe ich weiter geradeaus bis zur Uni.

nützliche Wörter

die Ampel: *traffic lights*
das Stadtzentrum: *city centre*

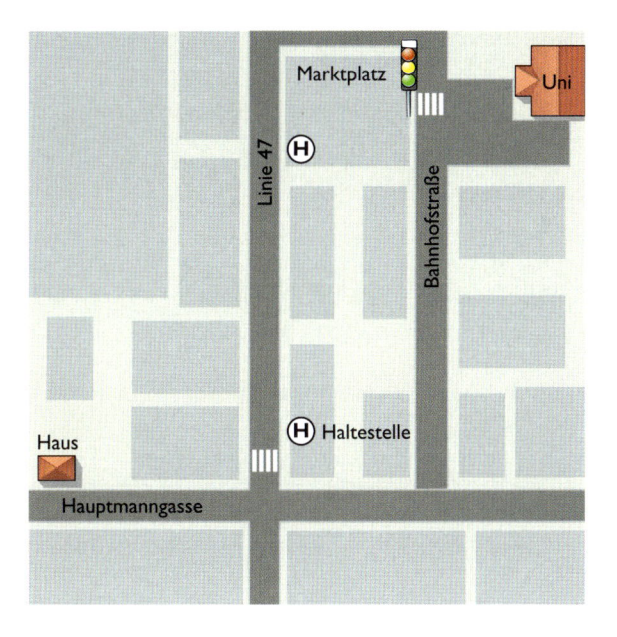

8 *Jemand möchte zu Besuch kommen. Beschreiben Sie in einer E-Mail, wie man von der Uni zu Ihnen nach Hause kommt.* Someone is coming to visit. Send him/her an email giving directions from the university to your home.

✉ **E-Mail**   □ ⊟ ✕

Ihre E-Mail-Adresse: _____

Betreff (Subject): _____

Von der Uni
gehen Sie _____
fahren Sie _____
überqueren Sie die Straße _____

geradeaus
dann links
dann rechts
dann wieder links.
Dann sind Sie in _____

Nachricht abschicken   Eingaben löschen

Hauptspeise

9

Lesen Sie die Sätze. Was fällt Ihnen an den Verben auf? Read the sentences. What do you notice about the verbs?

Infinitiv	Beispiel	Übersetzung
aussteigen	Ich steige hier aus.	I get off here.
umsteigen	Ich steige in Berlin um.	I change (trains/planes) in Berlin.
anrufen	Ich rufe dich um 8 Uhr an.	I will call you at 8 o'clock.
fernsehen	Ich sehe am Abend fern.	I watch TV in the evening.
ankommen	Ich komme um 9 Uhr an.	I will arrive at 9 o'clock.

Separable verbs

Some German verbs split off the first part, called the prefix (which usually looks like a preposition), and send it to the end of the sentence. Something similar happens to certain English verbs, e. g. 'I turned the television off.'
Watch out for these separable verbs and list each one you come across.

10

Bilden Sie nun ganze Sätze mit den folgenden Wörtern. Vergessen Sie nicht die Vorsilbe an das Satzende zu stellen. Write complete sentences using the prompts below. Remember to put the prefix at the end of the sentence.

Beispiel: ankommen – sie – am Montag: Sie kommt am Montag an.

a) einkaufen – wir – im Supermarkt

b) ankommen – du – in München

c) anrufen – er – Kerstin – morgen

d) umsteigen – ich – im Zentrum

e) aussteigen – er – am Bahnhof

Separable verbs

If you know the meaning of the prefix (e.g. *aus* = off, *aussteigen* = to get off) it should help you to work out the meaning of other verbs:
überhängen – to overhang
überkochen – to boil over
übersehen – to overlook (inseparable)

Nachspeise

Im Hotel

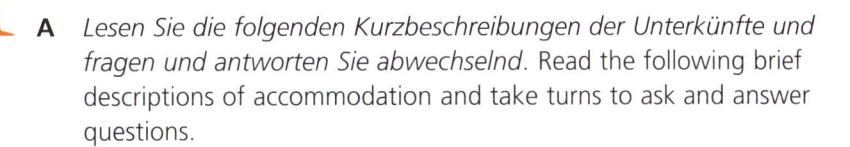

A *Lesen Sie die folgenden Kurzbeschreibungen der Unterkünfte und fragen und antworten Sie abwechselnd.* Read the following brief descriptions of accommodation and take turns to ask and answer questions.

Beispiel: **A** Hat das Hotel Mozart einen Parkplatz?

B Ja, das Hotel Mozart hat einen Parkplatz.

Legende
B = Balkon
F = Friseur
G = Garage
P = Parkplatz
R = Restaurant
SchwB = Schwimmbad

Hotel Mozart
P, G, R, B, SchwB
a _____

Hotel Goldener Hirsch
P, G, B, F, R, SchwB
b _____

Pension Edelweiß
P, B, SchwB
c _____

Jugendherberge
P
d _____

Gasthof Zur Kapelle
P, B, R
e _____

Gasthof Kohlpeter
P, G, B, R
f _____

B *Ordnen Sie die Unterkünfte den Kategorien zu.* Put the accommodation into the right category.

Luxusklasse *****   P, G, SchwB, B, F, R
Erste Klasse ****   P, G, R, B, SchwB
Komfortklasse ***   P, G, B, R oder SchwB
Mittelklasse **   P, G, R
Touristenklasse *   P, B

einundneunzig

2

nützliche Wörter

die Unterkunft: *accommodation*
die Nacht (Nächte Pl.): *night(s)*
empfehlen: *to recommend*
der Gasthof: *guesthouse, inn*
die Pension: *bed and breakfast*

Hören Sie den Dialog an. Céline und John brauchen eine Unterkunft und gehen ins Informationsbüro. Listen to the dialogue. Céline and John need accommodation and visit the tourist information office.

a) Wo liegt der Gasthof Kohlpeter?
   Im Zentrum ❏   Am Stadtrand ❏   Am Bahnhof ❏

b) Wie lange möchten Céline und John bleiben?
   3 Nächte ❏   4 Nächte ❏   2 Nächte ❏

c) Für welches Hotel entscheiden sie sich?
   Pension Edelweiß ❏   Hotel Goldener Hirsch ❏   Jugendherberge ❏

3

nützliche Wörter

bequem: *comfortable*
… ist mir lieber: *I prefer …*
Wie wäre es mit …?: *How about …?*
weit: *far*
Das klingt besser.: *That sounds better.*
das Doppelzimmer: *double room*
der Aufenthalt: *stay*

Hören Sie den Dialog noch einmal und verbinden Sie dann die Satzteile. Listen to the dialogue again and then match up the sentence halves.

a) Wir suchen eine Unterkunft — die Pension Edelweiß am Standtrand empfehlen.
b) Ich kann den Gasthof Kohlpeter oder — ist mir lieber.
c) Haben Sie die — billiger.
d) Im Zentrum — gibt es kein Doppelzimmer mit Bad.
e) Die Jugendherberge ist — schönen Aufenthalt.
f) Pensionen sind — Telefonnummer der Jugendherberge?
g) In der Jugendherberge — nicht weit vom Bahnhof und bei Studenten beliebt.
h) Wiedersehen und — für drei Nächte.

4

Ergänzen Sie den Dialog und lesen Sie ihn dann mit verteilten Rollen. Complete the dialogue and then read it, taking a role each.

Dame Grüß Gott, was kann ich für Sie tun?
Céline Guten Tag. Wir suchen eine **(1)** _____ für drei Nächte, wenn möglich im **(2)** _____ .
Dame Ich kann den **(3)** _____ Kohlpeter oder die **(4)** _____ Edelweiß am Standtrand **(5)** _____ . Die sind billig und **(6)** _____ .
John Ach, ich **(7)** _____ nicht. Im Zentrum ist mir **(8)** _____ .
Dame Wie wäre es mit der **(9)** _____ ? Die ist nicht weit vom Bahnhof und bei Studenten sehr beliebt.
John Das klingt **(10)** _____ . Gibt es dort **(11)** _____ mit Bad?
Dame **(12)** _____ nicht, aber es **(13)** _____ Doppelzimmer mit Dusche.
Céline Super. Haben Sie die **(14)** _____ der Jugendherberge?
Dame Ja **(15)** _____ , hier bitte.
Céline Vielen Dank. Auf **(16)** _____ .
Dame Wiedersehen und **(17)** _____ Aufenthalt.

4 EIN WOCHENENDE IN SALZBURG

5 *Ergänzen Sie die Tabelle mit der entsprechenden Übersetzung auf Deutsch oder Englisch. Verwenden Sie wenn nötig die Vokabelübersicht auf Seite 104.* Complete the grid with the German or English translations, using the vocabulary summary on page 104 if necessary.

Deutsch	Englisch
schön	
	popular
	cold
billig	
	new
gut	
	sunny
	interesting
	big
warm	
nah	
teuer	
klein	
	quiet

6 *Lesen Sie die folgenden Beispielsätze mit einem Partner/einer Partnerin. Können Sie die Regeln für die Bildung des Komparativs (der Vergleichsform) erstellen?* Read the example sentences below with a partner. Can you work out the rules for forming the comparative?

Regelmäßig *(Regular)*

1 Das Hotel Mozart ist billig. Die Pension Edelweiß ist billiger.

2 Die Pension Edelweiß ist bei Touristen beliebt. Die Jugendherberge ist bei Touristen beliebter.

3 Das Buch ist interessant. Der Film ist interessanter.

Unregelmäßig *(Irregular)*

1 Die Zimmer im Gasthof Zur Kapelle sind groß. Die Zimmer im Gasthof Kohlpeter sind größer.

2 Ben Nevis ist hoch. Das Matterhorn ist höher.

3 Das Frühstück in der Jugendherberge ist gut. Das Frühstück im Hotel Goldener Hirsch ist besser.

7

Ergänzen Sie nun die Tabelle der Komparativ-Formen. Now complete the table of comparative forms.

Positiv	Komparativ
schön	
beliebt	
kalt	kälter
billig	
neu	
gut	
sonnig	
interessant	
groß	
nah	näher
teuer	teurer
klein	
ruhig	

Comparison

German generally forms the comparative of adjectives by adding *-er*. Examples:
billig (cheap) – *billiger* (cheaper)
beliebt (popular) – *beliebter* (more popular)

- Some words also change their spelling slightly, to make pronunciation easier, e.g.
  teuer – teurer, hoch – höher, komfortabel – komfortabler

- Several change the stem vowel by adding an umlaut (¨) as well as adding *-er*, e.g.
  groß – größer, nah – näher

- A few are completely irregular and use a replacement word, e.g.
  gut – besser, viel – mehr

In comparisons the word *als* is used for 'than':
*Das Hotel Goldener Hirsch ist besser **als** der Gasthof Kohlpeter.*

8 *Lesen Sie mit einem Partner/einer Partnerin die folgenden Hotelbeschreibungen und schreiben Sie so viele Vergleiche wie möglich.* With a partner, read the following hotel descriptions and write as many comparisons as possible.

Jugendherberge
Nah am Zentrum, ideal für Studenten. 5 Minuten zum Bahnhof. 10 Einzelzimmer und 20 Doppelzimmer. Alle Zimmer mit Dusche.
Einzelzimmer € 24,00
Doppelzimmer € 34,00
inklusive Frühstück
Abstellraum für Fahrräder, kleiner Parkplatz hinter dem Haus.

Hotel Mozart
Schönes Hotel direkt im Zentrum. 10 Einzelzimmer mit Bad und Dusche, 15 Doppelzimmer mit Bad und Balkon. Alle Zimmer haben Fernseher, Telefon und Mini-Bar.

Einzelzimmer € 47,00
Doppelzimmer € 50,00
Frühstück € 10,00

Pension Edelweiß
Ruhige und bequeme Pension am Stadtrand. 5 Einzelzimmer, 10 Doppelzimmer. Alle Zimmer mit Bad und Dusche und Balkon.
Einzelzimmer € 40,00
Doppelzimmer € 45,00
Frühstücksbuffet, großer Parkplatz.

9 *Hören Sie, wie Céline ein Zimmer reserviert, und kreuzen Sie an.* Listen to Céline booking a room and tick the box.

a)	Céline reserviert	ein Einzelzimmer ❑	ein Doppelzimmer ❑
b)	Sie reserviert ein Zimmer	mit Dusche ❑	mit Bad ❑
c)	Das Zimmer ist	im 2. Stock ❑	im 3. Stock ❑
d)	Es kostet	€ 24,00 ❑	€ 34,00 ❑
e)	Das ist	mit Frühstück ❑	ohne Frühstück ❑
f)	Die Adresse lautet	Paracelsusstraße 19 ❑	Paracelsusstraße 9 ❑
g)	Céline ist	in 10 Minuten da ❑	in 15 Minuten da ❑

Nachspeise

fünfundneunzig

10

Bringen Sie den Dialog in die richtige Reihenfolge. Reorder the dialogue.

Céline	Guten Tag. Haben Sie noch ein Zimmer frei?
Céline	Was kostet das?
Céline	Ich möchte gern ein Doppelzimmer mit Dusche.
Rezeption	Jugendherberge, guten Tag.
Rezeption	Ja, Einzelzimmer und Doppelzimmer. Was möchten Sie?
Céline	Drei Nächte. Von heute bis Montag.
Rezeption	Ja, wir haben noch Doppelzimmer mit Dusche. Wie lange möchten Sie bleiben?
Rezeption	Das kostet vierunddreißig Euro (€ 34).
Céline	Sie sind in der Paracelsusstraße. Ist das richtig?
Céline	Super. Ich bin in zehn Minuten da. Tschüss.
Rezeption	Kein Problem. Wir haben ein Doppelzimmer im dritten Stock.
Céline	Ist das mit Frühstück?
Rezeption	Ja, das ist mit Frühstück.
Rezeption	Bis gleich. Auf Wiedersehen.
Rezeption	Ja, Nummer neun.

11

Üben Sie Dialoge mit Hilfe der folgenden Information. Der Dialog aus Übung 10 hilft Ihnen. Practise dialogues using the following information. Use the dialogue in activity 10 to help you.

	Partner/in A: Gast	Partner/in B: Rezeption
a)	1× Doppelzimmer, Bad, 4 Nächte 15 Minuten	€ 56, ohne Frühstück (€ 10) Bergstraße 5
b)	2× Einzelzimmer, Dusche, 5 Nächte 5 Minuten	€ 63, mit Frühstück Am Hauptplatz 24
c)	2× Doppelzimmer, Dusche, 1 Woche 20 Minuten	€ 35, ohne Frühstück (€ 8) Kleingasse 7
d)	1× Dreibettzimmer, 1 Doppelzimmer, Bad, Dusche 17:00 Uhr	€ 45, € 70, mit Frühstück Elisabethstraße 36

Kaffee

Aussprache und Rechtschreibung
Umlaute und Zungenbrecher

1 *Hören Sie und sprechen Sie nach.* Listen and repeat.

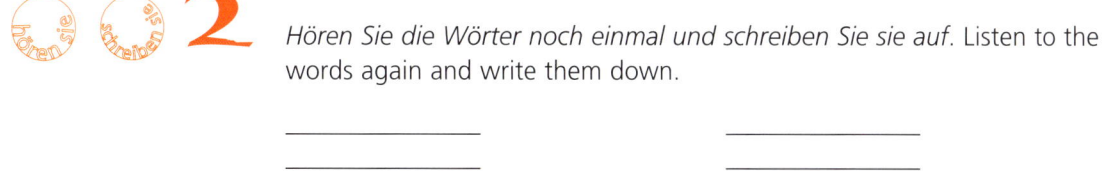

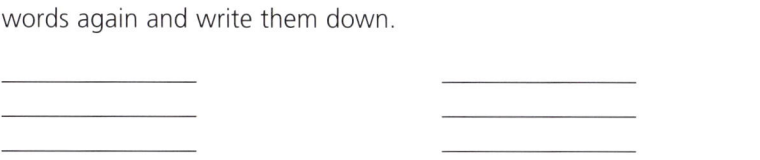

2 *Hören Sie die Wörter noch einmal und schreiben Sie sie auf.* Listen to the words again and write them down.

_____   _____
_____   _____
_____   _____
_____   _____
_____

3 *Diktieren Sie sich abwechselnd jeweils ein Wort der folgenden Wortpaare. Vergleichen Sie anschließend die Rechtschreibung.* Take turns to dictate one word from each of the following pairs to one other. Then check the spelling.

a) unter   über
b) oder   aber
c) mähen   malen
d) Knödel   Klöße
e) Kopf   Knopf
f) sitzen   zwitschern
g) zwischen   Zwetschken

4 *Hören Sie die folgenden Zungenbrecher und sprechen Sie sie nach.* Listen to these tongue-twisters and practise repeating them.

1 Ob er aber über Oberammergau oder aber über Unterammergau kommt, ist ungewiß.

2 Klaus Knopf liebt Knödel, Klöße, Klöpse, Knödel, Klöße, Klöpse liebt Klaus Knopf.

3 Blaukraut bleibt Blaukraut und Brautkleid bleibt Brautkleid.

Portfolio

1

Auf der interaktiven Webseite der Salzburg AG für Verkehr können Sie auch den Busfahrplan abrufen. Sie geben den Ausgangspunkt und das Ziel ein und erhalten Auskunft über Zeit und zusätzliche Details. On the Salzburg transport company's interactive web page you can call up the bus timetable. Once you have entered a starting point and destination, the journey time and additional information are displayed.

Hier will jemand von der Bachstraße/Haltestelle Samstraße zum Domplatz/Haltestelle Residenzplatz und fährt um 14:20 ab. Wie lange dauert die Fahrt? Muss man umsteigen? Here, a passenger wants to get from the bus stop at the junction of Bachstraße and Samstraße to the stop on the junction of Domplatz and Residenzplatz and wants to set off at 14:20. How long does the journey take and does one have to change?

2

In Deutschland, Österreich und der Schweiz gibt es viele Burgen, aber nicht alle sind auch heute noch bewohnbar. Suchen Sie im Internet Information über zwei bekannte Burgen, die nie eingenommen wurden, und schreiben Sie einen kurzen Bericht über ihre Geschichte und heutige Verwendung. (jeweils max. 100 Wörter) There are many castles in Germany, Austria and Switzerland, but not all are still habitable. Find information on the internet about two famous castles and write a short summary in German of their history and current use. (100 words each max.)

3 *Sie wollen ein Wochenende in Wien verbringen. Sie möchten ins Technische Museum, in die Mariahilferstraße zum Einkaufen und ins Schloss Schönbrunn gehen. Suchen Sie im Internet ein günstiges Hotel oder eine Frühstückspension und überlegen Sie, mit welchem öffentlichen Verkehrsmittel Sie in Wien fahren können. Drucken Sie die Information aus und legen Sie sie in Ihr Portfolio.* You want to spend a weekend in Vienna and would like to visit the Technical Museum, the Mariahilferstraße for shopping and Schloss Schönbrunn. Use the internet to find a reasonably priced hotel or bed and breakfast and think about which type of public transport you could use in Vienna. Print out the information and add it to your portfolio.

4 *Stellen Sie sich vor, Sie reservieren ein Zimmer in diesem Hotel am Telefon. Schreiben Sie einen kurzen Dialog.* Imagine you are booking a room in the hotel you chose in task 3, over the phone. Write a short dialogue.

Kulturbeilage

Die Festung Hohensalzburg

Die Festung Hohensalzburg ist das Wahrzeichen der Mozartstadt und stammt aus dem Jahr 1077. Seit 1892 gibt es eine Standseilbahn von der Festungsgasse zur Burg.

Im 15. und 16. Jahrhundert leben die Erzbischöfe manchmal auf der Burg. Sie vergrößern die Burg immer wieder. Im Inneren gibt es gotische Schnitzereien und Malerei im Goldenen Saal und in der Goldene Stube.

Die Festung Hohensalzburg hat eine lange und blutige Geschichte, aber kein Feind kann sie einnehmen oder zerstören. Sie ist Verteidigungsanlage, Residenz und auch Kaserne und Gefängnis. Markus Sittikus hält Fürsterzbischof Wolf Dietrich hier fünf Jahre lang, bis 1617, gefangen.

Heute kann man die Burg das ganze Jahr besichtigen und Künstler aus aller Welt kommen nach Salzburg und auf die Festung zu den Kursen der Internationalen Sommerakademie.

nützliche Wörter

das Wahrzeichen: *symbol*
die Standseilbahn: *funicular*
das Jahrhundert: *century*
der Erzbischof: *archbishop*
vergrößern: *to extend*
die Schnitzereien (Pl.): *carvings*
die Malerei: *painting*
der Saal: *hall*
die Stube: *chamber*
die Geschichte: *history*
der Feind: *enemy*
einnehmen: *to take*
zerstören: *to destroy*
die Verteidigungsanlage: *defensive building*
die Kaserne: *barracks*
das Gefängnis: *jail*
gefangen halten: *incarcerate, hold prisoner*
der Künstler: *artist*

1 *Beantworten Sie die folgenden Fragen auf Englisch. Vergleichen Sie dann die Antworten mit einem Partner/einer Partnerin.* Answer the following questions in English, and then compare answers with a partner.

a) When was the castle built?
b) When was the funicular built?
c) Who enlarged the castle?
d) Which functions did the castle have?
e) What is special about the castle?
f) What takes place there every summer?

2

Sie waren von der Festung Hohensalzburg wirklich beeindruckt und möchten Ihrer Freundin schreiben und ihr erzählen, was Sie über die Burg gelernt haben. Ergänzen Sie die Postkarte mit den Wörtern aus dem Kästchen. You found the castle really impressive and would like to write to your friend telling her all about it. Complete the postcard with the words in the box.

| gotische | Standseilbahn | Festung | Stadt | toll |
| Museum | Wochenende | Sommerakademie | | Malereien |

Liebe Jutta,
wir waren heute auf der **(1)** _____ Hohensalzburg. Man kann zu Fuß hinauf gehen, oder mit der **(2)** _____ fahren. Die Burg ist
(3) _____ und hat auch ein **(4)** _____. Im Inneren gibt es herrliche **(5)** _____ Schnitzereien und **(6)** _____. Heute gibt es dort im Sommer eine **(7)** _____. Die Aussicht über die **(8)** _____ ist auch toll. Komm doch einmal am **(9)** _____ nach Salzburg.
Liebe Grüße

Wiederholung

Sie sollten nun in der Lage sein
You should now be able to

★ *Fahrkarten für Bus oder Bahn zu kaufen*
  buy bus or train tickets

★ *nach dem Weg zu fragen und den Weg zu beschreiben*
  ask for and give directions

★ *sich nach einer Hotelunterkunft zu erkundigen*
  make enquiries about hotel accommodation

★ *ein Zimmer in einem Hotel zu reservieren*
  book a room in a hotel

★ *Vergleiche auszudrücken*
  make comparisons

★ *ein bisschen über die Festung Hohensalzburg zu erzählen*
  say something about the Hohensalzburg fortress

1

Suchen Sie in diesem Abschnitt die folgenden Präpositionen und schreiben Sie die Phrasen ab. Find the following prepositions in this unit and write out the phrases in which they occur in the text.

in   zu   bis   von   über   entlang

2 Schlagen Sie die folgenden Verben in einem Wörterbuch nach und finden Sie heraus, ob sie trennbar oder nicht trennbar sind. Ergänzen Sie die Tabelle. Versuchen Sie dann mit einem Partner/einer Partnerin die Regeln für trennbare Verben zusammenzufassen. Look up the verbs below in a dictionary and find out whether they are separable or not. Complete the grid. Then try to summarise the rules for separable verbs with a partner.

Verb	3. Person Singular	Trennbar (t)/Nicht trennbar (nt)
vorlesen		
verbessern		
vergessen		
übernachten		
umgeben		
aufgeben		
einschalten		
überfahren		
aufstehen		
durchgehen		

3 Üben Sie mit einem Partner/einer Partnerin Fahrkarten kaufen. Practise buying tickets with a partner.

a) 2× München – return – 1st class

b) 4× Graz – single – 2nd class – concession

c) 2 children, 1 adult Mannheim – return – 2nd class

d) 1 family ticket Heidelberg – return – 1st class

4 Üben Sie Dialoge. Wann fährt der nächste Zug? Von welchem Bahnsteig? Wann kommt er an? Practise dialogues. What time does the next train leave? From which platform? What time does it arrive?

der Eisenbahnfahrplan

Nach	Abfahrt	Bahnsteig	Ankunft
Bremen	14:20	2	16:10
Bern	18:00	6	21:30
Villach	07:05	9	07:45
Düsseldorf	19:35	1	20:55
Wolfsberg	12:08	5	13:15
Genf	09:25	3	14:57

5

Ergänzen Sie die folgenden Dialoge und üben Sie sie mit verteilten Rollen. Lassen Sie Ihre Fantasie spielen! Complete the following dialogues and practise them, taking a role each. Use your imagination!

A

Rezeption Guten Tag.
Céline Guten Tag. _____ Sie noch Zimmer _____?
Rezeption Ja, _____ _____ Sie?
Céline Ich _____ gern ein Doppelzimmer mit _____.
Rezeption Ja, wir _____ noch Doppelzimmer mit Dusche. Wie lange _____ Sie _____?
Céline Zwei _____. Bis Montag.
Rezeption Kein Problem.
Céline Was _____ das?
Rezeption € 45.
Céline _____ das mit Frühstück?
Rezeption Ja.
Céline Sehr gut. Ich _____ in 10 Minuten da. Tschüss.
Rezeption Bis gleich. Auf Wiedersehen.

B

Rezeption Guten _____
Céline Guten Tag. Haben Sie noch _____ frei?
Rezeption Ja, Einzelzimmer und _____. Was möchten Sie?
Céline Ich möchte gern ein _____ mit _____.
Rezeption Ja, wir haben _____ mit Dusche. Wie _____ bleiben Sie?
Céline Vier _____. Bis _____.
Rezeption Kein _____.
Céline Was kostet _____?
Rezeption € _____.
Céline Mit _____?
Rezeption Nein, ohne.
Céline Gut. _____ bin in _____ _____ da. Tschüss.
Rezeption Schön. Auf _____.

6

Bilden Sie Vergleiche. Make comparisons.

Beispiel: Hotel Zur Post – Hotel Sacher, schön:

Das Hotel Zur Post ist schön, aber das Hotel Sacher ist schöner.

a) Pension Edelweiß – Jugendherberge, billig

b) Hotel Mozart – Hotel Goldener Hirsch, exklusiv

c) Hotel Zur Post – Hotel Goldener Hirsch, gut

d) Gasthof Zur Kapelle – Gasthof Kohlpeter, teuer

e) Gasthof Zur Kapelle – Jugendherberge, nahe am Bahnhof

7

Schreiben Sie nun die Sätze aus Übung 6 mit „als" neu. Now rewrite the sentences from activity 6 using *als*.

Beispiel: Hotel Zur Post – Hotel Sacher, schön:

Das Hotel Sacher ist schöner als das Hotel Zur Post.

8

Bringen Sie den Dialog in die richtige Reihenfolge und üben Sie ihn dann mit einem Partner/einer Partnerin. Reorder the dialogue and then practise it with a partner.

Céline	Vielen Dank.
Busfahrerin	Mit Ermäßigung für Studenten?
Busfahrerin	Zehn Euro.
Céline	Eine Monatskarte, bitte.
Busfahrerin	Gern geschehen.
Céline	Danke. – Ach, ich möchte zur Egger-Lienz-Gasse. Können Sie mir bitte sagen, wo ich aussteigen muss?
Céline	Ja bitte, ich habe einen Studentenausweis. Was macht das?
Busfahrerin	Ja, kein Problem.

9

Übersetzen Sie die Sätze ins Englische. Translate the sentences into English.

a) Wie komme ich zur Uni?

b) Kann ich da mit dem Bus hinfahren?

c) Fahren Sie mit dem Bus Nr. 47.

d) Was macht das?

e) Können Sie mir sagen, wo der Marktplatz ist?

f) Einfach oder hin und zurück?

g) Zweimal 2. Klasse mit Ermäßigung.

h) Wie komme ich in die Getreidegasse?

i) Gern geschehen.

j) Steigen Sie am Hauptplatz aus.

k) Ich möchte zum Bahnhof.

l) Haben Sie einen Studentenausweis?

m) Wohin fahren Sie?

n) Gute Reise.

Vokabelübersicht

Nomen	**Nouns**
die Abfahrt	departure
die Ampel	traffic lights
die Ankunft	arrival
der Aufenthalt	stay
die Auskunft	information
das Bad	bathroom
der Bahnhof	station
der Bahnsteig	platform
der Besucher	visitor
die Brücke	bridge
der Brunnen	fountain
die Burg	castle
der Bus	bus
das Doppelzimmer	double room
das Dreibettzimmer	3-bed room
die Dusche	shower
das Einzelzimmer	single room
die Ermäßigung	reduction, concession
der Erwachsene	adult
die Fahrkarte	ticket
die Familienkarte	family ticket
die Festung	fortress
der Fluss	river
das Frühstück	breakfast
die Fußgängerzone	pedestrian precinct
die Gasse	lane
der Gasthof	inn, guesthouse
die Haltestelle	bus stop
die Hauptstraße	main road/street
die Jugendherberge	youth hostel
der Kai	quay
die Karte	map
das Kind (die Kinder)	child
die Klasse	class
die Kreuzung	junction
die Monatskarte	monthly bus pass
die Nacht (Nächte Pl.)	night
die Pension	bed and breakfast
der Platz	square
die Reise	journey
das Schloss	castle, *mansion*
die Semesterkarte	termly bus pass
das Stadtzentrum	city centre
die Straße	street, road
die Unterkunft	accommodation
die Wochenkarte	weekly bus pass
der Zug	train

Verben	**Verbs**
abfahren (er fährt ab)	to depart
ankommen (ich komme an)	to arrive
aussteigen (ich steige aus)	to get off
bleiben	to stay
empfehlen	to recommend
hinfahren (er fährt hin)	to go (there)
klingen	to sound
kommen	to come
liegen	to be situated
reservieren	to reserve
stattfinden (es findet statt)	to take place
steigen	to climb
suchen	to look for
überqueren	to cross
umsteigen (ich steige um)	to change (train, bus)

Präpositionen	**Prepositions**
an	at, to
auf	on
aus	from
bei	at
entlang	along
in	in, into, to
nach	to
neben	next to
über	above
unter	below
von	from
zu	to

Adjektive	**Adjectives**
beliebt	popular
besser	better
billig	cheap
hoch (höher)	high (higher)
kalt (kälter)	cold (colder)
nächster/e/es	next, nearest
nah (näher)	near (nearer)
schön	beautiful
teuer (teurer)	expensive (more expensive)
weit	far
welcher/e/es	which

Adverbien	**Adverbs**
geradeaus	straight on
irgendwo	somewhere
links	left
mehr	more
rechts	right
ungefähr	approximately
viel (mehr)	much (more)
weiter	further, continue
zuerst	first

Nützliche Sätze	**Useful phrases**
Das ist mir lieber.	I prefer that.
Das klingt besser.	That sounds better.
einfach	single
Gute Reise.	Have a pleasant journey.
hin und zurück	return
Keine Ursache.	Don't mention it.
Schönen Aufenthalt.	Enjoy your stay.
Wie wäre es mit …?	How about …?

In der Stadt

Übersicht

Wiederholung 106–107

Aperitif — 108
Läden und Öffnungszeiten

- **Funktion:** Nach Öffnungszeiten fragen
- **Vokabeln:** Läden; Öffnungszeiten
- **Grammatik:** Zeitangaben
- **Übungen:** 1

Vorspeise — 109–116
Einkaufen

- **Funktion:** Geschenke und Kleidung kaufen; Information einholen
- **Vokabeln:** Kleidungsstücke; Farben; Größen
- **Grammatik:** Possessivpronomen (Sg. u. Pl.) im Akkusativ und Dativ; Adjektivendungen bei unbestimmtem Artikel (Akkusativ)
- **Übungen:** 1–18

Hauptspeise — 117–121
Im Café

- **Funktion:** Speisen und Getränke bestellen
- **Vokabeln:** Kuchen; Getränke
- **Grammatik:** Imperativ; Personalpronomen im Akkusativ und Dativ
- **Übungen:** 1–13

Nachspeise — 122–124
Und es regnet schon wieder ...

- **Funktion:** Über das Wetter reden
- **Vokabeln:** Wetter; Temperaturen; Jahreszeiten
- **Grammatik:** –
- **Übungen:** 1–7

Kaffee — 125–132
Aussprache und Rechtschreibung
Portfolio
Kulturbeilage
Wiederholung
Vokabelübersicht

hundertfünf 105

Abschnitt 5 In der Stadt

In diesem Abschnitt werden Sie
In this unit you will

★ **einkaufen gehen**
   go shopping

★ **in ein Café gehen**
   go to a café

★ **über das Wetter reden**
   talk about the weather

★ **etwas über die Hamburger Speicherstadt lesen**
   read about the Hamburg 'Speicherstadt'

Wiederholung

1 *Hören Sie die folgenden Mini-Dialoge und kreuzen Sie an.* Listen to the following mini-dialogues and tick the box.

1 **A** Wo wohnst du?
   B Ich wohne Mozartstraße   51 ❑   31 ❑   43 ❑

2 **A** Wie groß ist deine Wohnung?
   B Ungefähr   85 m² ❑   58 m² ❑   75 m² ❑

3 **A** Wie groß ist dein Zimmer?
   B Ungefähr   20 m² ❑   24 m² ❑   14 m² ❑

4 **A** Wie weit ist es bis zum nächsten Supermarkt?
   B Ungefähr   250 m ❑   450 m ❑   150 m ❑

5 **A** Wie weit ist es bis zur Wohnung deines Freundes?
   B Ungefähr   600 m ❑   60 m ❑   760 m ❑

6 **A** Wie weit ist es bis zu deiner Heimatstadt?
   B Ungefähr   30 km ❑   164 km ❑   83 km ❑

2

Fragen und antworten Sie abwechselnd. Verwenden Sie die Information aus der Tabelle. Take turns to ask and answer questions using the information in the grid.

Beispiel: **A** Was macht Zoltan am Sonntag?

　　　　　　B Am Sonntag geht er Schi fahren.

　　　　　　B Was macht Kerstin am Freitag?

　　　　　　A Am Freitag geht sie ins Konzert.

a)	Brigitte	am Montag	nach Köln fahren
b)	Céline	am Dienstag	das Seminar besuchen
c)	John	am Mittwoch	in die Vorlesung gehen
d)	Bernd	am Donnerstag	Hausaufgaben machen
e)	Kerstin	am Freitag	ins Konzert gehen
f)	Fr. Wilkins	am Samstag	zu Hause sein
g)	Zoltan	am Sonntag	Schi fahren gehen
h)	Marco	am Wochenende	ins Kino gehen

3

Bringen Sie den Dialog in die richtige Reihenfolge und üben Sie ihn dann mit verteilten Rollen. Reorder the dialogue and then practise it, taking a role each.

Kerstin　Ja gut, um sieben?
Kerstin　Hallo, schön, dass du anrufst. Also was machen wir?
Bernd　Um halb acht. Treffen wir uns vor dem Konzerthaus?
Kerstin　Ja, kein Problem. Also dann bis später.
Kerstin　Ja, warum nicht?
Bernd　Wie wär's mit den Berliner Symphonikern? Die spielen heute im Konzerthaus Mozart und Mahler.
Bernd　Bis dann. Tschüss.
Bernd　Hast du Lust auf ein Konzert?
Kerstin　Toll, die sind super. Wann geht's los?
Bernd　Hallo Kerstin, hier Bernd.
Bernd　Viertel nach sieben ist mir lieber. Geht das?

5 IN DER STADT

Aperitif

Läden und Öffnungszeiten

nützliche Wörter
öffnen: *to open*
schließen: *to close*

1

A *Hören Sie zuerst den Beispieldialog.* First listen to the example dialogue.

Beispiel:
- **A** Um wie viel Uhr öffnet die Boutique?
- **B** Die Boutique öffnet um neun Uhr.
- **A** Und um wie viel Uhr schließt die Boutique?
- **B** Die Boutique schließt um achtzehn Uhr.

B *Lesen Sie die folgenden Angaben zu Öffnungszeiten. Erstellen Sie Mini-Dialoge und üben Sie diese mit verteilten Rollen.* Read the following information about opening hours. Make up mini-dialogues and practise them, taking a role each.

a der Schuhladen
8:00–12:00,
14:00–18:00

b die Konditorei
8:30–13:00,
14:00–20:00

c der Photoladen
8:00–12:00,
13:00–18:00

d die Boutique
9:00–13:00,
14:00–18:00

e der Buchladen
7:30–12:30,
14:00–18:30

f der Musikladen
9:30–19:30

★ Kultur-Info

In Germany, Austria and Switzerland, shops sell different things from their English equivalent. For example, you can buy stamps and newspapers in a **Tabakladen** (tobacconist's), but you cannot buy everyday pharmaceutical products in a **Supermarkt**; for those you need to go to the **Apotheke**. For cakes and confectionery you could go to a **Konditorei**, but you can also buy less fancy cakes in a **Bäckerei** (baker's).

Shop opening hours are also different from those in the UK: many shops only stay open on one Saturday afternoon per month **(langer Samstag)** and all are shut on Sundays.

hundertacht

Vorspeise
Einkaufen

1 *Entscheiden Sie, in welchem Laden die Gegenstände unten verkauft werden, und schreiben Sie die Bezeichnung unter jede Abbildung.* Look at the objects below and decide in which shop they are sold. Write the name of the shop under each picture.

| die Apotheke | der Tabakladen | der Buchladen |
| der Musikladen | der Schuhladen | die Konditorei |

a _____   b _____   c _____

d _____   e _____   f _____

2 *Kreuzen Sie die Wörter an, die Sie hören.* Tick the words you hear.

- die CD ❏
- die Aufnahme ❏
- der Dirigent ❏
- der Sänger ❏
- das Orchester ❏
- die Oper ❏
- das Jahr ❏
- anhören ❏
- die Kabine ❏
- zahlen ❏

3 *Während ihres Aufenthalts in Salzburg geht Céline einkaufen. Zuerst besucht sie einen Musikladen, um eine CD für ihren Vater zu kaufen. Hören Sie den Dialog und entscheiden Sie, ob die folgenden Aussagen richtig oder falsch sind.* During her stay in Salzburg, Céline goes shopping. First she goes into a music shop to buy a CD for her father. Listen to the dialogue and decide whether the following statements are true or false.

	Richtig	Falsch
a) Céline sucht ein Geschenk für ihre Mutter.	❏	❏
b) Sie sucht eine Aufnahme der Zauberflöte.	❏	❏
c) Die Verkäuferin hat vier Aufnahmen.	❏	❏
d) Céline möchte die CDs hören.	❏	❏

5 IN DER STADT

Céline	Guten Tag.
Verkäuferin	Grüß Gott. Was kann ich für Sie tun?
Céline	Ich suche „Die Zauberflöte" auf CD als Geschenk für meinen Vater. Er mag klassische Musik.
Verkäuferin	Einen Moment bitte. Also, ich kann die Aufnahme mit Karl Böhm oder mit Herbert von Karajan oder Sir Georg Solti empfehlen. Alle sind ausgezeichnet.
Céline	Ja, ich weiß nicht. Kann ich mir die CDs anhören?
Verkäuferin	Natürlich, in der Kabine dort drüben bitte.
Céline	Vielen Dank.
Verkäuferin	Keine Ursache.

nützliche Wörter

das Geschenk: *present*
die Aufnahme: *recording*
die Zauberflöte: *The Magic Flute*
die Verkäuferin: *shop assistant*
er mag (mögen): *he likes (to like)*
ausgezeichnet: *excellent*
natürlich: *of course*
die Kabine: *booth*
dort drüben: *over there*

hören Sie 4

Einige Minuten später. Welche Version kauft Céline? A few minutes later. Which version does Céline buy?

Céline	Die Aufnahme mit Solti ist wirklich sehr gut.
Verkäuferin	Ja, das finde ich auch. Die Sänger sind erstklassig und der Chor und das Orchester auch.
Céline	Ach, ich kann mich nicht entscheiden. Die CD mit Böhm ist auch super, beide sind toll.
Verkäuferin	Nun, welche möchten Sie? Ich kann beide CDs empfehlen.
Céline	Ich nehme die Aufnahme mit Böhm. Was kostet die?
Vekäuferin	Sechzig Euro.
Céline	Ach du liebe Güte! Das ist aber nicht billig.
Verkäuferin	Ja leider, die andere kostet auch nicht weniger.
Céline	Also gut, ich nehme sie. Kann ich mit Kreditkarte zahlen?
Verkäuferin	Natürlich. … So, geben Sie hier bitte Ihre PIN ein.
Céline	Ja.
Verkäuferin	So. Hier ist die CD und hier Ihre Karte und die Quittung. Danke schön.
Céline	Danke vielmals. Wiedersehen.
Verkäuferin	Wiederschau'n.

nützliche Wörter

wirklich: *really*
erstklassig: *first class*
sich entscheiden: *to decide*
Ach du liebe Güte!: *Good grief!*
weniger: *less*
die Kreditkarte: *credit card*
eingeben: *to enter*
die Quittung: *receipt*

> ★ **Kultur-Info**
>
> **Saying 'good-bye'** In northern Germany people use **Wiedersehen**, whereas in southern Germany and Austria **Wiederschau'n** is more common. The expression **Wiederhören** is used in all three countries. It means something like 'I'll hear from you again' and is only used on the phone.

5 *Stellen Sie einem Partner/einer Partnerin die folgenden Fragen.* Ask a partner the following questions.

a) Was sucht Céline?

b) Wie viele Aufnahmen hat die Verkäuferin?

c) Wo kann Céline die CDs anhören?

d) Welche CD kann die Verkäuferin empfehlen?

e) Ist die CD billig?

f) Kauft Céline die CD?

6 *Machen Sie eine Umfrage in der Klasse. Befragen Sie fünf Kollegen/Kolleginnen und ergänzen Sie die Tabelle.* Carry out a survey in your class. Interview five of your colleagues and complete the grid.

Beispiel: **A** Magst du klassische Musik/Jazz?

  B Ich mag …

  A Welcher Komponist/Welche Gruppe gefällt dir?

  B … gefällt mir./Kein(e) … gefällt mir.

	1	2	3	4	5
Magst du klassische Musik?					
Magst du Jazz?					
Welcher Komponist gefällt dir?					
Welche Gruppe gefällt dir?					
Welche Oper gefällt dir?					
Welcher Song gefällt dir?					
Welcher Sänger/Welche Sängerin gefällt dir?					

7 **A** *Suchen Sie aus den Dialogen die deutschen Entsprechungen dieser Phrasen.* Find the German equivalents of these phrases in the dialogues.

a) for my father   _____

b) and here is your card   _____

B My *und* your *nennt man Possessivpronomen. Kennen Sie noch andere auf Englisch? Und kennen Sie auch die deutschen Entsprechungen?* 'My' and 'your' are known as possessive adjectives. What others do you know in English? And do you know the German equivalents?

hundertelf

Possessive adjectives

The singular possessives were set out in unit 3, where you saw that they follow the same system of gender and case endings as the indefinite article *(ein)*. Here are all the possessives in the nominative and accusative cases. Can you work out any patterns that will help you memorise them?

Person	Nominativ				Akkusativ			
	m.	**f.**	**n.**	**pl.**	**m.**	**f.**	**n.**	**pl.**
ich *(I)*	mein *(my)*	meine	mein	meine	meinen	meine	mein	meine
du *(you, familiar sing.)*	dein *(your)*	deine	dein	deine	deinen	deine	dein	deine
er/es *(he/it)*	sein *(his/its)*	seine	sein	seine	seinen	seine	sein	seine
sie *(she)*	ihr *(her)*	ihre	ihr	ihre	ihren	ihre	ihr	ihre
wir *(we)*	unser *(our)*	unsere	unser	unsere	unseren	unsere	unser	unsere
ihr *(you, familiar pl.)*	euer *(your)*	eure	euer	eure	euren	eure	euer	eure
sie/Sie *(they/you, formal)*	ihr/Ihr *(their/your)*	ihre/Ihre	ihr/Ihr	ihre/Ihre	ihren/Ihren	ihre/Ihre	ihr/Ihr	ihre/Ihre

Nominativ
Das ist mein Studentenausweis. →
Das ist unsere Stadt. →
Das ist Ihr Zimmer. →
Das sind deine CDs. →

Akkusativ
Ich nehme mein**en** Studentenausweis. (m.)
Wir besuchen unsere Stadt. (f.)
Sie reservieren Ihr Zimmer. (n.)
Du kaufst deine CDs. (pl.)

Here are the dative forms. Can you see any patterns?

Person	Nominativ				Dativ			
	m.	**f.**	**n.**	**pl.**	**m.**	**f.**	**n.**	**pl.**
ich *(I)*	mein *(my)*	meine	mein	meine	meinem	meiner	meinem	meinen
du *(you, familiar sing.)*	dein *(your)*	deine	dein	deine	deinem	deiner	deinem	deinen
er/es *(he/it)*	sein *(his/its)*	seine	sein	seine	seinem	seiner	seinem	seinen
sie *(she)*	ihr *(her)*	ihre	ihr	ihre	ihrem	ihrer	ihrem	ihren
wir *(we)*	unser *(our)*	unsere	unser	unsere	unserem	unserer	unserem	unseren
ihr *(you, familiar pl.)*	euer *(your)*	eure	euer	eure	eurem	eurer	eurem	euren
sie/Sie *(they/you, formal)*	ihr/Ihr *(their/your)*	ihre/Ihre	ihr/Ihr	ihre/Ihre	ihrem/Ihrem	ihrer/Ihrer	ihrem/Ihrem	ihren/Ihren

Nominativ
Das ist mein Bruder. →
Das ist deine Kreditkarte. →
Das ist euer Auto. →
Das sind unsere Tanten. →

Dativ
Ich schreibe mein**em** Bruder. (m.)
Zahlst du mit dein**er** Kreditkarte? (f.)
Ihr fahrt mit eur**em** Auto. (n.)
Wir gehen mit unser**en** Tanten (pl.) ins Konzert.

■ Note that the forms of *ihr/Ihr* can mean 'you' (familiar plural), 'her', 'their' or – with a capital 'I' – 'your' (formal sing./pl.).

■ Traditionally, English grammar groups these possessives with adjectives, whereas in German the are grouped with either pronouns or determiners.

8 *Ergänzen Sie die Sätze mit der passenden Akkusativ-Form des Possessivpronomens in Klammern.* Complete the sentences with the correct accusative form of the possessive adjective in brackets.

a) Ich nehme _____ Computer. (m.) (mein)

b) John sucht _____ Wochenkarte. (f.) (sein)

c) Wir zahlen für _____ CDs. (pl.) (unser)

9 *Ergänzen Sie die Sätze mit der passenden Dativ-Form des Possessivpronomens in Klammern.* Complete the sentences with the correct dative form of the possessive adjective in brackets.

a) Schreibst du _____ Onkel? (m.) (dein)

b) Wir wohnen bei _____ Eltern. (pl.) (unser)

c) Céline und John gehen mit _____ Freundin (f.) ins Kino. (ihr)

10 *Geschenke. Fragen und antworten Sie abwechselnd.* Presents. Take turns to ask and answer questions.

Beispiel: Brigitte – Mutter – Buch:

A Was kauft Brigitte **ihrer** Mutter?

B Brigitte kauft **ihrer** Mutter ein Buch.

a) Céline – Vater – CD (f.)

b) Bernd – Schwester – Fahrrad (n.)

c) Zoltan – Tante – Teppich (m.)

d) Helene – Freund – Flasche Wein (f.)

e) Marco – Nichte – Kleid (n.)

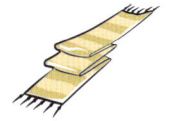

f) Ana – Großmutter – Schal (m.)

Vorspeise

hundertdreizehn 113

11

Während Céline ein Geschenk kauft, geht John in die Boutique nebenan. Was kauft er und in welcher Farbe? While Céline is buying a present, John goes to the boutique next door. What does he buy and in which colour?

Verkäuferin	Grüß Gott. Kann ich helfen?
John	Ja, ich brauche einen Pulli.
Verkäuferin	In Wolle oder Baumwolle?
John	Hmm, Baumwolle bitte.
Verkäuferin	Welche Größe darf ich Ihnen bringen?
John	Ja, ich weiß nicht genau … Ich glaube, Größe L passt mir.
Verkäuferin	Welche Farbe möchten Sie? Wir haben einen schönen Pulli in Braun oder diesen in Grün oder Blau.
John	Der grüne und der blaue Pulli gefallen mir. Kann ich sie anprobieren?
Verkäuferin	Ja natürlich, in der Kabine dort drüben.
John	Danke.

Ein paar Minuten später.

Verkäuferin	Passt er Ihnen?
John	Ja, der grüne Pulli passt mir. Wie viel kostet er?
Verkäuferin	Hundertzwanzig Euro.
John	Das ist teuer, aber er gefällt mir. Ich nehme ihn.
Verkäuferin	Sonst noch etwas?
John	Nein danke, das ist alles. Kann ich mit meiner Kreditkarte zahlen?
Verkäuferin	Selbstverständlich.

12

Arbeiten Sie mit einem Partner/einer Partnerin und rekonstruieren Sie den Dialog, indem Sie Sätze aus A und B verbinden. Üben Sie ihn dann laut. Working with a partner, reconstruct the dialogue by matching up the sentences from A and B. Then practise it aloud.

nützliche Wörter

die Wolle: *wool*
die Baumwolle: *cotton*
die Größe: *size*
Welche … darf ich Ihnen bringen?: *What … can I get you?*
passen: *to fit*
die Farbe: *colour*
anprobieren: *to try on*
ein paar Minuten: *a few minutes*
später: *later*
selbstverständlich: *of course*

A

Ich nehme ihn. Kann ich mit meiner Kreditkarte zahlen?
Guten Tag.
Ja, der passt mir. Wie viel kostet er?
Hmm, Wolle bitte.
Kann ich den blauen Pulli anprobieren?
Ja, ich brauche einen Pulli.
Hier bitte meine Karte.
Größe L passt mir.

B

Hundertfünfzig Euro.
In Wolle oder Baumwolle?
Welche Größe darf ich Ihnen bringen?
Danke.
Wir haben einen schönen Pulli in Grün oder Blau.
Ja natürlich, in der Kabine dort drüben … Passt er Ihnen?
Grüß Gott. Kann ich helfen?
Selbstverständlich.

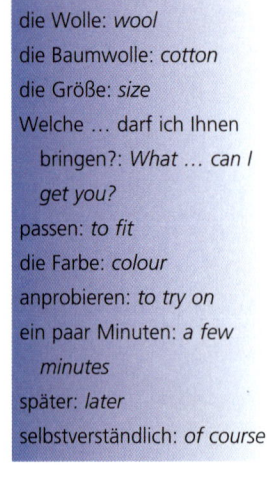

13

Verbinden Sie die Wörter mit den Farben. Vergessen Sie nicht, dass viele Wörter im Englischen und Deutschen ähnlich sind. Match the words to the colours. Remember that many words are similar in English and German.

| rot | purpur | grün | dunkelblau | schwarz |
| braun | rosa | weiß | gelb | hellblau |

a _____ b _____ c _____ d _____ e _____

f _____ g _____ h _____ i _____ j _____

14

A *Hören Sie diese Mini-Dialoge und notieren Sie die Farben, die John und Céline möchten.* Listen to these mini-dialogues and note down the colours John and Céline ask for.

1
Verkäufer Was kann ich für Sie tun?
John Ich brauche ein Hemd.
Verkäufer Welche Farbe möchten Sie?
John Ich möchte ein blaues Hemd, bitte.
Verkäufer Hier bitte.

2
Verkäuferin Was kann ich für Sie tun?
Céline Ich brauche eine Hose.
Verkäuferin Welche Farbe möchten Sie?
Céline Ich möchte eine weiße Hose, bitte.
Verkäuferin Hier bitte.

3
Verkäuferin Was kann ich für Sie tun?
Céline Ich brauche einen Rock.
Verkäuferin Welche Farbe möchten Sie?
Céline Ich möchte einen schwarzen Rock, bitte.
Verkäuferin Hier bitte.

hundertfünfzehn

B *Üben Sie nun die Mini-Dialoge mit einem Partner/einer Partnerin.* Now practise the mini-dialogues with a partner.

15

Ordnen Sie die folgenden Kleidungsstücke in drei Gruppen: männlich (M), weiblich (W), beide Geschlechter (B). Put the following items of clothing into three groups: male, female, both sexes. (You may need to look at the vocabulary at the end of the unit.)

das Kleid	❏	der Bikini	❏
die Hose	❏	der Schal	❏
der Rock	❏	die Badehose	❏
der Anzug	❏	der Pulli	❏
die Krawatte	❏	die Bluse	❏
die Jacke	❏	das Hemd	❏

16

Erstellen und üben Sie nun weitere Mini-Dialoge wie in Übung 14 mit den Wörtern aus Übung 15. Make up and practise more mini-dialogues like the ones in activity 14, using the words from activity 15.

17

Ergänzen Sie in der Tabelle den unbestimmten Artikel (ein), den unbestimmten Artikel im Akkusativ und den unbestimmten Artikel plus Adjektiv im Akkusativ. Die Mini-Dialoge helfen Ihnen dabei. Erkennen Sie ein Muster? Complete the grid with the indefinite article (ein), the indefinite article in the accusative and the indefinite article plus adjective in the accusative. The mini-dialogues will help you. Can you see a pattern?

	Maskulinum	**Femininum**	**Neutrum**
Unbest. Artikel: Nom.	_____ Pulli	_____ Hose	_____ Hemd
Unbest. Artikel: Akk.	Ich brauche _____ Pulli.	Ich brauche _____ Hose.	Ich brauche _____ Hemd.
Unbest. Art. + Adjektiv: Akk.	Ich brauche _____ neu____ Pulli.	Ich brauche _____ neu____ Hose.	Ich brauche _____ neu____ Hemd.

18

Céline möchte einkaufen gehen und plant ihre Route. Ergänzen Sie den Text. Céline would like to go shopping and she is planning her route. Complete the text.

Zuerst gehe ich in die Getreidegasse und kaufe **(1)** _____ weiß **(2)** _____ Bluse, dann **(3)** _____ braun **(4)** _____ Rock und **(5)** _____ Schal. Dann suche ich für **(6)** _____ Vater **(7)** _____ CD und für **(8)** _____ Mutter **(9)** _____ Buch. Danach treffe ich John und wir kaufen **(10)** _____ rot **(11)** _____ Pulli. Zum Schluss gehen wir ins Festspielhaus und kaufen Konzertkarten für **(12)** _____ Eltern.

Hauptspeise

Im Café

> ★ **Kultur-Info**
>
> In German-speaking countries, a café is not just a place to get a cup of coffee and a quick snack. It is a meeting place where people do anything from reading the paper at leisure, to meeting for a chat, to negotiating business deals. In a café, you can stay as long as you wish: it is perfectly acceptable simply to have one or two coffees and linger for a long chat.
> Most Germans and Austrians have their **Stammcafé** – their favourite haunt. In many pubs there is a **Stammtisch**, a table reserved for groups which meet on a regular basis.

1 *Nach der Einkaufstour sind Céline und John müde und brauchen eine Pause. In Salzburg gibt es viele Kaffeehäuser, die viele verschiedene Arten von Kaffee und Kuchen und Torten anbieten. Céline und John gehen ins Café Tomaselli, das bei Studenten sehr beliebt ist.* After the shopping trip Céline and John are tired and need a break. There are lots of cafés in Salzburg, offering a wide range of coffees and cakes. Céline und John go to the Café Tomaselli, which is very popular with students.

Was bestellen Céline und John im Café?

Milch ❏	Obsttorte ❏	Wasser ❏
Schwarzwälder Kirschtorte ❏	Tee ❏	Sachertorte ❏
Cola ❏	Apfelkuchen ❏	Kaffee ❏

2 *Hören Sie den Dialog noch einmal und verbinden Sie die Satzteile.* Listen to the dialogue again and match up the sentence halves.

a) Für mich bitte — so.
b) Gib mir bitte — bitte.
c) Stimmt — den Zucker.
d) Was darf ich — die Karte.
e) Zweimal — ein Stück Obsttorte.
f) Ich bringe Ihnen — Ihnen bringen?

nützliche Wörter

ein Verlangerter: *white espresso*
zweimal: *two, twice*
die Karte: *(here:) cake menu*
Was darf's sein?: *What will you have?*
ein Stück Obsttorte: *a slice of fruit flan*
Stimmt so.: *That's correct. (implying 'Keep the change.')*
Alles zusammen?: *All together?*

3 *Was bedeuten die Sätze in Übung 2 auf Englisch?* What do the expressions in activity 2 mean in English?

hundertsiebzehn

★ Kultur-Info

Céline and John are sitting in the Café Tomaselli, drinking coffee and eating cakes. Cafés and patisseries have a long tradition in German-speaking countries. Most patisseries sell a standard range of gateaux and cakes, such as chocolate cake, cheesecake, fruit tarts and flans, but also have specialities such as **Sachertorte**, **Schwarzwälder Kirschtorte** or **Apfelstrudel**. With the cake, people usually drink coffee, the favourite drink in Germany and Austria. Coffee is an important import.

4

Ergänzen Sie den Dialog und üben Sie ihn dann mit verteilten Rollen.
Complete the dialogue and then practise it, taking a role each.

Bedienung	Grüß Gott, was **(1)** _____ ich Ihnen **(2)** _____?
Céline	Zwei Kaffee, bitte.
Bedienung	Zwei Verlängerte?
John	Äh … was ist das?
Bedienung	Das ist ein Espresso mit mehr Wasser und mit Milch.
John	Ja, zweimal bitte. Und **(3)** _____ Sie auch Kuchen?
Bedienung	Selbstverständlich. Ich **(4)** _____ Ihnen die Karte.
Céline	Danke.
	…
Bedienung	So, was darf's sein?
John	**(5)** _____ Sie mir bitte eine Sachertorte.
Céline	Und für **(6)** _____ bitte ein Stück Obsttorte.
Bedienung	Kommt sofort.
Céline	John, **(7)** _____ mir bitte den Zucker!
John	Bitte.
	…
Céline	**(8)** _____, bitte!
Bedienung	Alles **(9)** _____?
Céline	Ja, bitte.
Bedienung	Also, zwei Verlängerte und **(10)** _____ Sacher und **(11)** _____ Obsttorte. **(12)** _____ zusammen neun Euro sechzig.

Céline gibt der Bedienung zehn Euro.

Céline	**(13)** _____ so.
Bedienung	Vielen Dank. **(14)** _____ Tag noch.
Céline und John	Danke. Wiedersehen.

5

Lesen Sie den Dialog noch einmal. Was sagt John, als er die Sachertorte bestellt? Wie bittet Céline um den Zucker? Können Sie erklären, wie man im Deutschen höflich oder familiär eine Aufforderung formuliert? Re-read the text. How does John ask for the Sachertorte? How does Céline ask for the sugar? Can you explain how to formulate a formal or familiar request in German?

Höflich/Formal	**Familiär/Familiar**

Imperative

In German there are three imperative forms (forms used to give commands or make requests):

1 formal *(Sie)*
For the formal imperative, use the normal *Sie* verb form (identical to the infinitive), with the pronoun *Sie* following the verb:
Gehen Sie hier links.
Nehmen Sie den Bus.
Bringen Sie mir bitte einen Kaffee.

2 familiar singular *(du)*
For the familiar singular imperative, take the normal *du* verb form and remove the *-st* ending. The personal pronoun is not used:
Geh hier links.
Nimm den Bus.
Bring mir bitte einen Kaffee.

3 familiar plural *(ihr)*
For the familiar plural imperative, use the normal *ihr* verb form, again without the personal pronoun:
Geht hier links.
Nehmt den Bus.
Bringt mir bitte einen Kaffee.

6
Ergänzen Sie die Tabelle. Complete the grid.

Infinitiv	Imperativ *(Sie)*	Imperativ *(du)*	Imperativ *(ihr)*
	schreiben Sie	schreib	schreibt
geben		gib	gebt
sagen	sagen Sie		sagt
kaufen	kaufen Sie	kauf	
zahlen		zahl	zahlt
	bringen Sie	bring	bringt

7
Bitten Sie nun Ihren Partner/Ihre Partnerin. (Vergessen Sie nicht auf das „mir".) Make requests of your partner. (Don't forget to use mir.)

Beispiel: das Buch – holen (du):   Hol mir bitte das Buch.

a)   die Zeitung – geben (Sie)   c)   die Stadt – zeigen (ihr)

b)   einen Kaffee – machen (du)   d)   ins Café Mozart – gehen mit (du)

hundertneunzehn

5 IN DER STADT

8 *Lesen Sie die Dialoge aus diesem Abschnitt noch einmal. Können Sie die Tabelle mit den fehlenden Formen der Personalpronomen ergänzen?* Read the dialogues in this unit again. Can you complete the table with the missing forms of the personal pronouns?

	Nominativ	Akkusativ	Dativ
I	ich		
you (familiar sing.)	du		dir
he/she/it		ihn/sie/es	____/ihr/ihm
we	wir	uns	uns
you (familiar pl.)	ihr	euch	euch
they/you (formal)	sie/Sie	sie/Sie	

9 *Was kaufen Sie für wen? Fragen und antworten Sie abwechselnd und verwenden Sie die Personalpronomen im Akkusativ aus der Tabelle oben.* What are you buying for whom? Take turns to ask and answer the questions, using the personal pronouns in the accusative from the table above.

Beispiel: **A** Was kaufst du für Marco?

            B Ich kaufe ein Hemd für ihn.

a) Was kaufst du für Marco?   Hemd (n.)
b) Was kaufst du für Brigitte?   Bikini (m.)
c) Was kaufst du für Céline?   Pulli (m.)
d) Was kaufst du für uns?   CDs (pl.)
e) Was kaufst du für mich?   Hose (f.)
f) Was kaufst du für die Eltern?   Buch (n.)

10 *Ergänzen Sie die Sätze mit der Dativ-Form des Personalpronomens in Klammern.* Complete the sentences with the dative form of the personal pronoun in brackets.

a) Bringen Sie _____ bitte eine Sachertorte. (ich)
b) Kaufen Sie _____ bitte eine Fahrkarte. (er)
c) Zahlen Sie _____ bitte den Kaffee. (sie, Sg.)
d) Holen Sie _____ bitte die Zeitung. (wir)
e) Reservieren Sie _____ bitte ein Zimmer. (sie, Pl.)

11 *Schreiben Sie nun die Sätze aus Übung 10 neu und verwenden Sie statt des Dativs „für" plus Akkusativ-Form des Personalpronomens*. Now rewrite the sentences from activity 10, replacing the dative with *für* plus the accusative form of the personal pronoun.

12 *Üben Sie Dialoge mit einem Partner/einer Partnerin. Bestellen Sie anhand der Speisekarte Kuchen und Getränke. Bestellen Sie für sich selbst, Ihren Freund/Ihre Freundin und Ihre Eltern*. Practise dialogues with a partner. Using the menu, order cakes and drinks. Order for yourself, your friend and your parents.

Beispiel: **A** Was möchten Sie?

B Für mich bitte …/Ich möchte gerne …/Bringen Sie uns …

nützliche Wörter

essen: *to eat*
reden: *to talk, chat*
trinken: *to drink*
Bier: *beer*
Wiener Würstchen: *Frankfurter sausages*
Glühwein: *mulled wine*
Kaffee: *coffee*
Kuchen: *cake*
Pommes frites: *chips*
Suppe: *soup*
Tee: *tea*
Toast
Wein: *wine*
gemütlich: *cosy*
ruhig: *quiet*
warm: *warm*

Café Zauberflöte

Verlängerter	€ 3,50	Apfelstrudel	€ 1,90
Espresso	€ 2,50	Sachertorte	€ 2,50
Kleiner Brauner	€ 2,00	Obsttorte	€ 2,30
Milchkaffee	€ 2,50	Linzertorte	€ 2,30
Heiße Schokolade	€ 2,50	Käsesahnetorte	€ 2,50
Tee (mit Milch)	€ 2,50	Schwarzwälder Kirschtorte	€ 2,60
Tee (mit Rum)	€ 2,50	Mohntorte	€ 2,30
Eiskaffee	€ 2,50	Gemischtes Eis	€ 4,00
Eistee	€ 2,00	Heiße Liebe	€ 5,00
Mineralwasser	€ 1,60	Bananensplit	€ 4,50
Cola	€ 1,50	Zitronensorbet	€ 4,00
Fanta	€ 1,50	Mozart-Becher	€ 6,00
Sprite	€ 1,50		

13 *Beschreiben Sie Ihr Lieblingscafé. Warum gefällt es Ihnen? Was gibt es dort zu essen und zu trinken? Sie können die „nützlichen Wörter" oben verwenden*. Describe your favourite café. Say why you like it and what you can eat and drink there. You can use the 'useful words' above.

Beispiel: Mein Lieblingscafé ist das … in … . Es ist klein und gemütlich und in der Nähe der Uni. Ich treffe dort meine Freunde und wir lesen die Zeitung und reden. Es gibt dort Bier und Wein, aber ich trinke Tee oder Kaffee und esse Suppe und Toast.

5 IN DER STADT

Nachspeise

Und es regnet schon wieder …

1 *Verbinden Sie die Abbildungen mit den Sätzen. Hören Sie die Beschreibungen der Abbildungen.* Match the illustrations to the sentences then listen to the descriptions.

a  _____ b  _____ c _____

d  _____ e  _____ f _____

| Es ist sonnig. | Es ist windig. | Es regnet. |
| Es schneit. | Es gibt ein Gewitter. | Es ist neblig. |

2 A *Hören Sie die Wetterberichte für Montag und Dienstag und kreuzen Sie an.* Listen to the weather reports for Monday and Tuesday and tick the correct columns.

	Montag	Dienstag	Mittwoch	Donnerstag
Es schneit.				
Es regnet.				✓
Es ist sonnig.			✓	
Es ist warm.			✓	
Es ist kalt.				✓
Es ist neblig.				✓
Es ist windig.			✓	

B *Beschreiben Sie das Wetter. Stellen Sie sich gegenseitig die Frage: „Wie ist das Wetter am Montag/Dienstag/Mittwoch/Donnerstag?"* Describe the weather. Ask each other the question: 'What is the weather like on Monday/Tuesday/Wednesday/Thursday?'

3 *Céline und John machen eine Führung durch die Altstadt und sind nun am Domplatz. Regnet es oft in Salzburg?* Céline and John are on a guided tour of Salzburg city centre and have arrived at the Domplatz. Does it often rain in Salzburg?

Fremdenführer Meine Damen und Herren, wir sind nun auf dem Domplatz. Hier findet seit 1920 jedes Jahr die Aufführung des Schauspiels "Jedermann" von Hugo von Hofmannsthal statt …

Es beginnt zu regnen.

Fremdenführer Ich glaube, es ist besser, wir gehen in den Dom.
Céline Regnet es hier oft?
Fremdenführer Ja, leider besonders im Sommer.
John Das ist fast wie zu Hause in Manchester, aber zumindest ist es hier die restliche Zeit sonnig und warm.
Fremdenführer Ja, im Sommer kann es hier sehr heiß und im Winter auch sehr kalt sein.
John Da haben Sie Recht. Die Wettervorhersage für morgen ist minus zwölf Grad (−12°) am Morgen und vielleicht schneit es. Und das im März!
Fremdenführer Das ist nicht ungewöhnlich. Aber ich glaube, wir müssen weiter. Also, der Dom stammt aus dem achten Jahrhundert …

nützliche Wörter
der Fremdenführer: *guide*
die Aufführung: *performance*
das Schauspiel: *play*
die restliche Zeit: *the rest of the time*
heiß: *hot*

WETTERVORHERSAGE FÜR SALZBURG

Datum:	10.3.2006	11.3.2006	12.3.2006	13.3.2006
Prognose:	☀️	☀️	🌧️	⛅
Temperatur:	bis 3°C	−12 bis 11°C	−3 bis 7°C	−6 bis 6°C
Niederschlag?	60%	20%	80%	0%

4 *Lesen Sie die Aussagen über den Dialog und entscheiden Sie, ob sie richtig oder falsch sind.* Read the statements about the dialogue and decide whether they are true or false.

nützliche Wörter
Da haben Sie Recht.: *You are right there.*
die Wettervorhersage: *weather forecast*
Grad: *degree(s)*
März: *March*
ungewöhnlich: *unusual*

		Richtig	Falsch
a)	Céline und John sind auf dem Marktplatz.	❏	❏
b)	Sie machen eine Stadtführung.	❏	❏
c)	In Salzburg regnet es oft.	❏	❏
d)	Morgen schneit es vielleicht.	❏	❏
e)	Der Dom stammt aus dem 18. Jahrhundert.	❏	❏

hundertdreiundzwanzig

5 IN DER STADT

5

nützliche Wörter

in den Bergen: *in the mountains*
liegen: *to be*
zwischen: *between*
zu Mittag: *at lunchtime*
wehen: *to blow*
woher: *from where*

Hören Sie den Wetterbericht für morgen, Donnerstag, den 11. März. Beantworten Sie dann die Fragen auf Deutsch. Listen to the weather forecast for tomorrow, Thursday 11th March. Then answer the questions in German.

a) Welcher Tag ist der 11.3.?
b) Ist es morgen kalt oder warm?
c) Regnet es morgen?
d) Wo kann es schneien?
e) Woher kommt der Wind?

6

Hören Sie den Wetterbericht noch einmal und ergänzen Sie dann den Text mit den Wörtern aus dem Kästchen. Listen to the weather forecast again and then complete the text with the words in the box.

kalt	Grad	Wind	Wetterbericht
schneien	sonnig	zwischen	

Und nun der **(1)** _____ für Donnerstag, den 11. März. Morgen kann es sehr **(2)** _____ sein, aber manchmal auch **(3)** _____. In den Bergen kann es **(4)** _____. Die Temperaturen liegen **(5)** _____ −12 am Morgen und +11 **(6)** _____ zu Mittag. Der **(7)** _____ weht aus Nordwest.

7

Verbinden Sie die Beschriftungen mit den Fotos und schreiben Sie jeweils mindestens einen Satz über das Wetter in jeder Jahreszeit. Achten Sie auf die Wortstellung! Match the captions to the photos and write at least one sentence about the weather in each season. Pay attention to word order!

Herbst	Sommer	Frühling	Winter

a) _____
Im _____

b) _____
Im _____

c) _____
Im _____

d) _____
Im _____

hundertvierundzwanzig

Kaffee

Aussprache und Rechtschreibung

z und s

1 *Kreuzen Sie die Wörter an, die Sie hören.* Tick the words you hear.

zwei	❏	Mozart	❏
zwanzig	❏	Konzertkarten	❏
zweiundzwanzig	❏	ziemlich	❏
sechzig	❏	Jahreszeit	❏
zahlen	❏	Spezialität	❏
zusammen	❏	zu Fuß	❏

2 *Hören Sie die Wörter und sprechen Sie nach.* Listen to the words and repeat.

- zu – zum
- Zucker – zusammen
- Mozart – Konzert
- zwei – zwanzig
- zahlen – zeigen
- zwischen – Schweiz
- Zeit – Jahreszeit

3 *Hören Sie die Fragen und Antworten und sprechen Sie nach. Üben Sie dann mit einem Partner/einer Partnerin. Achten Sie auf die Ausspracheunterschiede bei „s".* Listen to the questions and answers and repeat. Then practise with a partner. Note the different ways of pronouncing 's'.

A Schneit es oft hier?

B Ja, leider auch im März.

A Was möchten Sie?

B Zweimal Sachertorte, bitte.

A Alles zusammen?

B Ja, zusammen, bitte.

A Welche CD möchten Sie?

B Ich weiß nicht.

A Welche Größe brauchen Sie?

B Ich glaube 42.

A Kann ich mit Kreditkarte zahlen?

B Ja, selbstverständlich.

Portfolio

1 *Erfinden Sie zwei Dialoge, in denen Personen Kleidungsstücke oder Musik kaufen gehen, und üben Sie diese mit einem Partner/einer Partnerin. Nehmen Sie die Dialoge auf und legen Sie die Aufnahme zu Ihrem Portfolio.* Write two dialogues in which people go shopping for clothes or music and practise them with a partner. Record them and add the recording to your portfolio.

2 *Suchen Sie im Internet eine Stadt in Deutschland, Österreich oder der Schweiz, in der ein Musik- oder Kunstfestival stattfindet. Beschreiben Sie, wo und wann es stattfindet. Welche Art von Musik oder Literatur wird aufgeführt? Welche Künstler treten auf? Wie viel kosten die Karten? Gibt es Ermäßigung für Studenten? (max. 150 Wörter)* Use the internet to find a German, Austrian or Swiss city where there is a music or art festival. Describe where it takes place and when. What kind of music, drama or poetry is performed? Who are the artists? How much are the tickets? Is there a student discount? (150 words max.)

3 *Beschreiben Sie das Wetter in Ihrer Heimatstadt/Ihrem Heimatland, inklusive der Unterschiede zwischen den Jahreszeiten. (max. 100 Wörter)* Describe the weather in your home town/country, including the seasonal differences. (100 words max.)

4 *Schreiben Sie einen kurzen Absatz über das Wetter heute.* Write a short paragraph about today's weather.

5 *Suchen Sie im Internet Übungen, die zur Grammatik aus diesem Abschnitt passen. Machen Sie die Übungen, drucken Sie sie aus und legen Sie sie zu Ihrem Portfolio.* Find some German exercises on the internet which relate to the grammar in this unit. Do the exercises, print them out and add them to your portfolio.

Kulturbeilage
Das Hamburger Tee- und Kaffeemuseum

nützliche Wörter

- der Handel: *trade, commerce*
- die Bedeutung: *importance, meaning*
- erfahren: *to learn, discover*
- bedeuten: *to mean*
- das Lagerhaus: *warehouse*
- die Altstadt: *old town*
- der Geschmack: *taste*
- öffentlich: *public*
- die Kaffeeverkostung: *coffee tasting*
- wichtig (wichtigste): *(most) important*
- das Erdöl: *oil*
- bestehen aus: *to consist of*
- verschieden: *different*
- beurteilen: *judge, assess*
- probieren: *to try*
- rein: *pure*
- der Makler: *broker*
- erhalten: *to receive*
- der Baum: *tree*

Der Handel mit Kaffee

Im Hamburger Tee- und Kaffeemuseum kann man etwas über die Bedeutung des Kaffee-Imports erfahren. Das Museum ist in der Speicherstadt. Das Wort „Speicher" bedeutet „Lagerhaus", die Speicherstadt ist also ein großer Lagerhauskomplex. Er liegt im Süden der Altstadt und stammt aus dem 19. Jahrhundert.

Im Tee- und Kaffeemuseum kann man auch etwas über den Geschmack der Sorten lernen. Es gibt öffentliche Tee- und Kaffeeverkostungen.

Kaffee ist das zweitwichtigste Welthandelsprodukt nach Erdöl. Die Speicherstadt ist die wichtigste Handelsadresse Deutschlands. Kaffees aus dem Supermarkt bestehen in der Regel aus 8 bis 10 verschiedenen Sorten. Sehen Sie einen Kaffee-Experten, der täglich Kaffees beurteilt, und probieren Sie reine Provenienzen, z. B. aus Äthiopien, dem Heimatland des „braunen Goldes". Testen Sie einen der teuersten Kaffees der Welt. Erfahren Sie alles über die Arbeit der Kaffeemakler und -agenten. Zum Abschluss erhalten Sie Kaffeebohnen für einen eigenen Kaffeebaum.

Kaffee-Spezialitäten im Vergleich

11,– Euro
Erm. 8,– Euro
Dauer ca. 90 min.

---

1 *Verbinden Sie die Wörter mit den Erklärungen.* Match the words to the explanations.

a)	Der Geschmack	ist ein Laden, in dem man Kuchen und Torten kaufen kann.
b)	Ein Speicher	sind Getränke und Handelsprodukte.
c)	Bei einer Verkostung	ist ein anderer Name für Kaffee.
d)	Eine Konditorei	ist ein Lagerhaus.
e)	„Braunes Gold"	ist wie etwas schmeckt: süß, sauer oder bitter.
f)	Tee und Kaffee	probiert man etwas.

5 IN DER STADT

2 *Fragen und antworten Sie abwechselnd.* Take turns to ask and answer the questions (in German).

a) In welcher Stadt liegt das Speichermuseum?
b) Was ist ein Speicher?
c) Was ist das wichtigste Handelsprodukt der Welt?
d) Was kostet die Kaffeeverkostung im Museum?
e) Was ist das Lieblingsgetränk in Ihrem Land?
f) Was trinken Sie am liebsten?

Wiederholung

Sie sollten nun in der Lage sein
You should now be able to

* *Kleidungsstücke zu beschreiben und zu kaufen*
  describe and buy items of clothing

* *Getränke und Kuchen in einem Café zu bestellen*
  order drinks and cakes in a café

* *das Wetter zu beschreiben*
  describe the weather

* *Possessivpronomen zu verwenden um Besitzverhältnisse auszudrücken*
  use possessive adjectives to say who something belongs to

* *die Formen des höflichen und familiären Imperativs zu verwenden*
  use formal and informal imperatives

* *ein bisschen über die Hamburger Speicherstadt zu erzählen*
  say something about the Hamburg 'Speicherstadt'

1 *Lesen Sie die folgenden Angaben zu Öffnungszeiten. Erstellen Sie Mini-Dialoge und üben Sie diese mit verteilten Rollen. Sie finden Ideen in Aperitif Übung 1.* Read the following information about opening hours. Make up mini-dialogues and practise them, taking a role each. Refer back to Aperitif activity 1 for ideas.

- der Schuhladen: 8:30–12:30, 14:00–18:30
- die Konditorei: 9:00–1:00, 14:30–18:00
- die Boutique: 9:30–12:00, 13:00–19:00

128 hundertachtundzwanzig

2

Buchstabensalat. Schreiben Sie die Wörter richtig. Jumbled letters. Write the words out correctly.

Kleidung

a) ilked _____
b) korc _____
c) mehd _____
d) suelb _____
e) chals _____

Farben

f) rügn _____
g) labu _____
h) zwachrs _____
i) nubar _____
j) eßiw _____

3

Ergänzen Sie die Tabelle und fragen und antworten Sie dann abwechselnd. Complete the grid and then take turns to ask and answer questions.

Beispiel: **A** Was möchten Sie?

B Ich möchte einen/eine/ein …

Maskulinum		Femininum		Neutrum	
Nominativ	Akkusativ	Nominativ	Akkusativ	Nominativ	Akkusativ
	Ich möchte …		Ich möchte …		Ich möchte …
ein Rock		eine Bluse		ein Hemd	
ein Pulli		eine Hose		ein Kleid	

4

Üben Sie den folgenden Mini-Dialog mit verschiedenen Kleidungsstücken, Farben und Preisen. Practise the mini-dialogue below, using different items of clothing, colours and prices.

Beispiel: **A** Guten Tag, ich brauche einen Schal.

B Wir haben einen roten oder einen grünen.

A Was kostet der grüne Schal?

B Vierzig Euro.

A Gut, ich nehme ihn.

Hose	Kleid	Pulli	Hemd	Rock	Bluse
grün	blau	rot	weiß	braun	gelb
€ 40	€ 20	€ 35	€ 90	€ 56	€ 110

5

Ergänzen Sie den Dialog auf der nächsten Seite und üben Sie ihn dann mit verteilten Rollen. Complete the dialogue overleaf and then practise it, taking a role each.

Céline	Guten Tag.
Verkäuferin	Grüß Gott. **(1)** _____ kann ich für **(2)** _____ tun?
Céline	**(3)** _____ suche „Rigoletto" auf CD als **(4)** _____ für meine Mutter. **(5)** _____ mag klassische Musik.
Verkäuferin	Einen **(6)** _____, bitte. Ich kann die **(7)** _____ mit Karl Böhm oder mit Sir Georg Solti empfehlen. **(8)** _____ sind ausgezeichnet.
Céline	Ja, ich weiß **(9)** _____. Kann ich **(10)** _____ die CDs anhören?
Verkäuferin	Natürlich, in der **(11)** _____ dort drüben bitte.
Céline	Vielen **(12)** _____.
Verkäuferin	**(13)** _____ Ursache.

Einige Minuten später.

Céline	Die Aufnahme mit Solti ist **(14)** _____ sehr gut.
Verkäuferin	Ja, das finde ich **(15)** _____. Die Sänger sind **(16)** _____ und der Chor und das **(17)** _____ auch.
Céline	Ich nehme die Aufnahme mit Solti. Was kostet **(18)** _____?
Vekäuferin	Vierundfünfzig Euro.
Céline	Ach du **(19)** _____ Güte! Das ist aber nicht **(20)** _____.
Verkäuferin	Ja **(21)** _____, die andere kostet auch nicht **(22)** _____.
Céline	Kann ich mit **(23)** _____ zahlen?
Verkäuferin	Natürlich. … So. Hier ist **(24)** _____ CD und hier **(25)** _____ Karte und die Quittung. Danke schön.
Céline	Danke vielmals. **(26)** _____.
Verkäuferin	Wiederschau'n.

6

Ergänzen Sie die Sätze mit der passenden Dativ-Form des Possessivpronomens in Klammern. Complete the sentences with the correct dative form of the possessive adjective in brackets.

a) Ich schreibe _____ Bruder. (m.) (mein)

b) Wir fahren mit _____ Freunden (Pl.) nach Hamburg. (unser)

c) John geht mit _____ Freundin ins Kino. (f.) (sein)

d) Der Schal liegt auf _____ Tisch. (m.) (euer)

e) _____ neues Kleid (n.) war sehr billig. (ihr)

7

Ergänzen Sie die Sätze mit der Dativ-Form des Pronomens in Klammern. Complete the sentences with the dative form of the pronoun in brackets.

a) Schreib _____ die E-Mail. (sie, Sg.)

b) Bringen Sie _____ eine Sachertorte. (ich)

c) Gib _____ die Milch. (er)

d) Kaufen Sie _____ eine Fahrkarte nach Hamburg. (wir)

e) Reserviert _____ ein Zimmer. (sie, Pl.)

Vokabelübersicht

Nomen	**Nouns**
die Altstadt	old town
der Anzug	suit
die Apotheke	pharmacy, chemist's
die Aufführung	performance
die Aufnahme	recording
die Bäckerei	baker's, bread shop
die Badehose	swimming trunks
die Baumwolle	cotton
die Bedeutung	importance, meaning
der Bikini	bikini
die Bluse	blouse
die Boutique	boutique, fashion shop
der Buchladen	bookshop
der Chor	choir
der Dirigent	conductor
der Fremdenführer	tour guide
das Geschenk	present
der Geschmack	taste
das Getränk	drink
das Gewitter	storm
der Grad	degree
die Größe	size
der Handel	trade, commerce
das Handelsprodukt	trade item
das Hemd	shirt
die Hose	(pair of) trousers
die Jacke	jacket
das Jahr	year
das Jahrhundert	century
die Kabine	booth
die Kassette	cassette
das Kleid	dress
die Konditorei	patisserie
die Krawatte	tie
die Kreditkarte	credit card
der Kuchen	cake, gateau
der Laden	shop
das Lagerhaus	warehouse
das Lieblingsgetränk	favourite drink
das Lied	song
der Makler	broker
die Minute	minute
der Musikladen	music shop
das Obst	fruit
das Orchester	orchestra
der Photoladen	camera shop
der Pulli	jumper
die Quittung	receipt
der Rock	skirt
der Sänger	singer
der Schal	scarf
das Schauspiel	play
der Schuhladen	shoe shop
der Speicher	warehouse
die Speise	food
die Stadtführung	guided tour
das Stück	slice, piece
der Tabakladen	tobacconist's
die Torte	gateau, flan
die Wettervorhersage	weather forecast
die Wolle	wool

Die Jahreszeiten	**The seasons**
die Jahreszeit	season
der Frühling	spring
der Herbst	autumn
der Sommer	summer
der Winter	winter

Verben	**Verbs**
(sich) anhören (ich höre mir an)	to listen to
anprobieren	to try on
bedeuten	to mean
bringen	to bring, get
dürfen (darf ich?)	to be allowed to, may (may I?)
eingeben (er gibt ein)	to enter
empfehlen	to recommend
(sich) entscheiden	to decide
erfahren	to learn, discover
finden	to think
gefallen (es gefällt mir)	to please (I like it)
liegen	be situated
öffnen	to open
passen	to fit
probieren	to try
regnen	to rain
schließen	to close
schneien	to snow
unterschreiben	to sign
verkosten	to try (taste)
wehen	to blow
wissen (ich weiß)	to know
zahlen	to pay

Adjektive	**Adjectives**
ausgezeichnet	excellent
blau	blue
braun	brown
dunkel	dark
erstklassig	first class
gelb	yellow
genau	exactly
grün	green
heiß	hot
kalt	cold
neblig	foggy

hunderteinunddreißig

5 IN DER STADT

öffentlich	*public*	**Pronomen**	***Pronouns***
purpur	*purple*	alle	*all of them*
rosa	*pink*	alles	*all, everything*
rot	*red*	dort drüben	*over there*
schön	*nice*	einmal	*one (helping)*
schwarz	*black*	euer	*your (familiar plural)*
sonnig	*sunny*	ihr	*you (familiar plural)*
ungewöhnlich	*unusual*	zumindest	*at least*
weiß	*white*	zusammen	*together*
wichtig(ste)	*(most) important*	zweimal	*two (helpings)*
windig	*windy*		
Adverbien	***Adverbs***	**Nützliche Sätze**	***Useful expressions***
hell-	*light*	Ach du liebe Güte!	*Good grief!*
natürlich	*of course*	Alles zusammen?	*All together?*
weniger	*less*	ein paar	*a few*
wirklich	*really*	ein Stück Torte	*a slice of flan, cake*
		Keine Ursache.	*You're welcome.*
Präpositionen	***Prepositions***	Stimmt so.	*Keep the change.*
zwischen	*between*	Was darf ich Ihnen bringen?	*What can I get you?*
		Was darf's sein?	*What will you have?*

hundertzweiunddreißig

Mein Lebenslauf

Übersicht

Wiederholung 134

Aperitif — 135

Reiseberichte
- Funktion: Über Vergangenes sprechen
- Vokabeln: Freizeit
- Grammatik: Perfekt
- Übungen: 1

Vorspeise — 135-143

Was hast du am Wochenende gemacht?
- Funktion: Über Vergangenes sprechen; Information über eine vergangene Reise erfragen und geben
- Vokabeln: Reise; Freizeit
- Grammatik: Perfekt; Partizip Perfekt; Hilfsverben *haben* und *sein* im Perfekt
- Übungen: 1–15

Hauptspeise — 144-145

Meine Geschichte
- Funktion: Über die eigene Ausbildung sprechen
- Vokabeln: Schule und Ausbildung
- Grammatik: Perfekt; *seit* mit Präsens
- Übungen: 1–8

Nachspeise — 146-148

Entdeckungen und Erfindungen
- Funktion: Über bedeutende Entwicklungen und Erfindungen sprechen
- Vokabeln: Entdeckungen; Erfindungen; berühmte Wissenschaftler
- Grammatik: Perfekt; Adjektivendungen mit bestimmtem Artikel
- Übungen: 1–6

Kaffee — 149-155

- Aussprache und Satzmelodie
- Portfolio
- Kulturbeilage
- Wiederholung
- Vokabelübersicht

hundertdreiunddreißig

Abschnitt 6 Mein Lebenslauf

In diesem Abschnitt werden Sie

★ *über vergangene Handlungen sprechen*

★ *Auskunft über vergangene Reisen erfragen und geben*

★ *über vergangene Aktivitäten sprechen*

★ *über die eigene Schulzeit und Ausbildung sprechen*

★ *berühmte Personen aus deutschsprachigen Ländern kennen lernen*

Wiederholung

1 *In vorherigen Abschnitten mussten Sie Fragen stellen und beantworten. Arbeiten Sie mit einem Partner/einer Partnerin und übersetzen und beantworten Sie die folgenden Fragen.*

a) *What is your name?* _____

b) *Where are you from?* _____

c) *How old are you?* _____

d) *Do you live in a student hall of residence?* _____

e) *What do you study at university?* _____

f) *Do you take the bus to university?* _____

g) *Do you like pop music?* _____

h) *Which group do you like?* _____

i) *What do you do in your spare time?* _____

j) *What do you do at weekends?* _____

Aperitif

Reiseberichte

1 *Die folgenden Abbildungen zeigen, was Céline und John in Salzburg alles gemacht haben. Verbinden Sie die Abbildungen mit den Aussagen.*

1  2  3

4  5  6

a) Wir haben Kaffee getrunken.

b) Wir haben Kuchen gegessen.

c) Wir haben eine Stadtführung gemacht.

d) Wir sind mit dem Bus gefahren.

e) Wir haben den Domplatz besucht.

f) Wir haben ein Geschenk gekauft.

Vorspeise

Was hast du am Wochenende gemacht?

1 *Montagmorgen ist Céline wieder an der Uni und trifft Kerstin in der Bibliothek. Céline erzählt von ihrem Wochenende in Salzburg. Hören Sie den Dialog und entscheiden Sie, ob die folgenden Aussagen richtig oder falsch sind.*

hundertfünfunddreißig

	Richtig	Falsch
a) Kerstin hat am Wochenende Hausaufgaben gemacht.	☐	☐
b) Céline und John sind um 11:00 zurückgekommen.	☐	☐
c) Céline und John sind mit dem Zug nach Salzburg gefahren.	☐	☐
d) Sie haben ein Zimmer in einem Hotel reserviert.	☐	☐
e) Sie haben Mozarts Geburtshaus und den Dom besichtigt.	☐	☐
f) John hat eine CD gekauft.	☐	☐
g) Die Festung hat Céline besonders gut gefallen.	☐	☐
h) Das Wetter war super.	☐	☐

Kerstin Hallo Céline, wie geht's dir?
Céline Tag Kerstin. Danke gut. Na, was hast du denn am Wochenende gemacht?
Kerstin Ich war zu Hause, bin jeden Tag spät aufgestanden und habe Hausaufgaben gemacht. Und du?
Céline John und ich waren in Salzburg. Wir sind erst gestern abend um zehn Uhr zurückgekommen.
Kerstin Erzähl mal, was habt ihr denn unternommen?
Céline Also wir sind am Freitagvormittag mit dem Zug nach Salzburg gefahren. Dann sind wir in die Touristeninformation gegangen. Dort haben wir die Telefonnummer für die Jugendherberge bekommen und haben ein Zimmer reserviert. Am Abend sind wir in ein Studentenlokal essen gegangen.
Kerstin Hast du auch etwas gekauft?
Céline Ja, ich habe eine CD und John hat einen Pulli gekauft. Am Samstag haben wir eine Stadtführung gemacht.
Kerstin Was gibt's denn da zu sehen?
Céline Wir haben Mozarts Geburtshaus, die Getreidegasse, das Festspielhaus, den Dom und den Domplatz besucht. Danach haben wir im Café Tomaselli Kaffee getrunken und Kuchen gegessen.
Kerstin Also hat es euch in Salzburg gefallen?
Céline Ja, besonders die Festung. Die Stadt ist einfach toll, aber das Wetter war furchtbar. Am Sonntag hat es alle zwei Stunden geregnet.
Kerstin Na, man kann eben nicht alles haben.

nützliche Wörter
aufstehen: *to get up*
zurückkommen: *to return*
unternehmen: *to do*
das Studentenlokal: *student restaurant/pub*
der Dom: *cathedral*
furchtbar: *awful*
alle zwei Stunden: *every two hours*
Man kann eben nicht alles haben.: *You can't have everything.*

2

A *Lesen Sie den Dialog mit verteilten Rollen.*

B *Finden Sie die entsprechenden deutschen Sätze aus dem Dialog und tragen Sie sie in die Tabelle ein.*

Englisch	Deutsch
a) What did you do at the weekend?	
b) I got up late.	
c) I was at home.	
d) In the evening we went to a student restaurant.	
e) The weather was awful.	

3 *Stellen Sie sich abwechselnd die folgenden Fragen.*

a) Was hat Kerstin am Wochenende gemacht?
b) Wo haben Céline und John gewohnt?
c) Wo haben sie gegessen?
d) Was hat Céline gekauft?
e) Was haben sie am Samstag gemacht?
f) Was haben sie im Café Tomaselli gemacht?
g) Hat es ihnen gefallen?
h) Was hat ihnen nicht gefallen?

4 *Stellen Sie sich gegenseitig Fragen zu den folgenden Abbildungen.*

Beispiel: **A** Was haben Céline und John gemacht?

   B Sie haben …

a    b    c

d    e    f

5 *Lesen Sie die folgenden Sätze. Hören Sie dann, was Marco über sein Wochenende erzählt, und bringen Sie die Sätze in die richtige Reihenfolge.*

a) Brigitte hat ihre CDs mitgebracht. ❑
b) Wir haben viel gegessen und getrunken. ❑
c) Ich habe für alle gekocht. ❑
d) Wir haben Karten gespielt. ❑
e) Ich habe meine Freunde eingeladen. ❑
f) Zoltan hat seine Gitarre mitgebracht. ❑
g) Ich habe einen Kuchen gebacken. ❑
h) Wir haben die ganze Nacht gesungen und getanzt. ❑

nützliche Wörter

mitbringen: *to bring along*
kochen: *to cook*
spielen: *to play*
einladen: *to invite*
backen: *to bake*
singen: *to sing*

6 *Stellen Sie sich abwechselnd die folgenden Fragen. Tragen Sie die Antworten in die Tabelle ein.*

	Selbst	Partner/in
Was hast du gefrühstückt?		
Was hast du am Vormittag gemacht?		
Was hast du gelesen, geschrieben oder gearbeitet?		
Wo hast du zu Mittag gegessen?		
Was hast du zu Mittag getrunken?		
Was hast du am Nachmittag gemacht?		
Was hast du am Abend gemacht?		
Was hast du am Abend ferngesehen?		

7 *Erzählen Sie der Klasse, was Ihr Partner/Ihre Partnerin geantwortet hat.*

Beispiel: Tom hat Toast gegessen. Er hat Kaffee getrunken.

8 *Schreiben Sie nun einen kurzen Bericht darüber, was Sie am Wochenende gemacht haben.*

Beispiel: Zum Frühstück habe ich Brötchen gegessen und Tee getrunken.
Am Vormittag habe ich meine Freunde angerufen.
Zu Mittag haben wir uns im Pub getroffen.

9 Suchen Sie aus dem Dialog (Übung 1) fünf Perfektformen der Verben („haben" plus Partizip) und tragen Sie sie in die Tabelle ein. Ergänzen Sie dann die entsprechenden englischen Formen. Können Sie erklären, wie im Deutschen das Perfekt gebildet wird und wie es im Satz verwendet wird?

Deutsch	Englisch
Ich habe eine Seminararbeit geschrieben.	I wrote an essay.

Perfect tense

The perfect is a composite tense (auxiliary verb plus participle). The perfect tense of most German verbs is formed with the present tense of *haben* plus a past participle.

Form von „haben"		Partizip
ich habe		
du hast		
er/sie/es hat	die Hausaufgaben	ge-mach-t
wir haben		
ihr habt		
sie/Sie haben		

■ The past participle of most verbs is formed by placing *ge-* in front of the verb stem and adding *-t* at the end. In separable verbs, *-ge-* is placed between the prefix and the stem (e.g. *ein-ge-kauft*). The auxiliary is normally the second idea in the sentence or clause, with the participle at the end.

kaufen:	Ich habe eine CD gekauft.	I have bought/bought a CD.
haben:	Ich habe viel Arbeit gehabt.	I have had/had a lot of work.
machen:	Ich habe meine Hausaufgaben gemacht.	I have done/did my homework.

■ Quite a few verbs have irregular past participles.

lesen:	Ich habe meine Tante besucht.	I have visited/visited my aunt
reservieren:	Ich habe ein Zimmer reserviert.	I have reserved/reserved a room.
trinken:	Ich habe einen Kaffee getrunken.	I have drunk/drank a coffee.
schreiben:	Ich habe meinem Bruder geschrieben.	I have written/wrote to my brother.

10

Ergänzen Sie die Sätze mit den Verben aus dem Kästchen. Achten Sie auf die richtige Form von „haben".

gelesen	studiert	gesprochen	gekauft
gemacht	getroffen	gearbeitet	bekommen

a) Ich _____ meine Freundin im Café _____.

b) _____ du die Hausaufgaben _____?

c) Er _____ ein Buch _____.

d) Céline und John _____ eine CD und einen Pulli _____.

e) Kerstin _____ am Wochenende an der Seminar arbeit _____.

f) Sie (Sg.) _____ heute ihren Stundenplan _____.

g) _____ du in Berlin _____?

h) Sie (Pl.) _____ mit dem Professor _____.

11

Am Dienstag trifft John Bernd zu Mittag in der Mensa. Hören Sie den Dialog und kreuzen Sie an.

a) John ist
- müde. ❏ ✗
- glücklich. ❏
- durstig. ❏

b) Céline und John sind
- mit dem Auto ❏
- mit dem Zug ❏ ✗
- mit dem Bus ❏ nach Salzburg gefahren.

c) Sie sind
- am Sonntag ❏ ✗
- am Samstag ❏
- am Montag ❏ zurückgekommen.

d) Bernd war mit
- seinen Freunden ❏
- Céline ❏
- seinen Eltern ❏ in Salzburg. ✗

e) Es hat ihm
- gut gefallen. ❏
- nicht gefallen. ❏ ✗

f) Céline und John haben
- in der Mensa ❏
- in Studentenlokalen ❏
- in der Kneipe ❏ gegessen. ✗

g) Bernd muss
- eine Seminararbeit einreichen. ❏ ✗
- etwas in der Bibliothek abgeben. ❏
- in ein Seminar gehen. ❏

h) Er war am Samstag
- in der Kneipe. ❏ ✗
- bei Freunden. ❏
- im Supermarkt. ❏

Bernd Hallo John, lange nicht gesehen. Wie geht's?
John Tag Bernd. Nicht schlecht, nur ziemlich müde.
Bernd Arbeitest du zu viel? Mach 'mal ein paar Tage Urlaub.
John Das habe ich gerade. Céline und ich waren am Wochenende in Salzburg. Das war toll, aber anstrengend.
Bernd Seid ihr mit dem Zug nach Salzburg?
John Ja, wir sind am Freitag mit dem Zug losgefahren und Sonntag erst spät zurückgekommen. Warst du schon einmal dort?
Bernd Ja, vor ein paar Jahren mit meinen Eltern. Es war total langweilig. Hat es euch gefallen?
John Doch ja. Salzburg ist wirklich interessant, aber nicht billig. Wir haben in der Jugendherberge übernachtet und sind in Studentenlokale essen gegangen. Und was hast du am Wochenende gemacht?
Bernd Ich muss morgen eine Seminararbeit einreichen und war fast die ganze Zeit in der Bibliothek. Am Samstag war ich im Supermarkt einkaufen gegangen und am Sonntag habe ich ein paar Freunde in der Kneipe getroffen, aber ich bin nicht lange geblieben.

Past tense of *sein*

ich	war	I	was
du	warst	you	were
er/sie/es	war	he/she/it	was
wir	waren	we	were
ihr	wart	you	were
Sie/sie	waren	they/you	were

Although there is a perfect tense of *sein*, it is not often used in spoken German.

12 *Ergänzen Sie die folgenden Sätze aus dem Dialog.*

a) Céline und _____ am Wochenende in Salzburg.

b) Wir sind _____ mit dem Zug losgefahren und Sonntag erst spät _____.

c) Wir haben _____ und sind in Studentenlokale essen _____.

d) Ich muss _____ eine Seminararbeit einreichen und _____ fast die ganze _____ in der Bibliothek.

e) Am Samstag _____ im Supermarkt einkaufen gegangen und am Sonntag _____ ich ein paar Freunde in der Kneipe _____.

6 MEIN LEBENSLAUF

13 *Ergänzen Sie die Tabelle mit den entsprechenden Verbformen und Partizipien.*

Pronomen	Verbform von „sein"	Partizip	Infinitiv
ich	bin	aufgestanden	aufstehen
du			bleiben
er/sie/es			sein
wir			gehen
ihr			zurückkommen
sie/Sie			losfahren

14 *Lesen Sie den Dialog noch einmal mit einem Partner/einer Partnerin. Können Sie die Regeln für die Perfektbildung mit „sein" erstellen?*

Perfect tense with auxiliary *sein*

Although most verbs use a form of *haben* in the perfect tense, several form the perfect tense with a form of *sein* (to be).

fahren:	Ich bin nach Hause gefahren.	I went/drove home.
aufstehen:	Ich bin um 9 Uhr aufgestanden.	I got up at 9.
sein:	Ich bin in Graz gewesen.	I was/have been in Graz.

Form von „sein"		Partizip
ich bin		
du bist		
er/sie/es ist	nach Salzburg	ge-fahr-en
wir sind		
ihr seid		
sie/Sie sind		

- Most of these verbs have irregular participles ending in *-en*, not the usual *-t*.
- Almost all of them describe movement or change of state: *fahren, fliegen, gehen, aufstehen, einsteigen, abfahren, ankommen, laufen, springen, steigen, werden, sterben*, etc.
- *bleiben* (to stay) and *sein* (to be) also use *sein* to form the perfect tense.

hundertzweiundvierzig

15

Lesen Sie Brigittes Bericht über ein Wochenende in Köln und ergänzen Sie die fehlenden Hilfsverben.

Letztes Jahr **(1)** _____ ich mit meinem Freund Zoltan ein Wochenende in Köln verbracht. Das war toll. Wir **(2)** _____ im Internet Fahrkarten für den Zug von Berlin nach Köln gekauft und ein Zimmer in der Jugendherberge reserviert und **(3)** _____ am Freitagnachmittag losgefahren. Wir **(4)** _____ den Zug um 16:56 genommen, wir **(5)** _____ um 21:16 in Köln angekommen und gleich in eine Pizzeria essen gegangen.

Vorspeise

| sind (2×) | haben (2×) | habe |

Am nächsten Tag **(6)** _____ wir spät aufgestanden und **(7)** _____ in einem Café gefrühstückt. Danach **(8)** _____ wir in der Altstadt spazieren gegangen und **(9)** _____ den Dom, das Rathaus und die Stadtmauer besichtigt. Zu Mittag **(10)** _____ wir in einem Studentenlokal gegessen. Ich **(11)** _____ eine CD für meine Schwester gekauft und Zoltan **(12)** _____ ein Buch und ein T-Shirt gekauft.

| sind (2×) | haben (3×) | habe | hat |

nützliche Wörter

verbringen (verbracht): *to spend*
nehmen (genommen): *to take*
spazieren gehen (gegangen): *to go for a walk*
das Rathaus: *town hall*
die Stadtmauer: *city wall*

Am Abend **(13)** _____ wir in ein tolles Rockkonzert gegangen. Die Eintrittskarten waren sehr teuer, aber der Event war super. Wir **(14)** _____ erst um 2 Uhr früh nach Hause gekommen und waren am Sonntag so müde, dass wir erst um 12.00 aufgestanden **(15)** _____. Dann **(16)** _____ wir mit einem Taxi zum Bahnhof gefahren und **(17)** _____ mit dem Zug zurück nach Berlin gefahren. Köln war wirklich schön und die Stadt **(18)** _____ mir sehr gut gefallen.

| sind (5×) | hat |

hundertdreiundvierzig

Hauptspeise

Meine Geschichte

1 *Verbinden Sie die deutschen und englischen Begriffe. Schlagen Sie, wenn nötig, Wörter in der Vokabelliste am Ende des Buchs nach.*

a) die Grundschule　　　　　A-levels

b) die Sekundarschule　　　　exchange programme

c) das Abitur (Abi)　　　　　grammar school

d) das Gymnasium　　　　　secondary school

e) das Austauschprogramm　　primary school

2 *Céline und John sitzen im Restaurant und unterhalten sich. Hören Sie den Dialog und entscheiden Sie, ob die folgenden Aussagen richtig oder falsch sind.*

	Richtig	Falsch
a) John studied in South America.	❏	❏
b) At first he applied for a university place in London.	❏	❏
c) He thinks the fees in the UK are really high.	❏	❏
d) Céline was born in Germany.	❏	❏
e) Céline's father is German.	❏	❏

3 *Hören Sie den Dialog noch einmal und beantworten Sie die Fragen auf Deutsch.*

nützliche Wörter
das Entwicklungshilfeprojekt: *development project*
sich bewerben um (beworben): *to apply for*
geboren sein: *to be born*

a) Seit wann ist John in Berlin?

b) Was hat er nach dem Abitur gemacht?

c) Wo hat er sich zuerst um einen Studienplatz beworben?

d) Wo ist Céline geboren?

e) Von wem hat sie Deutsch gelernt?

4 *Übersetzen Sie die folgenden Sätze ins Englische.*

nützliche Wörter
der Studienplatz: *place at university*
die Studiengebühren (Pl.): *university fees*
die Gegend: *area, region*

a) Ich bin seit zwei Jahren hier.

b) Ich war nach dem Abitur ein Jahr in Südamerika.

c) Ich habe mich um einen Studienplatz in London beworben.

d) Ich habe mich für das Erasmus Programm angemeldet.

e) Ich bin dort geboren und zur Schule gegangen.

5

Ergänzen Sie den folgenden Text.

Ich bin (1) _____ zwei (2) _____ hier. Ich war (3) _____ dem Abitur ein Jahr in Südamerika und habe (4) _____ einem Entwicklungshilfeprojekt gearbeitet. (5) _____ wollte ich Musik studieren. Zuerst habe ich mich (6) _____ einen Studienplatz (7) _____ London beworben, aber das war (8) _____ teuer. Die Studiengebühren in Großbritannien sind einfach enorm hoch. Das kann ich mir nicht leisten.
Ich habe (9) _____ der Grundschule Deutsch gelernt. Später, (10) _____ der Sekundarschule, habe ich (11) _____ einem Austauschprogramm teilgenommen und war mehrere Male in Hannover und Dresden.

6

Erzählen Sie, was Sie bis jetzt über John und Céline wissen. Verwenden Sie zusätzliche Information aus den früheren Abschnitten.

7

Interviewen Sie drei Kollegen/Kolleginnen. Stellen Sie ihnen die folgenden Fragen.

	1	2	3
Wo bist du geboren?			
Wo bist du zur Schule gegangen?			
Welche Schulen hast du besucht?			
Wann hast du Abitur gemacht?			
In welchen Fächern hast du Abitur gemacht?			
Hast du nach dem Abitur gearbeitet? Wo?			
Seit wann lernst du Deutsch?			
Seit wann bist du in …?			

8

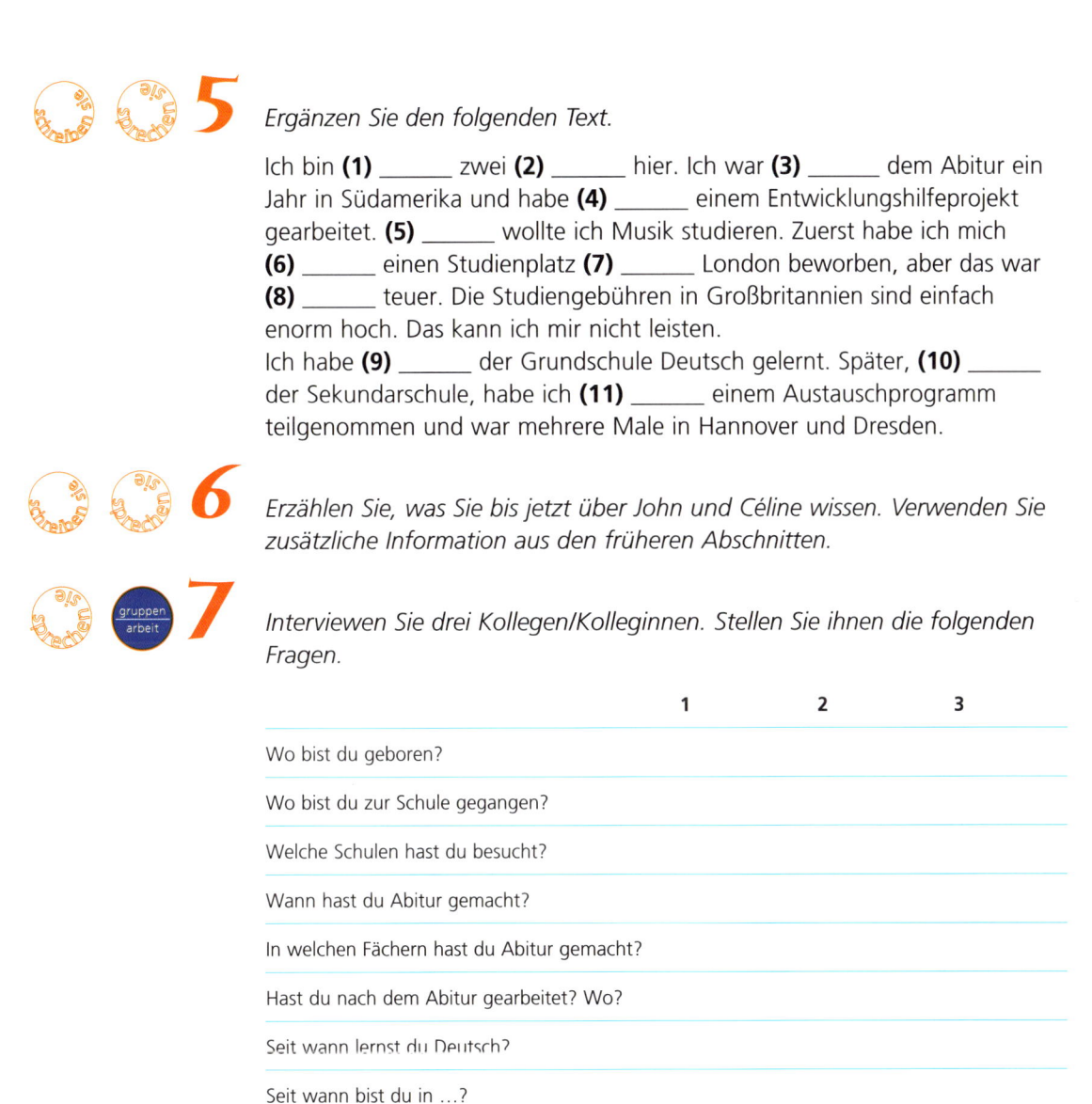

Fassen Sie die Information aus Übung 7 in drei kurzen Berichten zusammen.

Seit wann

The German expression *seit wann* means 'since when' or 'for how long'. Note that it is used with the present tense.

*Seit wann **bist** du hier?*   *Seit Montag.*
Since when have you been here?   Since Monday.
*Seit wann **lernst** du Deutsch?*   *Seit drei Jahren.*
How long have you been learning German?   For three years.

Nachspeise

Entdeckungen und Erfindungen

1
Hören Sie und wiederholen Sie die folgenden Jahreszahlen.

a) 1882	**d)** 1933	**g)** 1900	**j)** 1609
b) 1619	**e)** 1440	**h)** 1945	**k)** 1895
c) 1867	**f)** 1914	**i)** 1843	**l)** 1866

2
Was ist wann passiert? Lesen Sie den folgenden Text und erstellen Sie eine Liste auf Deutsch.

1816 _____
1843 _____
1847 _____
1852 _____
1866 _____
1892 _____

nützliche Wörter

wurde geboren: *was born*
bedeutend: *significant, important*
der Erfinder: *inventor*
entwickeln (entwickelt): *to develop*
verbreiten (verbreitet): *to spread*
nie: *never*
sterben (gestorben): *to die*
sorgen (für): *take care of*
werden (geworden): *to become*
die Entwicklung: *development*
das Telegrafennetz: *telegraph network*
die Verbindung: *link, connection*
verlegen (verlegt): *to route (cable)*
konstruieren (konstruiert): *to design*
gründen: *to found*
entdecken (entdeckt): *to discover*
die Eisenbahn: *train*
bauen: *to build*
die Straßenbeleuchtung: *street lights*
die Straßenbahn: *tramway*
fortsetzen (fortgesetzt): *to continue*

Ernst Werner von Siemens wurde am 13. Dezember 1816 in dem kleinen Ort Lenthe in der Nähe von Hannover geboren. Er war einer der bedeutendsten deutschen Erfinder und hat die Elektrotechnik entwickelt und weltweit verbreitet. Werner von Siemens hat nie studiert, seine Eltern sind früh gestorben und so hat er für seine Brüder sorgen müssen. Er ist zur Armee gegangen und ist Offizier geworden.

Werner hat mit seinem Bruder Wilhelm an vielen Erfindungen und technischen Entwicklungen gearbeitet und hat in vielen Ländern der Welt Telegrafennetze gebaut, z. B. zwischen 1852 und 1855 in Russland. Er hat auch die 11 000 km lange Verbindung zwischen London und Kalkutta und das erste direkte Kabel über den Atlantik verlegt. Für diese Arbeit hat er ein spezielles Schiff konstruiert.

Sein Bruder Wilhelm ist 1843 nach London gegangen und hat dort die Firma Siemens Brothers & Co. gegründet. Werner von Siemens hat 1847 mit Johann Georg Halske in Berlin die Telegraphenanstalt von Siemens & Halske AG gegründet. 1866 hat er das dynamoelektrische Prinzip (Dynamo) entdeckt.

In Berlin hat er die erste elektrische Eisenbahn gebaut und die erste elektrische Straßenbeleuchtung installiert. Auch den ersten elektrischen Lift und die erste elektrische Straßenbahn hat von Siemens konstruiert. Am 6. Dezember 1892 ist Werner von Siemens in Berlin gestorben, seine Söhne und Enkel haben seine Arbeit fortgesetzt.

3 *Beantworten Sie die folgenden Fragen auf Englisch.*

a) What did he study?

b) With whom did he work?

c) What did he build?

d) Which principle did he discover?

4 A *Wer hat was wann entdeckt oder erfunden? Beantworten Sie abwechselnd die Fragen unten. Benutzen Sie die Information aus den Fotobeschriftungen.*

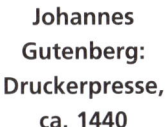

| Johannes Gutenberg: Druckerpresse, ca. 1440 | Sigmund Freud: Psychoanalyse, 1900 | Albert Einstein: Relativitätstheorie, 1905 | Henry Nestlé: Babymilch, 1867 |

a) Wer hat die Relativitätstheorie entwickelt?

b) Wer hat die erste Babymilch erfunden?

c) Wann hat Johannes Gutenberg die Druckerpresse erfunden?

d) Was hat Sigmund Freud entwickelt?

B *Erstellen Sie eine Chronologie der Ereignisse. Benutzen Sie die Information aus Übung 4A.*

Jahr	Erfindung/Entdeckung
1440	Gutenberg hat die Druckerpresse erfunden.

hundertsiebenundvierzig

5 Lesen Sie den Text noch einmal und suchen Sie Phrasen mit dem bestimmten Artikel, Adjektiv und Nomen. Tragen Sie diese in die Tabelle ein und übersetzen Sie sie. Können Sie einige der Regeln für den Gebrauch der Adjektive mit bestimmtem Artikel erstellen?

Deutsch	Englisch
in dem kleinen Ort	in the small village

Adjective endings

In unit 5 you saw how the indirect article is used with adjectives and nouns. Now we look at the direct article with adjectives and nouns. The columns below show how the endings change for the different cases:

	Maskulinum	Femininum	Neutrum	Plural
Nom.	der erste Dynamo	die lange Verbindung	das direkte Kabel	die große**n** Erfindungen
Akk.	den erste**n** Dynamo	die lange Verbindung	das direkte Kabel	die große**n** Erfindungen
Dat.	dem erste**n** Dynamo	der lange**n** Verbindung	dem direkte**n** Kabel	die große**n** Erfindungen

■ The adjective endings change depending on whether the nominative, accusative or dative is used or whether the definite or the indefinite article is used.

■ Note that most of the time the ending is *-n*.

6 Ergänzen Sie den entsprechenden bestimmten Artikel und die Adjektivendungen.

a) Das ist _____ klein____ Ort, wo ich geboren bin.

b) _____ erst____ direkt____ Telegrafenkabel ist 11 000 km lang.

c) _____ erst____ Verbindung London–Kalkutta stammt von Werner von Siemens.

d) In Salzburg kann man _____ berühmt____ Geburtshaus von Mozart besuchen.

e) In London hat Wilhelm von Siemens _____ deutsch-englisch____ Firma Siemens Brothers & Co. gegründet.

f) Von Siemens hat _____ erst____ Telegrafennetz gebaut.

Kaffee

Aussprache und Satzmelodie

Partizipien und Satzmelodie

1 *Kreuzen Sie die Wörter an, die Sie hören.*

gelesen	❏	gewesen	❏
geschrieben	❏	geblieben	❏
gemacht	❏	gebracht	❏
gestorben	❏	geboren	❏
unternommen	❏	bekommen	❏
gegessen	❏	vergessen	❏
gesungen	❏	getrunken	❏
gefrühstückt	❏	gegründet	❏

2 *Hören Sie die Sätze und sprechen Sie nach. Achten Sie auf die Satzmelodie.*

- Am Montag war ich in der Bibliothek.
- Am Dienstag habe ich die Vorlesung besucht.
- Am Mittwoch bin ich zu Hause geblieben.
- Am Donnerstag habe ich meine Freunde getroffen.
- Am Freitag habe ich Fußball gespielt.
- Am Samstag bin ich nach Heidelberg gefahren.
- Am Sonntag habe ich ferngesehen.

3 *Hören Sie die Mini-Dialoge und üben Sie sie dann laut. Achten Sie auf die Satzmelodie.*

A Was hast du in den Ferien gemacht?
B In den Ferien bin ich nach Leipzig gefahren.

A Was hast du letzte Woche gemacht?
B Letzte Woche habe ich gearbeitet.

A Was hast du am Wochenende gemacht?
B Am Wochenende habe ich ein Projekt eingereicht.

A Was hast du gestern Abend gemacht?
B Gestern Abend bin ich ins Kino gegangen.

A Was hast du gestern gemacht?
B Gestern habe ich eine Seminararbeit geschrieben.

Portfolio

1 *Suchen Sie im Internet einen berühmten Deutschen, Österreicher oder Schweizer bzw. eine berühmte Deutsche, Österreicherin oder Schweizerin und schreiben Sie eine Kurzbiographie. (max. 150–200 Wörter)*

2 *Suchen Sie einen deutschsprachigen Studenten/eine deutschsprachige Studentin und befragen Sie ihn/sie nach seinen/ihren letzten Ferien. Nehmen Sie das Interview auf.*

3 *Fassen Sie das Interview zusammen. (max. 150–200 Wörter)*

4 *Bereiten Sie eine Liste mit biographischen Fragen vor und interviewen Sie einen deutschsprachigen Studenten/eine deutschsprachige Studentin. Nehmen Sie das Interview auf.*

5 *Erstellen Sie eine Liste mit mindestens zehn Nobelpreisträgern aus verschiedenen Fachrichtungen (mit der Jahreszahl wenn möglich) und tragen Sie dann einige Beispiele vor.*

Beispiel: Watson und Crick haben 1962 den Nobelpreis für Medizin bekommen.

Lord Rutherford hat 1908 den Nobelpreis für Chemie bekommen.

6 *Erstellen Sie aus der Information über einen berühmten Wissenschaftler/eine berühmte Wissenschaftlerin eine Präsentation mit PowerPoint oder Overhead-Folien.*

Kulturbeilage
Die Begründer der Psychoanalyse

a Sigmund Freud
* _____
† _____

b Alfred Adler
* _____
† _____

c Carl Gustav Jung
* _____
† _____

1

Lesen Sie die drei Texte und ordnen Sie sie der entsprechenden Person zu. Ergänzen Sie auch die biographischen Daten unter jedem Foto.

nützliche Wörter

sich distanzieren von: *to distance oneself from*
untersuchen: *to examine*
erforschen: *to research*
die Seele: *soul*
die Minderwertigkeit: *low self-esteem*
man sagt …: *it is said that …*
lachen: *to laugh*

1 Er wurde am 7. Februar 1870 in Wien geboren und war zuerst Augenarzt. Er hat mit anderen Ärzten an der Entwicklung der Psychoanalyse gearbeitet. Später hat er sich von dieser Disziplin distanziert, hat aber trotzdem versucht, die Seele des Menschen zu untersuchen, und hat die Tiefenpsychologie und die Psychosomatik erforscht. Er hat die Idee der „Minderwertigkeit" und den Bereich der Individualpsychologie entwickelt. Man sagt, der Satz „Wer lacht und singt, gehört in Therapie" ist von ihm. Er ist am 28. Mai 1937 in Aberdeen gestorben.

nützliche Wörter

der Begriff: *term*
der Begründer: *founder*
der Bereich: *area*
das Unbewusste: *the unconscious*
der Zusammenhang: *connection*
beeinflussen: *to influence*

2 Er wurde am 26. Juli 1875 in Kesswil im Kanton Thurgau in der Schweiz geboren. Er hat in Basel Medizin studiert und war Schüler des Begründers der Psychoanalyse. Er hat zuerst im Bereich der Psychoanalyse gearbeitet und hat dann die Analytische Psychologie entwickelt. Von ihm stammen Begriffe wie der „Komplex", das „Kollektive Unbewusste", „Introversion" und „Extroversion". Später hat er den Zusammenhang zwischen Religion und Psyche untersucht. Seine Arbeit hat Literatur, Kunst und Theologie beeinflusst. Er ist am 6. Juni 1961 in Küsnacht am Zürichsee gestorben.

nützliche Wörter

verschieden: *different, various*
die Behandlung: *treatment*
anwenden: *to apply*
die Traumdeutung: *dream analysis*
seelisch: *spiritual*
der Versprecher: *slip of the tongue*
die Fehlleistung: *error*
das Gehirn: *brain*

3 Er wurde am 6. Mai 1856 in Freiberg (Mähren, heute in der Tschechischen Republik) geboren und war Arzt und Neurologe. Er hat versucht, psychisch kranken Personen zu helfen, und hat mehrere wichtige Entdeckungen gemacht. Er hat verschiedene Behandlungsmethoden angewendet, z. B. Hypnose, freie Assoziationen und Traumdeutung. Er hat versucht, die seelische Struktur des Menschen zu verstehen, und hat die Psychoanalyse entwickelt. Nach ihm ist ein „Versprecher", eine Fehlleistung des Gehirns, benannt. Er ist am 23. September 1939 in London gestorben.

2

Beantworten Sie die folgenden Fragen auf Deutsch.

a) Was hat Sigmund Freud entwickelt?

b) Wann wurde C.G. Jung geboren?

c) Wer hat den Begriff der „Minderwertigkeit" entwickelt?

d) Wann ist Alfred Adler gestorben?

e) Wer hat in der Schweiz Medizin studiert?

f) Wer hat das „Kollektive Unbewusste" erforscht?

hunderteinundfünfzig

Wiederholung

Sie sollten nun in der Lage sein

★ *Information über vergangene Reisen zu erfragen und zu geben*

★ *über vergangene Ereignisse zu sprechen*

★ *über die eigene Schulzeit und Ausbildung zu sprechen*

★ *einige berühmte Personen aus deutschsprachigen Ländern zu nennen*

★ *ein bisschen über die Begründer der Psychoanalyse zu erzählen*

★ *Verbformen des Perfekts zu bilden*

1 *Verbinden Sie die Partizipien mit den Infinitiven.*

a) fahren — eingekauft
b) besuchen — gegangen
c) essen — reserviert
d) trinken — gegessen
e) bleiben — bekommen
f) einkaufen — gefahren
g) gehen — gemacht
h) machen — unternommen
i) reservieren — getrunken
j) bekommen — besucht
k) unternehmen — geblieben

2 *Ergänzen Sie die entsprechenden Partizipien.*

a) gehen _____
b) servieren _____
c) aufstehen _____
d) ankommen _____
e) erfinden _____
f) essen _____
g) trinken _____
h) besuchen _____
i) losfahren _____
j) frühstücken _____
k) unternehmen _____

3 *Ordnen Sie den Partizipien aus Übung 1 die entsprechenden Hilfsverben zu und tragen Sie die Partizipien in die Tabelle ein.*

haben	sein

4 *Ergänzen Sie die Sätze im Perfekt mit dem entsprechenden Hilfsverb und dem Partizip des Verbs in Klammern.*

a) Am Montag _____ ich um 7 Uhr _____. (aufstehen)

b) Am Dienstag _____ ich um 8 Uhr _____. (frühstücken)

c) Am Mittwoch _____ ich um 9 Uhr zur Uni _____. (fahren)

d) Am Donnerstag _____ ich vormittags drei Vorlesungen _____. (besuchen)

e) Am Freitag _____ ich zu Mittag Pizza _____. (essen)

f) Am Samstag _____ ich nachmittags Hausaufgaben _____. (machen)

g) Am Sonntag _____ ich mit Zoltan ins Kino _____. (gehen)

5 *Machen Sie eine Umfrage. Befragen Sie drei Kollegen/Kolleginnen, was sie gestern gemacht haben, und tragen Sie die Ergebnisse in die Tabelle ein.*

	1	2	3
Wann bist du gestern aufgestanden?			
Was hast du gefrühstückt?			
Wann bist du zur Uni gefahren?			
Was hast du am Vormittag gemacht?			
Was hast du zu Mittag gegessen und getrunken?			
Was hast du am Nachmittag gemacht?			
Wann bist du nach Hause gefahren?			
Was hast du am Abend gemacht?			
Wann bist du zu Bett gegangen?			

6 *Beschreiben Sie mündlich den Tagesablauf eines Kollegen/einer Kollegin.*

7 *Beschreiben Sie schriftlich, was Sie vergangene Woche gemacht haben. Beginnen Sie immer mit dem Wochentag.*

Beispiel: Am Montag …

8 *Stellen Sie sich abwechselnd die folgenden Fragen zu Céline und John.*

Partner/in A	Partner/in B
a) Wo ist Céline geboren?	Wann hat John Abitur gemacht?
b) Wo ist sie zur Schule gegangen?	Was hat er nach dem Abitur gemacht?
c) Welche Schulen hat sie besucht?	Wo hat er sich zuerst beworben?
d) In welchen Fächern hat sie Abitur gemacht?	Warum studiert er nicht in Großbritannien?
e) Seit wann lernt sie Deutsch?	Seit wann lernt er Deutsch?
f) Seit wann ist sie in Berlin?	Seit wann ist er in Berlin?

9 *Johns Kurzbiographie. Ergänzen Sie die fehlenden Wörter aus dem Kästchen.*

bei	danach	nach	seit	an
um	in	an	mir	seit

Ich bin **(1)** _____ zwei Jahren hier. Ich war **(2)** _____ dem Abitur ein Jahr in Südamerika und habe **(3)** _____ einem Entwicklungshilfeprojekt gearbeitet. **(4)** _____ wollte ich Musik studieren. Zuerst habe ich mich **(5)** _____ einen Studienplatz **(6)** _____ London beworben, aber das war **(7)** _____ dann zu teuer. Die Studiengebühren in Großbritannien sind einfach enorm hoch. Das kann ich mir nicht leisten.

Ich lerne **(8)** _____ der Grundschule Deutsch. Später, **(9)** _____ der Sekundarschule, habe ich **(10)** _____ einem Austauschprogramm teilgenommen und war mehrere Male in Hannover und Dresden.

Vokabelübersicht

Nomen	Nouns
das Abitur	A-levels
das Austauschprogramm	exchange programme
die Babymilch	formula milk
der Begriff	term
der Begründer	founder
der Bereich	area
der Dom	cathedral
die Druckerpresse	printing press
die Eintrittskarte	(admission) ticket
die Eisenbahn	railway
die Entdeckung	discovery
die Entwicklung	development
das Entwicklungshilfeprojekt	development aid project
der Erfinder	inventor
die Erfindung	invention
die Fehlleistung	error
die Ferien	holidays
die Gegend	region
das Gehirn	brain

die Geschichte	story, history	(immatrikuliert)	
die Gitarre	guitar	kochen	to cook, boil
die Grundschule	primary school	konstruieren (konstruiert)	to design
das Gymnasium	grammar school	lachen	to laugh
die Kneipe	pub	losfahren (losgefahren)	to set off
das Land	country	mitbringen (mitgebracht)	bring (along)
der Lebenslauf	CV	singen (gesungen)	to sing
die Mensa	refectory	sorgen für	to look after
die Minderwertigkeit	inferiority	spazieren gehen (gegangen)	to go for a walk
der Nobelpreis	Nobel Prize	stammen aus	to originate, come (from)
die Psychoanalyse	psychoanalysis	tanzen	to dance
das Rathaus	town hall	teilnehmen (teilgenommen)	to take part
die Relativitätstheorie	theory of relativity	übernachten (übernachtet)	to stay overnight
die Seele	soul	unternehmen (unternommen)	to do
die Sekundarschule	secondary school	untersuchen (untersucht)	to examine
die Seminararbeit	seminar essay	verbreiten (verbreitet)	to spread
die Stadtmauer	city wall	verbringen (verbracht)	to spend
die Straßenbahn	tramway	vergessen (er vergisst, vergessen)	to forget
die Straßenbeleuchtung	street lighting	verlegen (verlegt)	to route
das Studentenlokal	student pub	werden (ist geworden)	to become
die Studiengebühren	university fees	zurückkommen (zurückgekommen)	to return
das Telegrafennetz	telegraph network		
die Traumdeutung	dream analysis		
das Unbewusste	the unconscious	**Adjektive**	***Adjectives***
die Verbindung	connection, link	anstrengend	hard, strenuous
der Versprecher	slip of the tongue	bedeutend	important
der Wissenschaftler/die Wissenschaftlerin	scientist	berühmt	famous
		durstig	thirsty
der Zusammenhang	connection	furchtbar	terrible
		glücklich	happy
Verben	***Verbs***	langweilig	boring
abgeben (er gibt ab, abgegeben)	to return, to hand in	mehrere	several
		müde	tired
aufstehen (aufgestanden)	to get up	toll	super
backen (gebacken)	to bake	verschieden	different, various
beeinflussen (beeinflusst)	to influence		
bekommen (bekommen)	to receive	**Adverbien**	***Adverbs***
(sich) bewerben um (er bewirbt, beworben)	to apply for	dort	there
		einfach	simply
bleiben (geblieben)	to stay	früh	early, in the morning
bringen (gebracht)	to bring, take	nie	never
einladen (er lädt ein, eingeladen)	to invite	weltweit	worldwide
		Präpositionen	***Prepositions***
einreichen (eingereicht)	to hand in	bei	at, on
entdecken (entdeckt)	to discover	seit	since, for
entwickeln (entwickelt)	to develop		
erfinden (erfunden)	to invent	**Interrogative**	***Interrogatives***
erforschen (erforscht)	to research	seit wann	for how long, since when
erhalten (er erhält, erhalten)	to receive	was für …	what kind of …
finden (gefunden)	to find		
fortsetzen (fortgesetzt)	to continue	**Nützliche Sätze**	***Useful expressions***
frühstücken	to have breakfast	alle zwei Stunden	every two hours
geboren: ist/wurde geboren	was born	die ganze Zeit	the whole time
gründen	to found	ein paar Tage	a few days
heiraten	to marry	mehrere Male	several times
immatrikulieren	to register		

hundertfünfundfünfzig

Unterhaltung

Übersicht

Wiederholung — 157–159

Aperitif — 159–160
Freizeit

- **Funktion:** Über Freizeitaktivitäten und Unterhaltung sprechen
- **Vokabeln:** Veranstaltungen
- **Grammatik:** Perfekt
- **Übungen:** 1–3

Vorspeise — 161–164
Was sollen wir unternehmen?

- **Funktion:** Sich verabreden; Vorschläge machen, annehmen und ablehnen
- **Vokabeln:** Veranstaltungen; Verabredungen
- **Grammatik:** Modalverben im Präsens; präpositionale Adverbien
- **Übungen:** 1–8

Hauptspeise — 165–170
Im Restaurant

- **Funktion:** Speisen und Getränke bestellen; Vorlieben ausdrücken
- **Vokabeln:** Restaurants; Speisekarte; Spezialitäten
- **Grammatik:** Infinitivkonstruktion mit *zu*; zusammengesetzte Nomen: Genus
- **Übungen:** 1–16

Nachspeise — 171–173
Tolle Party

- **Funktion:** Party organisieren; Freunde einladen
- **Vokabeln:** Einladungen; Glückwünsche
- **Grammatik:** Demonstrativpronomen
- **Übungen:** 1–8

Kaffee — 174–182

Aussprache und Rechtschreibung
Portfolio
Kulturbeilage
Wiederholung
Vokabelübersicht

Abschnitt 7 Unterhaltung

In diesem Abschnitt werden Sie

★ *sich mit jemandem verabreden und über Unterhaltung sprechen*

★ *in einem Restaurant Speisen und Getränke bestellen*

★ *über Partys und Veranstaltungen sprechen, Freunde einladen*

★ *etwas über die Online-Musikszene in Deutschland lesen*

Wiederholung

1 Hören Sie die Mini-Dialoge und entscheiden Sie, ob die folgenden Aussagen richtig oder falsch sind.

		Richtig	Falsch
a)	Die Studentin hat ein schönes Wochenende verbracht.	❑	❑
b)	Sie hat die ganze Zeit gearbeitet.	❑	❑
c)	Am Sonntag war sie im Kino.	❑	❑
d)	Der Student war auf einer tollen Party.	❑	❑
e)	Sie gehen um 1 Uhr essen.	❑	❑

2 Fragen und antworten Sie abwechselnd unter Verwendung der 24-Stunden Uhr und notieren Sie die Antworten.

Beispiel: **A** Wie spät ist es?

B Es ist zwei Uhr.

a) 02:00
b) 04:10
c) 00:40
d) 19:30
e) 07:15
f) 02:05
g) 09:25
h) 05:30
i) 24:00
j) 16:45

hundertsiebenundfünfzig **157**

7 UNTERHALTUNG

3 *Partnerarbeit*

Sie möchten zusammen einen Kaffee trinken. Wann haben Sie Zeit? Stellen Sie sich gegenseitig Fragen.

Beispiel: **A** Hast du am Montag um zehn Uhr Zeit?

Kannst du am Montag um zehn?

Wie wäre es mit Montag um zehn?

B Nein, da kann ich nicht, da bin ich im Seminar/ in der Vorlesung.

Legende:
- die Vorlesung (Vorlesungen) — rosa
- die Übung (Übungen) — orange
- das Seminar (Seminare) — hellblau
- das Tutorium (Tutorien) — gelb

Stundenplan A (Sommersemester) (SS)

	Montag	Dienstag	Mittwoch	Donnerstag	Freitag
9–10		Vorlesung		Vorlesung	
10–11	Vorlesung	Tutorium		Vorlesung	
11–12	Vorlesung		Seminar	Vorlesung		Übung
11–12	Vorlesung		Seminar	Vorlesung	Übung
12–13	Tutorium		Vorlesung		Übung
13–14					
14–15	Seminar	Vorlesung		Tutorium	
15–16	Seminar		Übung	Seminar	
16–17			Übung		

Stundenplan B (Sommersemester) (SS)

	Montag	Dienstag	Mittwoch	Donnerstag	Freitag
9–10		Tutorium	Vorlesung		Vorlesung
10–11	Übung	Tutorium			Tutorium
11–12	Tutorium				Vorlesung
12–13		Übung		Seminar	
13–14	Vorlesung	Übung			
14–15	Vorlesung		Seminar		Seminar
15–16			Seminar	Übung	
16–17			Seminar	Übung	

4 *Erinnern Sie sich an die Übungen mit dem Imperativ in Abschnitt 5? Bilden Sie abwechselnd Aufforderungen.*

Beispiel: Gib mir das Buch.

a) bringen – ich – eine Tasse Tee (Sie)
b) geben – ich – das Buch (du)
c) schreiben – die E-Mail (ihr)
d) früh aufstehen – morgen (Sie)
e) machen – die Hausaufgaben (du)
f) nicht vergessen – das Geschenk (ihr)

5 *Setzen Sie die folgenden Sätze ins Perfekt.*

a) Ich gehe zur Uni.
b) Du schreibst eine Seminararbeit.
c) Er arbeitet in der Bibliothek.
d) Wir machen die Hausaufgaben.
e) Sie fährt mit dem Zug.
f) Sie gehen einkaufen.

Aperitif
Freizeit

1 *Verbinden Sie die Beschriftungen mit den Abbildungen.*

das Klassischekonzert   das Fußballstadion
die Party   die Disko   das Rockkonzert   die Kneipe
das Restaurant   das Theater

a  _____   b  _____   c  _____   d _____

e  _____   f  _____   g  _____   h _____

7 UNTERHALTUNG

2 Verbinden Sie die Beschreibungen mit den Abbildungen.

1 Bernd und Kerstin haben am Samstag ein Konzert von Mozart gehört. ____

2 Gestern Abend haben wir Wiener Schnitzel mit Pommes frites gegessen. ____

3 Meine Freunde und ich haben die ganze Nacht getanzt. ____

4 In der Endrunde hat Bayern München gegen Manchester United gewonnen. ____

5 Jeder hat etwas zu essen und zu trinken mitgebracht. ____

6 Mein Bruder hat mir Karten für das Stück von Brecht geschenkt. ____

7 Im März war Abba Mania im Kulturpalast in Dresden. ____

8 Am Wochenende habe ich mit Marco ein paar Bier getrunken. ____

3 Fragen und antworten Sie abwechselnd und ergänzen Sie die Tabelle.

Beispiel: **A** Wo war Helene am Samstag?

B Am Samstag war Helene im Popkonzert.

Partner/in A

	Helene	Zoltan	Marco	Brigitte
Freitag		Bibliothek (f.)		Kino (n.)
Samstag		Disco (f.)		zu Hause
Sonntag		Fußballstadion (n.)		Stadt (f.)
Montag		zu Hause		Bibliothek (f.)

Partner/in B

	Helene	Zoltan	Marco	Brigitte
Freitag	Popkonzert (n.)		Restaurant (n.)	
Samstag	Theater (n.)		Konzert (n.)	
Sonntag	Supermarkt (m.)		zu Hause	
Montag	Disco (f.)		Kneipe (f.)	

Vorspeise

Was sollen wir unternehmen?

1

A Bernd ruft seine Freundin Kerstin an und verabredet sich mit ihr für Samstagabend. Warum gehen sie nicht vor dem Konzert essen?

B Hören Sie den Dialog noch einmal und kreuzen Sie an.

nützliche Wörter

Wie läuft's?: *How is it going?*
schaffen: *to manage*
etwas vorhaben: *to have something planned*
denken (gedacht): *to think*
versprechen (versprochen): *to promise*
mitkommen: *to come along*
das kommt darauf an: *that depends*
komm schon: *come on*
gemeinsam: *together*
zuvor: *beforehand*
abholen (ich hole ab): *to pick up*
hoffentlich: *I hope*

a) Kerstin muss die zwei Seminararbeiten bis Donnerstag ❑
 bis Mittwoch ❑
 bis Dienstag ❑ schreiben.

b) Bernd möchte ins Kino und dann essen gehen. ❑
 essen gehen und dann ins Kino. ❑
 ins Konzert und dann essen gehen. ❑

c) Kerstin hat versprochen in ein Konzert zu gehen. ❑
 mit Marco essen zu gehen. ❑
 um 6:30 im Restaurant zu sein. ❑

d) Bernd und Kerstin treffen sich um 7:30. ❑
 um 7:15. ❑
 um 6:30. ❑

e) Bernd hat keine Lust. ❑
 keine Karte. ❑
 keine Zeit. ❑

hunderteinundsechzig

7 UNTERHALTUNG

2
Verbinden Sie die Fragen und Antworten.

a) Na, wie läuft's? — Ja, das kommt darauf an …

b) Hast du für Samstagabend schon etwas vor? — Super!

c) Möchtest du mitkommen? — Also gut.

d) Treffen wir uns um 6:30? — Danke recht gut.

e) Was hältst du davon? — Ach nein, das ist mir zu früh.

f) Was sagst du dazu? — Eigentlich habe ich Marco und Helene versprochen, mit ihnen ins Konzert zu gehen.

Prepositional adverbs
To refer back to whole sentences or single words, a combination of *da(r)* + preposition can be used:

Was hältst du **davon**? What do you think **of that**?
Was sagst du **dazu**? What do you say **to that**?

Which preposition is used depends on the verb. More about verbs with prepositions in unit 9.

3
Verbinden Sie die deutschen und englischen Sätze.

a) Das schaffst du schon. — What do you think of that?

b) Ich habe gedacht, wir können vielleicht essen gehen. — You'll manage that!

c) Möchtest du mitkommen? — Would you like to come along?

d) Ja, das kommt darauf an … — Well, that depends …

e) Was hältst du davon? — I thought we might go out for dinner.

4
Verbinden Sie die Satzteile.

a) Ich muss nur leider bis — wir gehen nach dem Konzert essen.

b) Ich seh' dich — schon etwas vor?

c) Hast du für Samstagabend — gemeinsam essen gehen.

d) Und wir können ja zuvor — dann vor dem Konzerthaus um 7:15.

e) Vielleicht ist es besser, — Dienstag zwei Seminararbeiten schreiben.

5 *Bringen Sie den Dialog in die richtige Reihenfolge und lesen Sie den Dialog mit einem Partner/einer Partnerin.*

Bernd Ach nein, das ist mir zu früh. Vielleicht ist es besser, wir gehen nach dem Konzert essen.
Kerstin Tschüss.
Kerstin Hallo Bernd. Danke recht gut, ich muss nur leider bis Dienstag zwei Seminararbeiten schreiben.
Bernd Also gut. Wann fängt das Konzert an?
Kerstin Um halb acht. Treffen wir uns um halb sieben im Restaurant?
Kerstin Ist mir auch Recht. Marco und Helene holen mich um Viertel nach sechs von zu Hause ab. Ich seh' dich dann um Viertel nach sieben vor dem Konzerthaus.
Kerstin Hmm, eigentlich habe ich Marco und Helene versprochen mit ihnen ins Konzert zu gehen. Möchtest du mitkommen?
Bernd Du schaffst das schon! Hast du für Samstagabend schon etwas vor? Am Samstag habe ich Geburtstag und ich habe gedacht, wir können vielleicht essen gehen und dann ins Kino.
Bernd Ja, das kommt darauf an …
Bernd Hallo Kerstin. Na, wie läuft's?
Bernd Super. Hoffentlich gibt's noch Karten. Also bis dann.
Kerstin Ach komm schon! Barockmusik gefällt dir sicher. Und wir können ja zuvor gemeinsam essen gehen. Was sagst du dazu?

6 *Lesen Sie zuerst den Beispieldialog und erstellen Sie zwei Mini-Dialoge, in denen Sie Einladungen entweder annehmen oder ablehnen. Spielen Sie dann die Dialoge in der Klasse.*

nützliche Wörter
annehmen: *to accept*
ablehnen: *to reject*
vorschlagen: *to suggest*
festlegen: *to arrange*

Beispiel:
A Wir gehen ins Konzert. Möchtest du mitkommen?
B Nein, ich muss für eine Prüfung lernen.
A Toll. Kannst du mich abholen?
B Dann vielleicht nächsten Sonntag.
A Ja, klar. Wir kommen um halb sieben bei dir vorbei.

Ablehnen	Annehmen
■ Nein danke. Ich muss eine Seminararbeit schreiben.	■ Ja, super. Wann treffen wir uns?
■ Nein, ich muss für eine Prüfung lernen.	■ Toll. Kannst du mich abholen?
■ Ich kann leider nicht.	■ Ja, gerne. Passt dir 7:15?
■ Tut mir Leid, ich muss arbeiten.	■ Tolle Idee. Soll ich an der Bushaltestelle auf dich warten?
■ Tut mir Leid, aber ich bin zu müde.	■ Ja, warum nicht? Ich kann um 7:00 in der Stadt sein.
Alternativ-Vorschlag machen	**Ort und Zeit festlegen**
■ Ja, dann vielleicht nächstes Wochenende.	■ Um 7:00 vor dem Konzerthaus.
■ Dann vielleicht nächsten Samstag.	■ Ja, klar. Wir kommen um 6:30 bei dir vorbei.
■ Na, dann viel Spaß beim Lernen.	■ Einverstanden, um 7:15 wie immer.
■ Du schaffst das schon. Ich rufe dich übermorgen wieder an.	■ Gute Idee. Ich bin um 6:45 an der Bushaltestelle.
■ Na dann vielleicht ein anderes Mal.	■ Also dann bis später.
■ Tschüss!	■ Tschüss!

7

A Übersetzen Sie die folgenden Sätze.

B Identifizieren Sie das Hauptverb (= main verb).

C Was können Sie über die anderen Verben sagen?

a) Ich muss schreiben.   c) Möchtest du mitkommen?

b) Wir können ins Kino gehen.   d) Wir können gemeinsam essen gehen.

Modal verbs

The verbs you looked at in the previous exercise are known as modal verbs. They are used to express obligation, ability, permission, liking and intention.

Obligation: *Ich muss …/Wir sollen …*   Permission: *Dürfen wir …?*   Intention: *Er will …*
Ability: *Sie kann …*   Liking: *Wir mögen …*

Note that:
- *ich will* means 'I want', not 'I will'
- *dürfen nicht* means 'must not'
- *muss nicht* means 'need not'.

| können | mögen* | dürfen | müssen | wollen | sollen |
to be able to	to like	to be allowed	to have to	to want	to be supposed to, shall
ich kann	ich mag	ich darf	ich muss	ich will	ich soll
du kannst	du magst	du darfst	du musst	du willst	du sollst
er/sie/es kann	er/sie/es mag	er/sie/es darf	er/sie/es muss	er/sie/es will	er/sie/es soll
wir können	wir mögen	wir dürfen	wir müssen	wir wollen	wir sollen
ihr könnt	ihr mögt	ihr dürft	ihr müsst	ihr wollt	ihr sollt
sie/Sie können	sie/Sie mögen	sie/Sie dürfen	sie/Sie müssen	sie/Sie wollen	sie/Sie sollen

* ich möchte is more commonly used. See page 16.

8 Fragen und antworten Sie abwechselnd. Verwenden Sie in Fragen und Antworten Modalverben und achten Sie auf die Pronomen.

Beispiel: _____ du am Samstag _____ gehen?

   A Möchtest du am Samstag ins Konzert gehen?

   B Nein, ich möchte am Samstag nicht ins Konzert gehen.

a) – Kannst du mich Samstagabend abholen? – Ja, ich _____ dich Samstagabend _____.

b) – _____ du morgen ins Kino? – Nein, morgen möchte ich nicht ins Kino.

c) – Dürft ihr mit uns Schi fahren gehen? – Ja, wir _____ mit euch _____.

d) – _____ sie noch _____? – Ja, sie muss noch lange arbeiten.

Hauptspeise
Im Restaurant

Brasserie Beaujolais
Erstklassige französische Spezialitäten: z. B. Lachs, Ente, Lamm, Fisch, Crème brûlée, auch ausgezeichnete vegetarische Speisen
Tgl. 11.30–1 Uhr, Küche bis 24 Uhr
Kreditkarten

Restaurant Am Markt
Traditionsreiches Restaurant/Weinlokal mit ausgezeichneter österreichischer und deutscher Küche. (Gewinner des deutschen Sauerbraten-Wettbewerbs 2003.)
Tgl. 11–3 Uhr, Küche 12–0.30 Uhr

Füllhorn
Vor allem vegetarische Speisen, jetzt auch Fisch-, Fleischgerichte. Biowein, frische Säfte, Yogitee.
Mo–Fr 11–21 Uhr, Sa 10–18 Uhr.
Nichtraucherlokal

Zur Kuckucksuhr
Alpenländisches Restaurant und Weinlokal. Traditionelle und neue Schweizer Gerichte, z. B. Huhn mit Polenta und Kräuterschaum; natürlich auch Käsefondue. 180 Flaschenweine, 70 offene Weine.
Tgl. 16–24 Uhr, Küche bis 23:30 Uhr

1 Lesen Sie die Information zu den verschiedenen Restaurants und wählen Sie ein Restaurant, in das Sie gehen möchten.

2 Entscheiden Sie, in welches Restaurant Sie gehen möchten. Begründen Sie Ihre Entscheidung.

Beispiel: Dort gibt es …/Dort kann man …/Das ist ein …

a) Sie möchten traditionelle deutsche Küche probieren.

b) Ihre Eltern sind zu Besuch und laden Sie zum Essen in ein Lokal ein.

c) Sie möchten mit einem Bekannten essen gehen, der ein Weinkenner ist.

d) Sie möchten mit Freunden am Samstag vegetarisch essen gehen.

e) Sie kommen gerade aus dem Konzert, es ist Freitag 22 Uhr.

f) Sie möchten mit Ihrer Schwester/Ihrem Bruder in ein Nichtraucherlokal gehen.

7 UNTERHALTUNG

3

A *Nach dem Konzert möchten Kerstin, Helene, Bernd und Marco essen gehen. Sie überlegen wohin. Was ist für Bernd wichtig?*

B *Hören Sie den Dialog noch einmal. Kreuzen Sie die Wörter an, die Sie hören.*

Restaurant	❏	mit einfacher Küche	❏
Brasserie	❏	einverstanden	❏
Lokal	❏	erstklassig	❏
französisch	❏	ausgezeichnetes Essen	❏
Geld	❏	Portionen	❏

Bernd   Also, wo gehen wir hin?
Marco   Ja, ich weiß nicht. Hier in der Nähe gibt es zum Beispiel das Restaurant Am Markt oder die Brasserie Beaujolais.
Kerstin   Ich möchte jetzt am liebsten französisch essen gehen.
Helene   Das kann ich mir aber nicht leisten, ich bin fast pleite.
Bernd   Ich möchte lieber in ein Restaurant mit einfacher Küche als in eine Brasserie. Wie wär's mit dem Füllhorn? Dort gibt's auch Fischgerichte.
Marco   Dann schlage ich vor, wir gehen zum Restaurant Am Markt. Da gibt es ausgezeichnetes Essen und es ist nicht zu teuer.
Bernd   Einverstanden. Hauptsache, die Portionen sind groß.

nützliche Wörter
in der Nähe: *nearby*
ich möchte am liebsten: *I'd like best*
ich möchte lieber: *I'd prefer*
das Fischgericht: *fish dish*
pleite sein: *to be broke*
einverstanden: *agreed*
Hauptsache: *the main thing*

4 *Lesen Sie den Dialog mit verteilten Rollen.*

5 *Beantworten Sie die folgenden Fragen.*

a) Wie viele Restaurants schlägt Marco vor?
b) Was möchte Kerstin essen?
c) Welches Problem hat Helene?
d) Was gibt es im Füllhorn?
e) Was schlägt Marco vor?

6 *Verbinden Sie die Satzteile.*

a) Hier in der Nähe gibt es   am liebsten französisch essen gehen.
b) Ich möchte jetzt   mit dem Füllhorn?
c) Das kann   lieber in ein Restaurant mit einfacher Küche als in eine Brasserie.
d) Ich möchte   ich mir aber nicht leisten.
e) Wie wär's   zum Beispiel das Restaurant Am Markt oder die Brasserie Beaujolais.

hundertsechsundsechzig

Expressing preferences

Ich esse gern(e) Gemüse. — I like eating vegetables.
Ich esse lieber Fisch als Gemüse. — I prefer eating fish to vegetables.
Ich esse am liebsten Schnitzel. — I like eating schnitzel best/most of all.

7

Was möchten Sie lieber? Fragen und antworten Sie abwechselnd.

Beispiel: **A** Trinkst du lieber Tee oder Kaffee?
B Ich trinke lieber Tee als Kaffee.

	Ich	Partner/in
mit dem Auto/Bus fahren		
Bier/Wein trinken		
In ein billiges/teures Restaurant gehen		
zu Hause/in der Bibliothek arbeiten		
eine Vorlesung/ein Seminar besuchen		
Urlaub in Frankreich/Italien/Spanien machen		

8

Wer möchte was am liebsten? Fragen und antworten Sie abwechselnd.

Beispiel: **A** Was möchte Brigitte am liebsten?
B Sie möchte am liebsten französisch essen gehen.

a) Bernd: große Portionen essen
b) Marco: eine Flasche Wein trinken
c) Helene: nicht viel Geld ausgeben
d) Kerstin: vegetarisch essen
e) Sie:
f) Ihr Partner/Ihre Partnerin:

9

Kerstin, Helene, Bernd und Marco sind nun im Restaurant Am Markt. Welche Getränke bestellen sie?

- Cola ❑
- Rotwein ❑
- Weißwein ❑
- Mineralwasser ❑
- Bier ❑

Ober Guten Abend. Was darf ich zu trinken bringen?
Bernd Nehmen wir eine Flasche Riesling?
Helene Ja, warum nicht? Bringen Sie uns bitte auch eine Flasche Mineralwasser und die Speisekarte bitte.
Ober Kommt sofort.

10

nützliche Wörter

warum nicht?: *why not?*
die Flasche: *bottle*
die Speisekarte: *menu*
das Gemüse: *vegetables*
das Rehgulasch: *venison goulash*
der Sauerbraten: *marinated braised beef*
die Kartoffel: *potato*
angeblich: *reportedly, supposedly*

A Hören Sie den ersten Teil des Dialogs. Was bestellen sie? Kreuzen Sie die Speisen auf der Speisekarte an.

Speisekarte

Salat	Rehgulasch
Kartoffelsalat	Sauerbraten
Tagessuppe	Fisch
Zwiebelsuppe	Spagetti
Käseomelett	Reis
Gemüseomelett	Kroquetten
Wiener Schnitzel	Kartoffeln
Eisbein	Pommes frites

Ober Haben Sie schon gewählt?
Kerstin Ja, für mich bitte das Gemüseomelett mit Salat.
Bernd Ich hätte gern das Rehgulasch.
Ober Mit Reis oder Kroquetten?
Bernd Mit Reis bitte.
Helene Sauerbraten mit Kartoffeln und Salat, bitte.
Marco Hmm, ich kann mich nicht entscheiden. Fisch oder Wiener Schnitzel, was meint ihr?
Bernd Angeblich gibt's hier das beste Schnitzel außerhalb von Wien.
Marco Also gut, dann bitte Wiener Schnitzel. Was gibt's als Beilage?
Ober Ich empfehle warmen Kartoffelsalat, das ist unsere Spezialität.
Marco Da kann ich nicht Nein sagen.
...
Ober Also hier bitte einmal Gemüseomelett, einmal Rehgulasch, einmal Sauerbraten und einmal Schnitzel. Salat kommt sofort. Guten Appetit!
Alle Danke.

nützliche Wörter

meinen: *to think*
außerhalb von: *outside*
die Beilage: *side dish*
Hat's geschmeckt?: *Did you enjoy your meal?*
der Wunsch: *wish*
die Nachspeise: *dessert*
satt sein: *to be full up*

B Hören Sie den zweiten Teil des Dialogs. Wie viele Tassen Kaffee bestellen sie? Zahlen sie für alles zusammen?

Ober Hat's geschmeckt?
Bernd Ausgezeichnet, danke.
Ober Haben Sie noch einen Wunsch? Vielleicht eine Nachspeise?
Bernd Also ich bin satt. Und ihr?
Kerstin Ich kann wirklich nichts mehr essen.
Marco Ich hätte gerne einen Espresso, bitte.
Helene Für mich auch, bitte.
Ober Zwei Espresso, jawohl.
...
Bernd Zahlen, bitte.
Ober Alles zusammen?
Bernd Nein, getrennt bitte, aber ich zahle den Wein.
Marco Dann zahle ich das Mineralwasser.

7 UNTERHALTUNG

hundertachtundsechzig

★ Kultur-Info

Although nowadays many restaurants in Germany, Austria and Switzerland accept credit cards, not all of them do, so you'd better check first if you intend to pay by card.

There are no hard and fast rules on how much to tip *(Trinkgeld)* in a restaurant, at the petrol station (if there is an attendant) or at the hairdresser's, and in principle the service charge is already included in the price. In general, between 5% and 10% of the total is recommended. It is customary to round up the total by saying *Stimmt so*, meaning 'Keep the change'.

11 *Hören Sie den ganzen Dialog noch einmal und entscheiden Sie, ob die folgenden Aussagen richtig oder falsch sind.*

		Richtig	Falsch
a)	Bernd bestellt eine Flasche Bier.	❑	❑
b)	Kerstin möchte ein Gemüseomelett mit Salat.	❑	❑
c)	Marco kann sich nicht entscheiden.	❑	❑
d)	Alle bestellen eine Nachspeise.	❑	❑
e)	Marco bestellt drei Espresso.	❑	❑

12 *Lesen Sie die Dialoge mit verteilten Rollen.*

13 *Übersetzen Sie die folgenden Sätze ins Deutsche.*

a) *I suggest we go to Restaurant Am Markt.*
b) *I would like venison goulash with rice.*
c) *I recommend the warm potato salad.*
d) *Agreed!*
e) *I can't decide.*
f) *I'm full.*

14 *Ordnen Sie die Speisen den Kategorien zu und tragen Sie sie in die entsprechende Spalte der Tabelle unten ein. Verwenden Sie, wenn nötig, ein Wörterbuch.*

> Gulasch   Kroquetten   Gemüsesuppe   Crème brûlée
> Kartoffeln   Wiener Schnitzel   Schwarzwälder Kirschtorte
> Fischstäbchen   Sachertorte   Schweinebraten   Reis
> Salat   Lachs mit Melone   Pflaumenkompott   Bouillon
> Apfelstrudel   französische Zwiebelsuppe   Pizza

Vorspeise	Hauptspeise	Beilage	Nachspeise

Infinitive constructions with *zu*

Some verbs, e.g. *versprechen*, *vorschlagen*, *lieben* (to love), *hassen* (to hate), can be combined with an infinitive with *zu*. Verbs such as *lieben* (to love) and *hassen* (to hate) need to be accompanied by *es*.

*Ich habe versprochen ins Kino **zu** gehen.*   I promised to go to the cinema.
*Ich hasse **es** zu spät **zu** kommen.*   I hate being late.

In these constructions the infinitive always comes at the end of the phrase, preceded by *zu*. With separable verbs, the *zu* goes between the two parts of the infinitive, e.g. *anzufangen*.

15 *Schreiben Sie Sätze mit Infinitivkonstruktionen.*

a) er – vorschlagen – ins Kino – gehen – zu

b) wir – versprechen – dich – abholen – zu

c) ich – es hassen – am Wochenende arbeiten – zu

d) sie (Sg.) – es lieben – lange – schlafen – zu

e) du – anfangen – mehr Bücher – lesen – zu

16 *Ergänzen Sie die Tabelle. Schlagen Sie in einem Wörterbuch das Genus der einzelnen Wortteile nach. Können Sie die Regel für das Genus zusammengesetzter Nomen erklären?*

Zusammengesetzte Form	1. Teil	2. Teil
die Gemüsesuppe	das Gemüse	die Suppe
das Käseomelett		
der Kartoffelsalat		
das Weinlokal		
der Schweinebraten		
das Kartoffelpüree		
die Seminararbeit		

Compound nouns

German compound nouns always take the gender of the last part, e.g.
das Schwein + der Braten = der Schweinebraten

Nachspeise

Tolle Party

1

A *Céline hat Geburtstag. John möchte Sie mit einer Party überraschen und ruft ein paar Freunde an. Was schlägt Bernd als Geschenk für Céline vor?*

B *Richtig oder falsch?*

	Richtig	Falsch
a) Céline hat nächstes Wochenende Geburtstag.	❏	❏
b) Bernd kommt gern zur Party.	❏	❏
c) Er bringt etwas zu trinken mit.	❏	❏
d) Bernd soll Kerstin einladen.	❏	❏

nützliche Wörter

überraschen: *to surprise*
hör mal: *listen*
der Geburtstag: *birthday*
besorgen: *to buy, get*
wissen: *to know*
die anderen: *the others*
schon: *yet*
bis jetzt: *so far*
die Kerze: *candle*
erst: *only, not until*

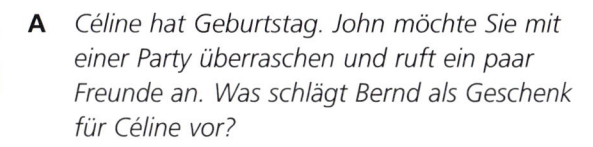

2

A *Die Freunde treffen sich auf der Geburtstagsparty und Kerstin weiß nichts davon …*

Alle singen — Überraschung! „Zum Geburtstag viel Glück, zum Geburtstag viel Glück …!"
Céline — Das gibt's doch nicht!
John — Alles Gute zum Geburtstag. Das ist für dich.
Céline — Oh, vielen Dank. Und die tolle CD! Ich bin sprachlos.
Bernd und Kerstin — Und hier eine Kleinigkeit von uns.
Céline — Vielen Dank. Das war ja nicht notwendig. Und was für eine tolle Party! Hat John alles allein organisiert?
Kerstin — Ja, er hat alle angerufen und die Getränke eingekauft und die Torte besorgt und so weiter.

B *Richtig oder falsch?*

	Richtig	Falsch
a) John hat eine Kassette gekauft.	❏	❏
b) Bernd und Kerstin haben ein großes Geschenk für Céline.	❏	❏
c) John hat alles allein organisiert.	❏	❏
d) Kerstin hat eine Torte gebacken.	❏	❏

nützliche Wörter

Das gibt's doch nicht!: *I don't believe it!*
sprachlos: *speechless*
eine Kleinigkeit: *a little something*
notwendig: *necessary*

hunderteinundsiebzig

7 UNTERHALTUNG

3 Verbinden Sie die deutschen und englischen Sätze.

a) Hast du nächsten Freitag schon was vor? — I don't believe it!
b) Was soll ich mitbringen? — What a great party!
c) Ich besorge die Getränke. — Happy birthday!
d) Wie wär's mit einer CD? — What are you doing next Friday?
e) Danke für den Tipp. — Thanks for the tip.
f) Das gibt's doch nicht! — I'll organise the drinks.
g) Was für eine tolle Party! — What shall I bring?
h) Alles Gute zum Geburtstag! — How about a CD?

4 Ergänzen Sie den Dialog und lesen Sie ihn mit verteilten Rollen.

John Hallo Bernd, hier John. Wie **(1)** _____?
Bernd Tag John, **(2)** _____ gut. Und dir?
John Es geht. Hör mal, Céline **(3)** _____ nächsten Mittwoch Geburtstag und ich wollte für sie eine Geburtstagsparty **(4)** _____. Hast du nächsten Freitagabend schon was **(5)** _____?
Bernd Das ist eine tolle Idee, ich komme gern. Was soll ich **(6)** _____?
John Am besten etwas zu essen. Ich **(7)** _____ die Getränke.
Bernd Wissen die anderen schon davon?
John Bis jetzt nur Marco und Helene. Kannst du Kerstin **(8)** _____?
Bernd **(9)** _____ Problem. Hast du schon eine Torte und Kerzen und Luftballons?
John Nein, die **(10)** _____ ich erst nächste Woche. Aber ich **(11)** _____ noch ein Geschenk.
Bernd Wie **(12)** _____ mit einer CD? Was für Musik **(13)** _____ Céline gern?
John Tja, sie **(14)** _____ Nirvana. Vielleicht **(15)** _____ ich ihr eine CD von Kurt Cobain. Danke für den Tipp.
Bernd Keine Ursache. Tschüss.

Der, die, das as demonstrative pronouns

Something which has already been mentioned in an earlier sentence or question can be replaced with a demonstrative pronoun.

Hast du schon eine Torte gekauft? Have you already bought a cake?
Nein, **die** kaufe ich nächste Woche. No, I'll buy that next week.

■ The pronoun agrees with the noun it replaces in gender, case and number.

■ Note the word order: the pronoun is placed first and the subject follows the verb.

172 hundertzweiundsiebzig

nützliche Wörter

die Besserung: *recovery*
heiraten: *to get married*
Gratuliere!: *Congratulations!*
Viel Glück!: *Good luck!*
die Hochzeit: *wedding*
Liebe Grüße: *Regards*

5 *Antworten Sie auf die Fragen. Verwenden Sie Pronomen im Akkusativ und die Information in Klammern. Achten Sie auf die Wortstellung!*

Beispiel: Hast du schon die Hausaufgaben gemacht? (nein, am Samstag)

    A Hast du schon die Hausaufgaben gemacht?

    B Nein, die mache ich am Samstag.

a) Hast du schon eine Torte gekauft? (nein, nächste Woche)

b) Hast du die anderen schon eingeladen? (nein, morgen)

c) Hast du schon die neue Bibliothek besucht? (nein, noch nicht)

d) Hast du schon die Seminararbeit eingereicht? (ja, schon am Dienstag)

6 *Was sagen/schreiben Sie in welcher Situation? Verbinden Sie die Sätze mit der passenden Situation.*

a) „Baldige Besserung!"   Ihre Freundin hat ein Haus gekauft.

b) „Alles Gute zum Geburtstag!"   Ihr Großvater liegt im Krankenhaus.

c) „Gratuliere zum Diplom!"   Ihr Neffe hat Geburtstag.

d) „Viel Glück im neuen Haus!"   Ihre Cousine hat ihr Studium beendet.

7 *Ergänzen Sie den Text mit den Wörtern aus dem Kästchen.*

kannst	Grüße	möchten	ist	haben	um	ist
Bring	besorgen	mit	gebacken	Geburtstagsparty		

Liebe Gerda,
Barbara **(1)** _____ diese Woche 21 und wir
(2) _____ für sie eine **(3)** _____ organisieren.
Die Party **(4)** _____ am Samstag **(5)** _____
20 Uhr im Studentenwohnheim. **(6)** _____ bitte etwas
zu essen **(7)** _____. Wir **(8)** _____ die Getränke
und **(9)** _____ schon einen Kuchen **(10)** _____.
Hoffentlich **(11)** _____ du kommen.
Liebe **(12)** _____
Margot

8 *Schreiben Sie eine Einladung zu einer Überraschungsparty für einen Freund/eine Freundin. Verwenden Sie die Einladung oben als Beispiel.*

Nachspeise

Kaffee

Aussprache und Rechtschreibung

tr und ch

1 Kreuzen Sie die Wörter an, die Sie hören.

trinken	❑	Getränk	❑
treffen	❑	Getreide	❑
traurig	❑	Betreiber	❑
trocken	❑	trüb	❑
versprochen	❑	deutschsprachig	❑
besprechen	❑	Sprachwissenschaft	❑
sprachlos	❑	Gespräch	❑
entsprechend	❑	Aussprache	❑

2 Hören Sie die Sätze und sprechen Sie nach.

Wo treffen wir uns?

Was möchtest du trinken?

Wir besorgen die Getränke.

Sie hat versprochen ins Konzert zu gehen.

Ich bin sprachlos.

Er studiert Sprachwissenschaft.

3 Hören Sie und schreiben Sie die Sätze.

1 _____
2 _____
3 _____
4 _____
5 _____
6 _____

Portfolio

1 Schlagen Sie drei Restaurants in Ihrer Stadt vor und erklären Sie warum Sie sie empfehlen. Ergänzen Sie zuerst die Tabelle und erstellen Sie dann den Text. (max. 150 Wörter)

Restaurant name	Reason 1	Reason 2

2 Sie haben gerade ein Restaurant gekauft. Finden Sie nun einen Namen für Ihr Restaurant und erstellen Sie eine Speisekarte (inklusive Preise). Bieten Sie mindestens fünf verschiedene Vorspeisen, Hauptspeisen, Beilagen und Nachspeisen. Wenn möglich, sollten auch vegetarische Speisen auf der Speisekarte stehen.

3 Suchen Sie im Internet zwei Restaurants und vergleichen Sie sie. Welches ist billiger oder teurer? Größer oder kleiner? Moderner oder altmodischer (= more old-fashioned)? Welches hat internationalere oder regionalere Küche? (ca. 150 Wörter)

4 Als Klatschspaltenreporter(in) (= gossip columnist) sind Sie ständig auf tollen Partys, so auch vergangenen Samstag. Wo waren Sie? Mit wem waren Sie auf der Party? Wie lange waren Sie dort? Wen haben Sie getroffen? Wen haben Sie gesehen? Wie war das Essen? Wie war die Musik? Was haben die Leute gemacht? Was ist passiert? (ca. 150–200 Wörter)

5 Finden Sie im Internet Computerübungen zur Grammatik aus diesem Abschnitt. Machen Sie die Übungen, drucken Sie sie aus und legen Sie sie zu Ihrem Portfolio.

7 UNTERHALTUNG

Kulturbeilage
Musik im Netz

1 *Lesen Sie den folgenden Text und beantworten Sie die Fragen auf Deutsch.*

a) Wo kann man heutzutage Musik bekommen?
b) Sind alle Anbieter im Netz illegal?
c) Was muss man beachten, wenn man Musik herunterladen will?
d) Was kauft man mit jedem Musikstück?
e) Was muss man haben, wenn man Musik verkaufen will?
f) Warum sollte man die Lizenz „sichern"?

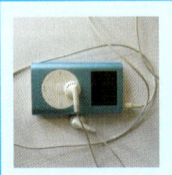

Das „iTunes Music Store" hat die Musikwelt in Deutschland revolutioniert. Die Zeiten, als das Runterladen von Songs aus dem Internet illegal waren, sind vorbei. Seit „iTunes" gute Musik unter einem Euro im Netz anbietet, sind die Musikshops im Internet die Alternative für Musikläden. Im Moment ist „iTunes" mit rund 700 000 Songs für den legalen Download der größte Musikshop im deutschsprachigen Netz.

Neben „OD2" von Karstadt sind „connect europe" von Sony und „Musicload" weitere wichtige Anbieter in Deutschland. Aber auch kleinere Musikanbieter wie „Vitaminic", „MP3.de" oder „Nezzparade" sind beliebt. „Nezzparade" beispielsweise ist die Plattform für Newcomer- und Internetmusik. Beliebt – aber illegal – ist die russische Musikplattform „allofmp3".

Beim Downloaden von Musik aus dem Internet ist das Urheberrecht zu beachten. Was illegal angeboten wird, kann auch nicht legal heruntergeladen werden. Wer Musik verkauft, muss Inhaber der Verwertungsrechte sein. Wenn Sie ein Musikstück aus dem Internet kaufen, dann kaufen Sie auch die Lizenz dafür. Das ist Ihr Nachweis, dass Sie den Song legal besitzen.

Sie sollten auch die Lizenzen in regelmäßigen Abständen auf einem externen Speichermedium (CD, Zip, Diskette) sichern – wenn Ihre Festplatte einmal abstürzt. Mit der Lizenz können Sie jederzeit vom Anbieter die Musikdatei wieder bekommen. Ist sie weg, müssen Sie sie neu kaufen – eine ärgerliche Sache.

nützliche Wörter

vorbei: *gone*	regelmäßige Abstände: *regular intervals*
anbieten (angeboten): *to offer*	die Diskette: *floppy disk*
der Anbieter: *provider*	sichern: *to back up*
das Urheberrecht: *copyright law*	die Festplatte: *hard disk*
beachten: *to observe*	abstürzen: *to crash*
der Inhaber: *owner*	weg: *gone*
die Verwertungsrechte (Pl.): *commercial rights*	ärgerlich: *annoying*
	die Sache: *thing*
der Nachweis: *proof*	

2 Machen Sie eine Umfrage in der Klasse und befragen Sie drei Kollegen/Kolleginnen.

	1	2	3
Hören Sie Musik?			
Was für Musik mögen Sie?			
Wann hören Sie Musik?			
Kaufen Sie Musik?			
Kaufen Sie Musik auf CD/auf Kassette/auf MP3/auf Platte?			
Laden Sie legale/illegale Musik aus dem Netz herunter?			

3 Fassen Sie das Ergebnis der Umfrage aus Übung 2 in einem Mini-Bericht zusammen.

Wiederholung

Sie sollten nun in der Lage sein

* *in einem Restaurant Speisen und Getränke zu bestellen*
* *Freunde einzuladen*
* *Vorschläge zu machen, anzunehmen oder abzulehnen*
* *einfache Grußkarten zu schreiben*
* *Fähigkeit, Notwendigkeit, Erlaubnis oder Wünsche auszudrücken*
* *über Vorlieben zu sprechen*
* *ein bisschen über Musik und das Internet zu sprechen*

1 Ergänzen Sie die Sätze mit dem entsprechenden Modalverb in Klammern.

a) _____ du mitkommen? (mögen)

b) _____ ich dir helfen? (können)

c) _____ du noch lange arbeiten? (müssen)

d) _____ ich dich zum Essen einladen? (dürfen)

e) _____ ich dich zu Hause abholen? (sollen)

hundertsiebenundsiebzig

7 UNTERHALTUNG

2 *Ergänzen Sie den Dialog mit der passenden Form der Verben im Kästchen.*

schreiben	laufen	schaffen
mitkommen	denken	versprechen
geben	abholen	sein	treffen	gefallen	sehen

Bernd Hallo Kerstin. Na, wie (1) _____?
Kerstin Hallo Bernd. Danke recht gut, ich muss nur leider bis Dienstag zwei Seminararbeiten (2) _____.
Bernd Du (3) _____ das schon! Hast du für Freitagabend schon etwas vor? Am Samstag habe ich Geburtstag und ich habe (4) _____, wir können vielleicht essen gehen und dann ins Kino.
Kerstin Hmm, eigentlich habe ich Marco und Helene (5) _____ mit ihnen ins Theater zu gehen. Möchtest du (6) _____?
Bernd Ja, das kommt darauf an …
Kerstin Ach komm schon! Es (7) _____ dir sicher. Und wir können ja zuvor gemeinsam essen gehen. Was sagst du dazu?
Bernd Also gut.
Kerstin (8) _____ wir uns um sechs Uhr im Restaurant?
Bernd Ach nein, das (9) _____ mir zu früh. Vielleicht ist es besser, wir gehen nach dem Theater essen.
Kerstin Ist mir auch Recht. Marco und Helene (10) _____ mich um Viertel vor sechs von zu Hause _____. Wir (11) _____ dich dann um Viertel nach sieben vor dem Theater.
Bernd Super. Hoffentlich (12) _____'s noch Karten. Also bis dann.
Kerstin Tschüss.

3 *Verwenden Sie die Speisen aus Hauptspeise Übung 14 und erstellen Sie Mini-Dialoge „Im Restaurant". Üben Sie diese mit zwei Kollegen/Kolleginnen mit verteilten Rollen.*

Beispiel: **A** Guten Abend. Was darf ich zu trinken bringen?

B Eine Flasche Rotwein, bitte.

C Für mich Mineralwasser, bitte. Und die Speisekarte.

A Kommt sofort.

…

A Haben Sie schon gewählt?

B Was empfehlen Sie?

A Den Sauerbraten mit Kartoffeln.

B Ja, den nehme ich.

A Und für Sie?

C Wiener Schnitzel und Salat, bitte.

4 *Buchstabensalat. Schreiben Sie die Speisen richtig.*

a) peups
b) iser
c) litzschne
d) teomelt
e) tsaal
f) treschwün
g) peastfrudell
h) egüsem
i) zazip
j) trekolaff

5 *Fragen und antworten Sie abwechselnd. Verwenden Sie Demonstrativpronomen und die Information in Klammern.*

Beispiel: Hast du schon den Film gesehen? (ja, am Samstag):

  A Hast du schon den Film gesehen?

  B Ja, den habe ich schon am Samstag gesehen.

a) Hast du schon die Seminararbeit geschrieben? (nein, am Dienstag)
b) Hast du schon das Buch zurückgebracht? (nein, am Wochenende)
c) Hast du schon das Vorlesungsverzeichnis gekauft? (nein, heute Vormittag)
d) Hast du schon die Zeitung gelesen? (ja, vor einer Stunde)
e) Bist du schon mit der Straßenbahn gefahren? (ja, im Oktober)
f) Hast du schon den Sauerbraten probiert? (ja, gestern)

6 *Fragen und antworten Sie abwechselnd. Verwenden Sie immer die 2. Person Singular (du).*

Beispiel: machen – die Hausaufgaben – du:

  A Machst du bitte die Hausaufgaben?

  B Die habe ich schon gemacht.

a) kaufen – ein neues Radio
b) schreiben – eine Geburtstagskarte für Marco
c) bestellen – ein Wiener Schnitzel – mir
d) lesen – den Artikel über iTunes
e) anrufen – deinen Bruder
f) mitbringen – eine Flasche Mineralwasser – mir

hundertneunundsiebzig

7 *Lösen Sie das Kreuzworträtsel mit den Wörtern aus dem Kästchen.*

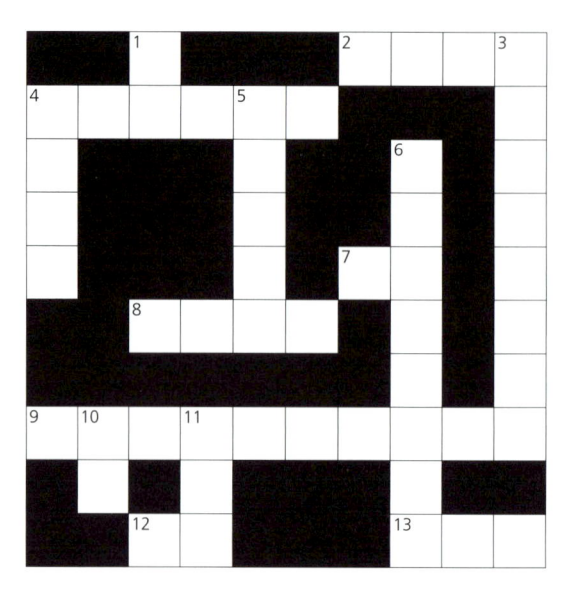

rot	Gemüse	er	Diskette
Tür	Computer	es	
Festplatte	Seid	gern	Ober
am	Suppe	um	

Senkrecht (vertikal)

1. Wir treffen uns _____ Montag. (2)
3. Ihre Daten speichern Sie auf einer 3,5" _____. (8)
4. Wenn man etwas mag, hat man es _____. (4)
5. Als Vorspeise kann man _____ essen. (5)
6. Um im Internet zu surfen, braucht man einen _____. (8)
10. Die 3. Person Singular bezieht sich auf „er, sie, _____" (2)
11. In meinem Zimmer steht der Kleiderschrank neben der _____. (3)

Waagrecht (horizontal)

2. _____ ihr aus Berlin? (4)
4. Kerstin bestellt ein _____omelett. (6)
7. Wir treffen uns _____ 7:30. (2)
8. Die Person, bei der man im Restaurant bestellt, ist der _____. (4)
9. Die Software installiert man auf der _____. (10)
12. Das ist Bernd. _____ studiert Maschinenbau. (2)
13. Welche Farbe hat dein neues Auto? Es ist _____. (3)

Vokabelübersicht

Nomen / Nouns

Deutsch	English
der Abstand	interval, distance
der Anbieter	provider
der Apfelstrudel	apple strudel
die Beilage	side dish
die Birne Helene	pear Belle Helene
die Bouillon	clear soup
die Datei	file
das Eisbein	knuckle of pork
die Ente	duck
die Festplatte	hard disk
die Fischstäbchen (Pl.)	fish fingers
die Flasche	bottle
das Fleischgericht	meat dish
das Fußballstadion	football stadium
der Geburtstag	birthday
das Gemüse	vegetables
die Gemüsesuppe	vegetable soup
das Gericht	(here) dish
das Getreide	grain
das Gulasch	goulash
die Hauptspeise	main course
das Huhn	chicken
der Inhaber	owner
die Kartoffel	potato
das Kartoffelpüree	mashed potato
der Kartoffelsalat	potato salad
die Kerze	candle
die Kleinigkeit	little something
der Krabbencocktail	prawn cocktail
die Kräuter (Pl.)	herbs
der Lachs	salmon
die Lizenz	licence
das Mineralwasser	mineral water
die Nachspeise	dessert
der Nachweis	proof
der Ober	waiter
das Pflaumenkompott	plum compote
die Pommes frites (Pl.)	chips
die Quelle	source
die Rechnung	bill, invoice
das Reh	venison
der Reis	rice
der Salat	salad
der Sauerbraten	marinated braised beef
der Schaum	mousse
das Schnitzel	escalope
die Schwarzwälder Kirschtorte	blackforest (cherry) gateau
der Schweinebraten	roast pork
die Speise (Speisen Pl.)	dish (-es)
die Speisekarte	menu
die Tagessuppe	soup of the day
die Überraschung	surprise
die Unterhaltung	entertainment, conversation
das Urheberrecht	copyright law
die Veranstaltung	event
die Verwertungsrechte (Pl.)	commercial rights
die Vorspeise	starter
der Wein	wine
das Weinlokal	wine bar
die Würstchen (Pl.)	sausages
die Zwiebelsuppe	onion soup

Verben / Verbs

abholen	to pick up, collect
ablehnen	to reject
abstürzen	to crash
anbieten	to offer
annehmen	to accept
beachten	to observe
bedeuten	to mean
bereitstellen	to make available
Bescheid sagen	to let (someone) know
beschließen	to decide
besorgen	to buy
denken	to think
dürfen	to be allowed to
entscheiden	to decide
erwerben	to acquire
festlegen	to arrange, set
halten (von)	to think (of)
heiraten	to (get) married
herunterladen	to download
können	to be able to
laufen	to run, (here:) to go
meinen	to think
mitbringen	to bring
mitkommen	to come along
mögen	to like
müssen	to have to
nachsehen	to check
pleite sein	to be broke
probieren	to try
prüfen	to check
rauchen	to smoke
satt sein	to be full up
schaffen	to manage
sichern	to save
sollen	to be supposed to, shall
überraschen	to surprise
unternehmen	to do (entertainment)
(sich) verabreden	to arrange a date
versprechen	to promise
vorschlagen	to suggest
wissen	to know
wollen	to want

Adjektive / Adjectives

arm	poor

hunderteinundachtzig

7 UNTERHALTUNG

einfach	simple	**Andere Wörter**	**Other words**
regelmäßig	regular	die anderen	the others
satt	full	wenn	if, when(ever)
sprachlos	speechless	wie immer	as always
vegetarisch	vegetarian	**Nützliche Sätze**	**Useful expressions**
Adverbien	**Adverbs**	Das gibt's doch nicht!	I don't believe it!
am liebsten	like best to	Das kommt darauf an.	That depends.
angeblich	reportedly, supposedly	Einverstanden!	Agreed!
bis jetzt	so far	Hat's geschmeckt?	Did you enjoy your meal?
erst	only, not until	Hauptsache	the main thing is
gemeinsam	together	Hör mal!	Listen! Hey!
gern(e)	like to	Ich bin pleite.	I'm broke.
getrennt	separately	Ich esse am liebsten Kuchen.	I like eating cake best.
hoffentlich	I hope	Ich esse gern(e) Gemüse.	I like eating vegetables.
lieber	prefer to	Ich esse lieber Fisch.	I prefer eating fish.
schon	yet	Komm schon!	Come on!
vorbei	gone, past	Warum nicht?	Why not?
zuvor	before	Wie läuft's?	How's it going?
Präpositionen	**Prepositions**		
außerhalb von	outside		

Probleme

Übersicht
Wiederholung 184–185

Aperitif 185-186
Körperteile

- **Funktion:** Körperteile benennen
- **Vokabeln:** Körperteile
- **Grammatik:** Personalpronomen; Plural
- **Übungen:** 1–3

Vorspeise 186-195
Krankheit

- **Funktion:** Über gesundheitliche Probleme sprechen; Symptome erklären; Medikamente kaufen
- **Vokabeln:** Krankheiten; medizinische Anweisungen
- **Grammatik:** Konjunktion *wenn*
- **Übungen:** 1–21

Hauptspeise 195-198
Auf der Polizeiwache

- **Funktion:** Verlust/Diebstahl melden
- **Vokabeln:** Tasche und Inhalt; Sachbeschreibung
- **Grammatik:** Adjektivendungen (Singular und Plural)
- **Übungen:** 1–8

Nachspeise 199-201
e-Probleme

- **Funktion:** Funktionsstörungen an PC oder Laptop erklären
- **Vokabeln:** PC Teile und Arbeitsweise
- **Grammatik:** Modalverben im Präteritum
- **Übungen:** 1–8

Kaffee 202-209
Aussprache und Rechtschreibung
Portfolio
Kulturbeilage
Wiederholung
Vokabelübersicht

Abschnitt 8 Probleme

In diesem Abschnitt werden Sie

★ *über Krankheitssymptome sprechen*

★ *einen Verlust oder einen Diebstahl melden*

★ *PC- und Handyprobleme beschreiben*

★ *Sicherheitstipps am Geldautomaten erfahren*

Wiederholung

1 *Ergänzen Sie die Modalverben und wenn nötig den entsprechenden Infinitiv.*

a) Kannst du mich Freitagabend abholen?
Ja, ich _____ dich Freitagabend _____.

b) _____ du morgen ins Konzert?
Nein, morgen möchte ich nicht ins Konzert.

c) Dürft ihr mit uns essen gehen?
Ja, wir _____ mit euch _____ _____.

d) _____ du noch lange _____?
Ja, ich muss noch lange arbeiten.

e) Willst du mit dem Zug fahren?
Nein, ich _____ lieber mit dem Auto _____.

2 *In Abschnitt 6 wurde das Perfekt behandelt. Ergänzen Sie den folgenden Text mit einer Form des Hilfsverbs und dem Partizip des Verbs in Klammern.*

nützliche Wörter

das Rad (Räder Pl.): *bike*
dauern (gedauert): *to last*
der Muskelkater: *sore muscles*

Gestern **(1)** _____ wir mit dem Fahrrad nach Laufen _____ (fahren). Wir **(2)** _____ um 8 Uhr _____ (aufstehen) und **(3)** _____ _____ (frühstücken). Danach **(4)** _____ wir unsere Räder fertig _____ (machen) und **(5)** _____ _____ (starten). Nach ungefähr drei Stunden Fahrt **(6)** _____ wir in einem netten Gasthaus zu Mittag _____ (essen) und Pause **(7)** _____ (machen). Um 1 Uhr waren wir in Laufen. Dort **(8)** _____ wir Freunde aus Manchester _____ (besuchen), Kaffee **(9)** _____ (trinken) und die Kuchenspezialitäten **(10)** _____ (probieren). Die Fahrt zurück **(11)** _____ etwas länger _____ (dauern), wir waren schon ziemlich müde. Um 7 Uhr am Abend **(12)** _____ wir wieder zu Hause _____ (ankommen) und **(13)** _____ früh zu Bett _____ (gehen). Am nächsten Tag hatten wir alle einen Muskelkater.

3 *Sie sind mit Ihrem Freund/Ihrer Freundin im Restaurant. Arbeiten Sie mit einem Partner/einer Partnerin und schreiben Sie zwei Mini-Dialoge unter Verwendung der Speisekarte. Üben Sie die Dialoge mit verteilten Rollen.*

Speisekarte

Salat	€ 3,50	Rehgulasch	€ 17,50
Kartoffelsalat	€ 4,00	Sauerbraten	€ 16,50
Tagessuppe	€ 4,50	Fisch	€ 15,00
Käseomelett	€ 6,00	Reis	€ 2,50
Wiener Schnitzel	€ 14,50	Pommes frites	€ 2,50

Aperitif

Körperteile

1 *Benennen Sie die Körperteile. Schlagen Sie unbekannte Wörter im Wörterbuch nach.*

der Kopf	der Fuß	die Nase	das Bein	die Brust
das Auge	der Arm	der Bauch	das Knie	der Finger
	die Hand	der Hals	das Haar	

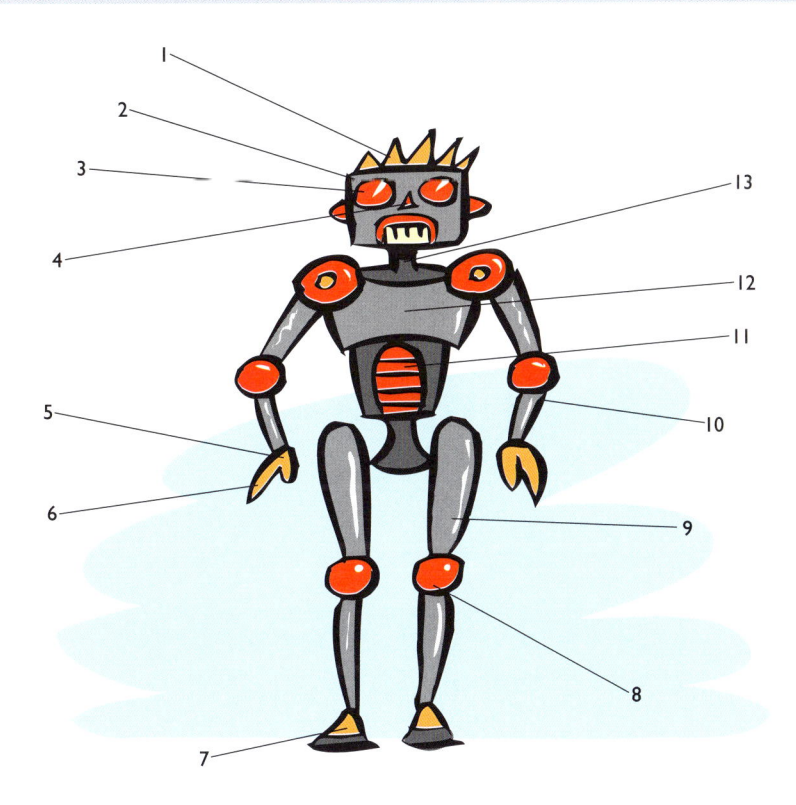

hundertfünfundachtzig **185**

2

Suchen Sie nun mit Hilfe eines Wörterbuchs die Pluralformen der folgenden Wörter.

Singular	Plural	Singular	Plural
das Bein		der Finger	
das Haar		der Fuß	
das Auge		der Arm	
die Hand		das Knie	

3

Zeigen Sie abwechselnd auf Körperteile und benennen Sie diese. Verwenden Sie alle Wörter aus Übung 1 und Pluralformen aus Übung 2.

Beispiel: **A** (Zeigt auf seine/ihre Hände.)

B Das sind deine Hände.

Vorspeise

Krankheit

1

Verbinden Sie die Abbildungen mit den Aussagen.

1 **2** **3**

4 **5** **6**

a Ich habe Halsschmerzen und Fieber.

b Ich habe Kopfschmerzen.

c Mein Bein tut weh.

d Ich habe eine Erkältung.

e Ich habe Bauchschmerzen.

f Ich habe Zahnschmerzen.

2 Übersetzen Sie die Aussagen aus Übung 1 ins Englische.

Beispiel: **c** My leg hurts.

| Man sagt zwar aber | Ich habe Kopf-, Ohren-, Hals-, Zahn-, Bauch-, Rückenschmerzen, Mein(e) Auge, Nase, Hand, Finger, Bein, Fuß tut weh. |

3 Kerstin ist krank und geht in die Apotheke. Was macht sie übermorgen?

Apothekerin Guten Morgen. Was kann ich für Sie tun?
Kerstin Guten Tag. Ich habe seit Tagen starke Halsschmerzen und kann überhaupt nicht schlafen.
Apothekerin Haben Sie auch Fieber?
Kerstin Ja, es geht mir wirklich schlecht.
Apothekerin Nehmen Sie irgendwelche Medikamente?
Kerstin Nein, keine.
Apothekerin Ich gebe Ihnen Lutschtabletten und Schmerztabletten. Nehmen Sie nicht mehr als vier täglich. Am besten Sie bleiben einen oder zwei Tage im Bett.
Kerstin Das geht leider nicht, ich muss übermorgen eine Prüfung schreiben.
Apothekerin Nun ja, aber wenn sich Ihr Zustand nicht bessert, müssen Sie zum Arzt gehen.
Kerstin Ja, mach' ich. Danke, auf Wiedersehen.
Apothekerin Wiedersehen.

4 Lesen Sie die Aussagen und kreuzen Sie an.

nützliche Wörter

irgendwelche: *any*
es geht mir schlecht: *I'm not well*
die Lutschtabletten (Pl.): *throat lozenges*
die Schmerztabletten (Pl.): *pain killers*
täglich: *daily*
das geht leider nicht: *unfortunately that's not possible*
übermorgen: *the day after tomorrow*
eine Prüfung schreiben: *to take an exam*
der Zustand: *condition*
sich bessern: *to improve*

a) Kerstin hat
- Bauchschmerzen. ❏
- Kopfschmerzen. ❏
- Halsschmerzen. ❏

b) Sie kann nicht
- schlafen. ❏
- essen. ❏
- trinken. ❏

c) Sie bleibt
- einen Tag im Bett. ❏
- zwei Tage im Bett. ❏
- gar nicht im Bett. ❏

d) Sie schreibt übermorgen
- eine Seminararbeit. ❏
- eine Prüfung. ❏
- eine Übersetzung. ❏

e) Wenn es Kerstin nicht besser geht, muss sie
- zum Arzt. ❏
- ins Bett. ❏
- nach Hause. ❏

8 PROBLEME

nützliche Wörter

die Ordination: *surgery*
die Fachärztin: *specialist (female)*
die Sprechzeiten (Pl.): *surgery hours*
nach Vereinbarung: *by appointment*
die Kasse: *health insurance*

5

Beantworten Sie die folgenden Fragen auf Deutsch.

Ordination Dr. M. Hildebrand
Praktische Ärztin
Fachärztin für Homöopathie und Akupunktur
Sprechzeiten: Mo–Di und Do–Fr
8:30–13:00, 16:00–19:00
und nach Vereinbarung
Alle Kassen und Privatpatienten

a) Ist Dr. Hildebrand ein Mann oder eine Frau?
b) Welche Spezialgebiete hat Dr. Hildebrand?
c) Kann man am Mittwoch einen Termin ausmachen?

6

A *Kerstin hat starke Halsschmerzen und geht zu Dr. Hildebrand. Seit wann ist Kerstin krank?*

Ärztin Guten Tag. Wie kann ich Ihnen helfen?
Kerstin Ich habe starke Halsschmerzen und Fieber, kann weder essen noch trinken und kaum sprechen. Alles tut weh.
Ärztin Seit wann haben Sie das?
Kerstin Seit drei Tagen. Ich habe gestern fast den ganzen Tag im Bett verbracht. Wenn ich aufstehe, geht es mir wirklich schlecht.

nützliche Wörter

weder ... noch: *neither ... nor*
kaum: *hardly*
wehtun (es tut weh): *to hurt*
verbringen (verbracht): *to spend (time)*

B *Richtig oder falsch?*

	Richtig	Falsch
a) Kerstin hat kein Fieber.	❏	❏
b) Sie kann nichts essen oder trinken.	❏	❏
c) Sie hat drei Tage im Bett verbracht.	❏	❏

7

A *Dr. Hildebrand untersucht Kerstin. Nimmt Kerstin irgendwelche Medikamente?*

Ärztin Machen Sie bitte den Mund auf. Sie haben eine schwere Halsentzündung und die Drüsen sind auch geschwollen. Sie brauchen unbedingt Antibiotika. Sind Sie gegen Penicillin allergisch oder nehmen Sie irgendwelche Medikamente?
Kerstin Nein, ich habe keine Allergien und nehme nur Vitamintabletten.
Ärztin Ich gebe Ihnen ein Rezept für ein Antibiotikum. Nehmen Sie sofort eine Tablette, wenn Sie nach Hause kommen, dann immer morgens und abends eine nach dem Essen mit etwas Wasser.

nützliche Wörter

untersuchen: *to examine*
die Entzündung: *inflammation*
die Drüsen (Pl.): *glands*
das Rezept: *prescription*

B *Richtig oder falsch?*

	Richtig	Falsch
a) Kerstin hat keine Allergien.	❏	❏
b) Dr. Hildebrand gibt ihr ein Rezept.	❏	❏
c) Sie muss jeden Tag vier Tabletten nehmen.	❏	❏

8

A *Dr. Hildebrand möchte noch ein paar Tests machen. Was möchte die Ärztin ausschließen?*

Ärztin Ich möchte auch ein paar Bluttests machen lassen. Erstens sehen Sie leider etwas blutarm aus und zweitens möchte ich Drüsenfieber ausschließen.
Kerstin Drüsenfieber? Ist das schlimm?
Ärztin Das ist eine sehr häufige Krankheit, besonders bei jungen Erwachsenen.
Kerstin Ach so.
Ärztin Die Sprechstundenhilfe kann die Bluttests jetzt gleich machen, die Ergebnisse haben wir dann morgen. Und hier ist Ihr Rezept.
Kerstin Danke vielmals.
Ärztin Nichts zu danken. Auf Wiedersehen.
Kerstin Wiedersehen.

nützliche Wörter

der Bluttest: *blood test*
das Drüsenfieber: *glandular fever*
ausschließen: *to exclude*
schlimm: *bad*
häufig: *frequent, common*
besonders: *especially*
die Sprechstundenhilfe: *surgery assistant*
jetzt gleich: *straight away*
danken: *to thank*
nichts zu danken: *don't mention it, not at all*

B *Richtig oder falsch?*

	Richtig	Falsch
a) Drüsenfieber ist eine häufige Krankheit.	❏	❏
b) Die Sprechstundenhilfe macht keine Bluttests.	❏	❏
c) Kerstin bekommt gleich die Ergebnisse.	❏	❏

9

Lesen Sie die Dialoge mit verteilten Rollen.

10

Verbinden Sie die deutschen und englischen Sätze.

a) Ich habe seit Tagen starke Halsschmerzen. — *I can neither eat nor drink.*

b) Ich kann weder essen noch trinken. — *You need antibiotics.*

c) Alles tut weh. — *I've spent almost the whole day in bed.*

d) Ich habe fast den ganzen Tag im Bett verbracht. — *I've had a very sore throat for days.*

e) Sie brauchen Antibiotika. — *Everything hurts.*

Vorspeise

11 *Verbinden Sie die Satzteile.*

A

a)	Ich habe seit	Penicillin allergisch oder nehmen Sie irgendwelche Medikamente?
b)	Ich kann weder	Allergien und nehme nur Vitamintabletten.
c)	Ich habe gestern	Tagen starke Halsschmerzen und Fieber.
d)	Sie haben eine	fast den ganzen Tag im Bett verbracht.
e)	Sind Sie gegen	essen noch trinken.
f)	Nein, ich habe keine	schwere Halsentzündung und die Drüsen sind auch geschwollen.

B

a)	Ich möchte auch	die Bluttests jetzt gleich machen.
b)	Nehmen Sie bitte	ein paar Bluttests machen lassen.
c)	Das ist eine sehr	sofort eine Tablette, wenn Sie nach Hause kommen.
d)	Und hier	wir dann morgen.
e)	Die Sprechstundenhilfe kann	häufige Krankheit, besonders bei jungen Erwachsenen.
f)	Die Ergebnisse haben	ist Ihr Rezept.

12 *Erstellen Sie zwei Mini-Dialoge. Verwenden Sie die Zeichnung am Beginn des Aperitifs und Sätze aus den Dialogen.*

Beispiel: **A** Wie kann ich Ihnen helfen?

B Ich habe …schmerzen./Mein … tut weh.

> Zu Risiken und Nebenwirkungen lesen Sie die Packungsbeilagen und fragen Sie Ihren Arzt oder Apotheker.

★ Kultur-Info

In Germany and Austria you cannot buy 'over the counter' medicines, such as pain killers or cold and 'flu medication, in supermarkets or grocers'. These can only be sold in chemists' (Apotheken). There are, however, many adverts for pharmaceutical products in newspapers, magazines and on TV. These all include the note above, instructing the consumer to read the enclosed leaflet and talk to the doctor or pharmacist about risks and side-effects.

13 Verbinden Sie die Beschriftungen mit den Abbildungen der Produkte.

| Pflaster | Schmerztabletten | Hustensaft |
| Kondome | Lutschtabletten | Salbe |

a

b

c

d

e

f

14 Was gehört zusammen? Verbinden Sie Ursache und Auswirkung.

a) Ich habe zu viel gegessen.   Ich habe einen Kater und schlimme Kopfschmerzen.

b) Ich habe zu lange in der Sonne gelegen.   Ich bin erkältet und habe Husten.

c) Ich habe gestern zu viel Bier getrunken.   Ich habe Blasen an den Füßen und Muskelkater.

d) Ich bin gestern sechs Stunden gewandert.   Ich habe Bauchschmerzen.

e) Ich habe im Regen auf meinen Freund gewartet.   Ich habe einen Sonnenbrand.

hunderteinundneunzig

15 *Schlagen Sie sich gegenseitig die entsprechenden Medikamente vor.*

Beispiel: Zu viel getrunken:

A Ich habe Kopfschmerzen.

B Ich empfehle eine Packung Schmerztabletten.

MAGENTROST
Bei Völlegefühl und Blähungen nach zu großen Mahlzeiten helfen *Magentrost* Tabletten.

Creme gegen Sonnenbrand
Dermatosan

ARNICA
Fußcreme bei Blasen und wunden Füßen

Sie essen zu wenig Obst und Gemüse? Ergänzen Sie Ihre Ernährung mit *Extrafit* Vitamintabletten.
Extrafit

Bis 2 Uhr gearbeitet und jetzt Kopfschmerzen? Da helfen *Ibudolor* Schmerztabletten.
◄ **IBUDOLOR** ►

Müde, rote Augen? Dr. Krauses *Augentropfen* helfen sofort.
Augentropfen

NEURALGEL
Zum ersten Mal nach einem Jahr wieder zu Aerobic und ins Fitnessstudio gegangen? Bei Muskelschmerzen *Neuralgel*.

Auf eine tolle Party und eine lange Nacht folgt oft ein schlimmer Kater. Gegen Magenbeschwerden und Kopfschmerzen wirkt *Homöopal*, das natürliche Medikament.
Homöopal

a) Zu viel gegessen

b) Zu lange in der Sonne gesessen

c) Zu weit zu Fuß gegangen

d) Zu viel gearbeitet

e) Zu viel Sport betrieben

f) Zu lange vor dem Computer gesessen

g) Zu wenig Obst und Gemüse gegessen

16 *Ergänzen Sie den Dialog und üben Sie ihn dann mit verteilten Rollen.*

Apothekerin	Guten Morgen.
John	*Say hello, you are feeling really ill. You have a sore throat.*
Apothekerin	Haben Sie auch Fieber?
John	*Say yes, and you can neither eat nor drink.*
Apothekerin	Nun, ich habe hier diese Tabletten bei Halsentzündung. Nehmen Sie noch andere Medikamente?
John	*Say no, only vitamin tablets.*
Apothekerin	Ich gebe Ihnen dieses Medikament gegen Fieber und Lutschtabletten gegen Halsschmerzen. Nehmen Sie dreimal täglich zwei Tabletten nach dem Essen. Bleiben Sie einen oder zwei Tage im Bett.
John	*Say that won't be possible. You have to write and hand in an essay for a seminar by Wednesday.*
Apothekerin	Ja, aber wenn es Ihnen in drei Tagen nicht besser geht, müssen Sie zum Arzt gehen.
John	*Say yes, you'll do that.*
Apothekerin	Wiedersehen.

17 *Lesen Sie zuerst die Aussagen unten und dann den folgenden Text über Krankenversicherung in Deutschland. Entscheiden Sie, ob die Aussagen richtig oder falsch sind.*

nützliche Wörter
die Versicherung: *insurance*
die Bescheinigung: *certificate*
gesetzlich: *legal(ly)*
der Nachweis: *proof*
die Krankenkasse: *health insurance*
mehrere Möglichkeiten: *several possibilities*
freiwillig: *voluntary*

		Richtig	Falsch
a)	In Deutschland braucht man als Student keine Krankenversicherung.	❏	❏
b)	Ohne Versicherungsbescheinigung kann man nicht studieren.	❏	❏
c)	Eine private Krankenkasse kann hier helfen.	❏	❏
d)	Während des Studiums gibt es mehrere Versicherungsmöglichkeiten.	❏	❏
e)	Wenn man studiert, braucht die Familie keine Versicherung.	❏	❏

Krankenversicherung

In Deutschland müssen alle Studenten versichert sein. Das heißt, Sie brauchen für die Immatrikulation an einer Hochschule die Versicherungsbescheinigung einer gesetzlichen Krankenversicherung.

Ohne diesen Nachweis können Sie nicht studieren! Hier kann die private Krankenkasse nicht helfen.

Während des Studiums gibt es mehrere Möglichkeiten, wie man gesetzlich krankenversichert sein kann:

a) über die Familienversicherung,
b) über eine spezielle studentische Krankenversicherung oder
c) über eine freiwillige Krankenversicherung für Studierende.

8 PROBLEME

18
Lesen Sie noch einmal den Dialog in der Apotheke (Übung 3) und den ersten und zweiten Dialog mit Dr. Hildebrand (Übung 6A, Übung 7A). Schreiben Sie drei Sätze mit „wenn". Was bedeutet „wenn"?

1 _____
2 _____
3 _____

---

wenn

wenn means both 'when' and 'if', according to context.
*Ich bleibe zu Hause, **wenn** es am Wochenende regnet.* = if
*Wir besuchen Tante Emma, **wenn** wir nach Köln fahren.* = when(ever)
In *wenn* clauses the verb goes to the end of the clause. If the sentence starts with the *wenn* clause, the second clause begins with the verb. See how the two verbs sit side by side, separated by a comma:
*Wenn es am Wochenende **regnet, bleibe** ich zu Hause.*
*Wenn wir nach Köln **fahren, besuchen** wir Tante Emma.*

19
Verbinden Sie die Satzteile mit „wenn".

Beispiel: Es regnet. Ich bleibe zu Hause.: Wenn es regnet, bleibe ich zu Hause.

a) Es schneit. Ich gehe Schi fahren.
b) Ich fahre zur Uni. Ich treffe meine Freundinnen in der Mensa.
c) Du brauchst einen neuen Benutzerausweis. Du musst in die Bibliothek gehen.
d) Wir gehen am Samstag ins Kino. Wir können danach in der Pizzeria essen.

20
Fragen und antworten Sie abwechselnd. Verwenden Sie in den Antworten immer „wenn".

Beispiel: ins Kino mitkommen? nicht arbeiten müssen:

   A Kommst du mit ins Kino?
   B Ja, wenn ich nicht arbeiten muss.

a) ins Theater mitgehen? nicht lernen müssen
b) in die Kneipe mitgehen? wir nicht zu lange dort bleiben
c) mir das Auto leihen? es morgen wieder zurückgeben
d) morgen Kerstin treffen? sie Zeit haben

21
Sie sind krank und schreiben eine Postkarte an Ihre Eltern.

```
Liebe Mama, lieber Papa,




Viele liebe Grüße und Küsse
```

Hauptspeise

Auf der Polizeiwache

1

Kerstin hat ihre Tasche in der U-Bahn vergessen und geht zur Polizei. Warum hat Sie sie vergessen?

Polizist Guten Tag. Was kann ich für Sie tun?
Kerstin Können Sie mir bitte helfen? Ich habe heute Morgen meine Tasche in der U-Bahn vergessen. Jetzt wollte ich fragen, ob jemand sie gefunden hat.
Polizist Haben Sie schon im Fundbüro der U-Bahn gefragt?
Kerstin Ja, aber dort ist sie nicht.
Polizist Also gut. Beschreiben Sie bitte genau, wo und wann Sie die Tasche verloren haben.
Kerstin Ja also, ich bin um Viertel nach acht von zu Hause weg und wollte zur Uni. Ich bin zur U-Bahn und bin eingestiegen und habe die Tasche neben mich auf den Sitz gestellt. Aber es geht mir nicht gut und ich bin fast eingeschlafen. Dann habe ich beinahe meine Station übersehen und bin schnell ausgestiegen. Und da habe ich erst bemerkt, dass ich die Tasche vergessen habe.

nützliche Wörter
die Tasche: *bag*
vergessen: *(here) to leave behind*
ob: *whether, if*
das Fundbüro: *lost property office*
beschreiben: *to describe*
verlieren (verloren): *to lose*
stellen: *to put*
beinahe: *almost*
übersehen: *to overlook, miss*
bemerken: *to notice*
einsteigen: *to get on*

Omitting verbs
In colloquial spoken German it is possible to omit verbs, especially *gehen* and *fahren*, in certain sentence constructions. *Instead of Ich bin um Viertel nach acht von zu Hause weggegangen*, Kerstin just says *Ich bin um Viertel nach acht von zu Hause weg* – the *gegangen* is implied.

2
Diese Dinge waren in Kerstins Handtasche. Können Sie die Beschriftungen mit den Abbildungen verbinden?

a   b   c

d   e   f

1 der Schlüsselbund
2 der Studentenausweis
3 die Packung Antibiotika
4 der Kalender
5 die Geldtasche
6 die Geldautomatenkarte

3
Richtig oder falsch?

	Richtig	Falsch
a) Kerstin hat die Tasche gestern verloren.	☐	☑
b) Sie war noch nicht im Fundbüro.	☐	☑
c) Sie ist mit der U-Bahn gefahren.	☑	☐
d) Sie hat ein Buch gelesen.	☐	☑
e) Die Tasche war auf dem Sitz neben ihr.	☑	☐

4
Was ist Kerstin passiert? Beschreiben Sie nun den Ablauf im Perfekt in der dritten Person. Erzählen Sie dann mündlich vor der Klasse.

5
Hören Sie nun den zweiten Teil des Dialogs. Welche Gegenstände waren in der Tasche? Kreuzen Sie an.

nützliche Wörter
der Inhalt: contents
das Leder: leather
grau: grey
sperren: to block

Lutschtabletten	☐	Wochenkarte	☐
€ 40	☐	Mappe	☐
Geldtasche	☒	Kreditkarte	☐
Computerdiskette	☐	Schlüsselbund	☒
CD	☐	Kulis	☒
Buch	☒	Geldautomatenkarte	☒

6

Suchen Sie aus beiden Teilen des Dialogs die deutschen Entsprechungen für die englischen Sätze.

a) I left my bag on the underground this morning.
b) I just wanted to ask if anybody had found it.
c) Yes, but it's not there.
d) I'm not well.
e) I put the bag on the seat next to me.
f) It's a black leather bag.
g) Then I almost missed my stop.
h) Inside are a purse …
i) How much money was in the purse?
j) I don't have a credit card.
k) Call your bank and have your card blocked.

7

Ergänzen Sie die Adjektive.

Polizist Können Sie die Tasche und den Inhalt bitte beschreiben?
Kerstin Es ist eine (1) _schwarze_ Tasche aus Leder, ungefähr vierzig Zentimeter (2) _breit_ und fünfundzwanzig Zentimeter (3) _hoch_. Drinnen sind ein (4) _neues_ Handy, (5) _billige_ Kulis, eine (6) _braune_ Geldtasche, mehrere Ausweise, ein (7) _blauer_ Kalender, ein (8) _kleines_ Schlüsselbund, (9) _graue_ Handschuhe und ein (10) _grünes_ Buch aus der Bibliothek.
Polizist Wie viel Geld war in der Geldtasche und hatten Sie auch eine Kreditkarte?
Kerstin Nur etwa zwanzig Euro in bar, aber meine (11) _neue_ Geldautomatenkarte. Ich habe keine Kreditkarte.

8

Lesen Sie die beiden Teile des Dialogs noch einmal mit einem Partner/einer Partnerin und ergänzen Sie die Tabelle. In welchen Verbindungen treten die Adjektive auf? Können Sie die Regeln erklären?

Adjektive mit unbestimmtem Artikel (ein, eine)

Maskulinum	Femininum	Neutrum
ein blauer Kalender		

hundertsiebenundneunzig

Adjective endings

- If a German adjective comes before the noun it is describing (e.g. *die langweilige Vorlesung*) it needs to agree with the noun. If it comes after the noun (e.g. *die Vorlesung ist langweilig*), it does not change.

- Unfortunately, there are three sets of adjective endings, depending on whether they are used with an indefinite article (*ein, einen,* etc.) or possessive pronoun (*mein, meine,* etc.), with a definite article (*der, die,* etc.) or with no article at all. All three sets are listed below, in the nominative (N), accusative (A), dative (D) and genitive (G) cases, for completeness.

- Study the adjective endings and answer the following questions:

  a) What is the most common ending?

  b) What do you notice about the nominative and accusative endings of singular adjectives with *ein* or with no article?

Adjektive mit unbestimmtem Artikel oder Possessivpronomen

	m.	f.	n.	pl.
N	ein neuer Professor	eine langweilige Vorlesung	ein tolles Buch	meine tollen Bücher
A	einen neuen Professor	eine langweilige Vorlesung	ein tolles Buch	meine tollen Bücher
D	einem neuen Professor	einer langweiligen Vorlesung	einem tollen Buch	meinen tollen Büchern
G	eines neuen Professors	einer langweiligen Vorlesung	eines tollen Buches	meiner tollen Bücher

Adjektive mit bestimmtem Artikel

	m.	f.	n.	pl.
N	der neue Professor	die langweilige Vorlesung	das tolle Buch	die tollen Bücher
A	den neuen Professor	die langweilige Vorlesung	das tolle Buch	der tollen Bücher
D	dem neuen Professor	der langweiligen Vorlesung	dem tollen Buch	den tollen Büchern
G	des neuen Professors	der langweiligen Vorlesung	des tollen Buches	der tollen Bücher

Adjektive ohne Artikel

	m.	f.	n.	pl.
N	kalter Kaffee	frische Milch	kaltes Bier	tolle Bücher
A	kalten Kaffee	frische Milch	kaltes Bier	tolle Bücher
D	kaltem Kaffee	frischer Milch	kaltem Bier	tollen Büchern
G	kalten Kaffees	frischer Milch	kalten Bieres	toller Bücher

Nachspeise

e-Probleme

1 Verbinden Sie die deutschen und englischen Begriffe.

a) die Festplatte — screen/monitor
b) der Bildschirm/der Monitor — to crash
c) die Datei — drive
d) die Diskette — file
e) die Tastatur — to save
f) löschen — operating system
g) das Laufwerk — floppy disk
h) speichern — to delete
i) abstürzen — hard disk
j) das Betriebssystem — keyboard

2 John hat Probleme mit seinem Laptop und spricht mit einem Angestellten im IT-Beratungsdienst. Woran arbeitet er gerade?

nützliche Wörter
das war's: *that was it*
abschalten: *to turn off*
das Netzkabel: *mains cable*
die Fehlermeldung: *error message*
retten: *to recover, rescue*
werde versuchen: *will try*
zumindest: *at least*

3 Lesen Sie die Aussagen und kreuzen Sie an.

a) John arbeitet an
  - einem Artikel. ❏
  - einem Buch. ❏
  - einer Seminararbeit. ❏

b) Er wollte gerade die Datei
  - drucken. ❏
  - speichern. ❏
  - öffnen. ❏

c) Plötzlich funktioniert
  - der Laptop ❏
  - der Bildschirm ❏
  - das Netzkabel ❏ nicht mehr.

d) Jetzt kann er die Datei nicht mehr
  - speichern. ❏
  - öffnen. ❏
  - lesen. ❏

e) Der IT-Berater kann
  - die Datei retten. ❏
  - gar nichts machen. ❏
  - nichts versprechen. ❏

f) John soll
  - übermorgen ❏
  - morgen ❏
  - am Morgen ❏ anrufen.

8 PROBLEME

4 *Verbinden Sie die Satzteile.*

a) Mein Laptop funktioniert — abgeschaltet und dann wieder gestartet.

b) Gestern habe ich — das Netzkabel dabei?

c) Ich wollte sie gerade — an einer Word-Datei gearbeitet.

d) Ich habe den Laptop — nicht mehr.

e) Aber jetzt kann — speichern, da hat plötzlich nichts mehr funktioniert.

f) Haben Sie den Laptop und — ich die Datei nicht mehr öffnen.

5 *Arbeiten Sie mit einem Partner/einer Partnerin und ergänzen Sie die Dialoge. Lesen Sie sie dann mit verteilten Rollen.*

A

IT-Berater: Guten Tag. Was kann ich für Sie tun?

John: Tag. Mein Laptop **(1)** _funkti_ nicht mehr. Gestern habe ich an einer Word-Datei **(2)** _gearbeitet_ und wollte sie gerade **(3)** _speichern_, da hat plötzlich nichts mehr funktioniert. Der Bildschirm war nur blau und das **(4)** _war's_. Ich habe den Laptop **(5)** _abgeschaltet_ und dann wieder gestartet. Aber jetzt kann ich die Datei nicht mehr **(6)** _öffnen_.

IT-Berater: Haben Sie den Laptop und das Netzkabel dabei?

John: Ja, hier bitte.

B

IT-Berater: Na, dann **(7)** _wollen_ wir mal sehen … Welche Datei konnten Sie nicht öffnen?

John: Diese hier. Das ist eine wichtige Seminararbeit und ich muss sie übermorgen **(8)** _abgeben_.

IT-Berater: Aha, die Fehlermeldung sagt, dass die Datei defekt ist. Haben Sie schon **(9)** _versucht_ sie über den File manager zu öffnen?

John: Ja, das hat auch nicht funktioniert. Können Sie das Dokument **(10)** _retten_?

IT-Berater: Das **(11)** _weiß_ ich noch nicht. Können Sie den Laptop hier lassen?

John: Kein Problem.

IT-Berater: Also ich kann nichts **(12)** _versprechen_, aber ich werde es versuchen. Rufen Sie mich morgen früh an.

John: Toll, super, vielen Dank.

6 *Verbinden Sie die deutschen und englischen Sätze.*

a) Mein Computer ist abgestürzt. I can't open the file.

b) Ich kann das Dokument nicht drucken. I can't print the document.

c) Können Sie meinen PC reparieren? My computer has crashed.

d) Ich kann die Datei nicht öffnen. I have a virus on my laptop.

e) Ich glaube, die Diskette ist kaputt. Can you repair my PC?

f) Ich habe ein Virus auf meinem Laptop. I think the floppy disk is damaged.

7 *Sie haben einen neuen Computer oder Laptop gekauft. Beschreiben Sie das Gerät. (max. 150 Wörter)*

Beispiel: Mein neuer Computer ist ein … und hat …

8 *Suchen Sie aus dem Dialog (Übung 5) alle Formen von Modalverben und ordnen Sie sie einer Zeit zu: Präsens oder Präteritum (= simple past tense). Können Sie erklären, wie das Präteritum der Modalverben gebildet wird?*

Modal verbs: simple past tense

In German, the simple past tense is usually used as the narrative tense but alternates with the perfect tense in speech. The verbs *sein*, *haben*, *werden* and all modal verbs are normally used in the simple past rather than the perfect, with some regional variations.

The past tense of all modal verbs is formed by adding *-t* plus the appropriate ending for the person to the verb stem. Notice how the modals lose their umlaut in the simple past, e. g. *müssen – er musste*.

	können	dürfen	müssen	mögen	wollen	sollen
ich	konnte	durfte	musste	mochte	wollte	sollte
du	konntest	durftest	musstest	mochtest	wolltest	solltest
er/sie/es	konnte	durfte	musste	mochte	wollte	sollte
wir	konnten	durften	mussten	mochten	wollten	sollten
ihr	konntet	durftet	musstet	mochtet	wolltet	solltet
sie/Sie	konnten	durften	mussten	mochten	wollten	sollten

Kaffee

Aussprache und Rechtschreibung

th, Umlaute im Plural, Groß- und Kleinschreibung

1 *Kreuzen Sie die Wörter an, die Sie hören, und lesen Sie sie.*

Therapie ❏	✓ Mathematik ❏	Methode ❏
✓ Theater ❏	These ❏	✓ Theorie ❏
Thüringen ❏	✓ Apotheke ❏	Sympathie ❏
✓ Bibliothek ❏	Symptome ❏	Antibiotika ❏

2 *Hören Sie die Sätze und sprechen Sie nach.*

Wir gehen ins Theater.

Er arbeitet in der Bibliothek.

Gehen Sie in die Apotheke.

Sie studiert Mathematik.

Sie untersuchen eine neue Theorie.

3 **A** *Hören Sie und schreiben Sie die Sätze.*

1 _____
2 _____
3 _____
4 _____
5 _____
6 _____

B *Setzen Sie nun die Sätze in Übung 3A in den Plural. Achten Sie auf Umlaute!*

a) _____
b) _____
c) _____
d) _____
e) _____
f) _____

4 *Schreiben Sie den folgenden Text neu und ergänzen Sie Satzzeichen und Großbuchstaben.*

gesternhabeichaneinerworddateigearbeitetundwolltesiegeradespeicherndahat
plötzlichgarnichtsmehrfunktioniertderbildschirmwarnurblauunddaswarsichhabeden
laptopabgeschaltetunddannwiedergestartetjetztkannichdiedateinichtmehröff
nendasisteinewichtigeseminararbeitundichmusssieübermorgenabgeben

Portfolio

1 *Sie wollen ins Ausland fahren und müssen eine Reiseapotheke zusammenstellen. Schlagen Sie zehn Medikamente und/oder medizinische Produkte vor und geben Sie bei jedem Produkt den Zweck oder das Anwendungsgebiet an. (max. 100 Wörter)*

2 *Suchen Sie einen deutschsprachigen Studenten/eine deutschsprachige Studentin und befragen Sie ihn/sie nach dem Krankenkassensystem in Deutschland, Österreich oder der Schweiz. Nehmen Sie das Interview auf und legen Sie die Aufnahme zu Ihrem Portfolio.*

- Welche Krankenkassen gibt es (private und/oder öffentliche)?
- Muss man als Student versichert sein?
- Wie kann man sich als Student versichern?
- Muss man zahlen, wenn man zum Arzt geht?
- Muss man zahlen, wenn man ins Krankenhaus muss?

3 *Arbeiten Sie mit einem Partner/einer Partnerin und schreiben Sie einen Dialog über einen Arztbesuch. Lesen Sie anschließend den Dialog mit verteilten Rollen, nehmen Sie ihn auf und legen Sie die Aufnahme zu Ihrem Portfolio.*

4 *Arbeiten Sie mit einem Partner/einer Partnerin und schreiben Sie einen Dialog über einen verlorenen oder gestohlenen Rucksack. Lesen Sie anschließend den Dialog mit verteilten Rollen, nehmen Sie ihn auf und legen Sie die Aufnahme zu Ihrem Portfolio.*

5 *Gehen Sie im Internet auf eine Seite, auf der Computer und Laptops oder MP3-Geräte verkauft werden. Suchen Sie ein paar aus, die Ihnen gefallen. Beschreiben Sie dann, warum Sie sie gewählt haben (max. 100 Wörter). Drucken Sie die Seite aus.*

8 PROBLEME

nützliche Wörter

raten: *to advise*
die Anzahl: *number*
sich verdoppeln: *to double*
bargeldlos: *cashless*
das Exemplar: *item, copy*
der Missbrauch: *misuse*
verhindern: *to prevent*
aufbewahren: *to store*
die Geheimzahl: *secret number*
gemeinsam: *together*
niemals: *never*
auswendig lernen: *to memorise*
verdecken: *to cover*
das Tastenfeld: *keypad*
die Eingabe: *entry, entering*
im Auge behalten: *keep an eye on*
sich helfen lassen: *to let somebody help you*
die Bestellung: *order*
ausdrucken: *to print out*

Kulturbeilage
Was die Kriminalpolizei rät

In Deutschland hat sich die Anzahl der Kreditkarten seit 1995 auf 20,8 Millionen verdoppelt. Die häufigste bargeldlose Zahlungsart ist die EC- und Bankkundenkarte (Maestro) mit rund 90 Millionen Exemplaren. Um Missbrauch der Karten zu verhindern, gibt die Polizei folgende Tipps:

1. Bewahren Sie ihre Geheimzahl (PIN) nie gemeinsam mit der Karte auf. Schreiben Sie Ihre PIN niemals auf ihre Karte. Am besten: Lernen Sie Ihre PIN auswendig.
2. Verdecken Sie bei der PIN-Eingabe das Tastenfeld mit der Hand.
3. Behalten Sie Ihre Karte bei Zahlungen an der Kasse stets im Auge.
4. Geben Sie Ihre PIN niemals an Türen ein – auch nicht bei Banken! Kontaktieren Sie in solchen Fällen sofort die Polizei.
5. Lassen Sie sich am Geldautomaten nicht von fremden Personen helfen.
6. Vorsicht im Internet: Geben Sie Ihre Kreditkartennummer nur dann an, wenn Sie damit zahlen wollen. Drucken Sie die Bestellung aus.

1

Lesen Sie den Text und entscheiden Sie dann, ob die folgenden Aussagen richtig oder falsch sind.

	Richtig	Falsch
a) Heute gibt es doppelt so viele Kreditkarten wie 1995.	❏	❏
b) Die meisten Kunden zahlen mit Bargeld.	❏	❏
c) Karte und PIN soll man immer zusammen aufbewahren.	❏	❏
d) Am besten man lernt die PIN auswendig.	❏	❏
e) Auch an der Kasse im Laden muss man vorsichtig sein.	❏	❏
f) Wenn man Probleme am Geldautomaten hat, kann man sich helfen lassen.	❏	❏
g) Man soll nie im Internet etwas mit Kreditkarte kaufen.	❏	❏

★ Kultur-Info

In Germany and Austria many banks have cashpoints inside a foyer with a swipecard door. These can be opened with your cashpoint card. Many people pay for their shopping with their card, using the 'chip and pin' system. In Austria the **Bankkundenkarte** (personal banking card) or **Geldautomatenkarte** (cashpoint card) is called **Bankomatkarte**.

2 *Finden Sie die deutschen Entsprechungen der englischen Sätze aus dem Text.*

a) Never store PIN and card in the same place.

b) It's best to memorise your PIN.

c) Cover the keypad with your hand when entering your PIN.

d) Don't accept any help from strangers at the cashpoint.

e) Print out the order.

3 *Schreiben Sie sechs zusätzliche Sicherheitstipps zum Gebrauch von Kreditkarten und Geldautomatenkarten und verwenden Sie Modalverben.*

1 Man soll seine PIN auswendig lernen.

2 _____

3 _____

4 _____

5 _____

6 _____

7 _____

4 *Schreiben Sie acht allgemeine Sicherheitstipps für Studenten. Die Grammatik-Information zum Imperativ in Abschnitt 6 hilft Ihnen dabei.*

Beispiel: nicht zu viel trinken: Trinkt nicht zu viel!

a) keine Drogen nehmen

b) immer mit dem Taxi nach Hause fahren

c) einem Freund oder einer Freundin Bescheid sagen, wo man hingeht

d) einen Karatekurs besuchen

e) Bargeld oder Handy nicht offen zeigen

zweihundertfünf

8 PROBLEME

Wiederholung

Sie sollten nun in der Lage sein

★ *verschiedene Symptome häufiger Krankheiten zu beschreiben*

★ *einen Termin beim Arzt zu vereinbaren*

★ *ein einfaches Heilmittel in der Apotheke zu kaufen*

★ *einen Gegenstand als verloren zu melden und ihn zu beschreiben*

★ *grundlegende Computerbegriffe zu verwenden und einfache IT-Probleme zu beschreiben*

★ *über Bedingungen zu sprechen*

1 Finden Sie im Wortsalat vierzehn Körperteile und Krankheiten.

V	H	S	H	F	O	A	R	M	V	I	D	P
U	B	R	U	S	T	D	Ö	P	R	K	L	A
K	E	G	S	L	Ä	G	G	F	Ü	S	S	E
L	I	F	T	I	C	R	S	R	C	T	R	N
K	N	I	E	J	K	I	L	H	K	N	I	T
M	E	B	N	C	H	P	I	E	E	W	G	Z
E	A	S	P	K	O	P	F	S	N	A	L	Ü
H	A	L	S	Ü	S	E	S	C	H	L	U	N
E	T	H	O	N	T	R	I	N	O	F	F	D
L	V	Ö	M	A	T	S	Ü	B	H	P	T	U
Z	A	H	N	S	C	H	M	E	R	Z	E	N
B	A	F	P	E	M	U	F	G	R	H	L	G

2 *Bringen Sie den Dialog in die richtige Reihenfolge und üben Sie ihn dann mit verteilten Rollen.*

John	Das geht leider nicht, ich muss übermorgen eine Prüfung schreiben.
Apothekerin	Dann bleiben Sie einen Tag im Bett. Wenn es Ihnen nicht besser geht, müssen Sie zum Arzt gehen.
Apothekerin	Nun, ich habe hier Tabletten gegen Erkältungen. Nehmen Sie noch andere Medikamente?
John	Ja, es geht mir wirklich schlecht.
John	Guten Tag. Ich bin seit Tagen erkältet, habe starke Halsschmerzen und kann überhaupt nicht schlafen.
John	Ja, mach' ich. Danke, auf Wiedersehen.
John	Nein, keine.
Apothekerin	Ich gebe Ihnen ein Mittel gegen Grippe. Nehmen Sie dreimal täglich zwei Tabletten nach dem Essen. Trinken Sie viel und bleiben Sie einen oder zwei Tage zu Hause.
Apothekerin	Guten Morgen. Was kann ich für Sie tun?
Apothekerin	Wiedersehen.
Apothekerin	Haben Sie auch Fieber?

3 *Verbinden Sie die Sätze und beginnen Sie die Satzkonstruktion immer mit „wenn".*

a) Du hast am Wochenende keine Zeit. Sag mir Bescheid.

b) Ihr möchtet ins Kino gehen. Wir müssen jetzt losfahren.

c) Es regnet. Ich fahre lieber mit dem Bus zur Uni.

d) Wir haben kein Brot und keine Milch mehr. Wir müssen einkaufen gehen.

e) Sie haben keinen Bibliotheksausweis dabei. Sie können kein Buch ausleihen.

4 *Bilden Sie Sätze mit „wenn".*

a) morgen – die Sonne – scheinen – wir – spazieren gehen

b) du – Lust haben – wir – ins Kino gehen können

c) wir – nach Italien fahren – wir – jedes Mal – das Wörterbuch vergessen

d) er – am Samstag – nicht in die Kneipe gehen – die Seminararbeit – bis Dienstag fertig sein

e) du – eine Geburtstagsparty – organisieren – du – eine Torte backen müssen

f) der PC – nicht funktionieren – du – mit dem IT-Beratungsdienst sprechen können

5 *Beschreiben Sie Ihre Handtasche oder Aktentasche und den Inhalt (75 bis 100 Wörter). Beschreiben Sie Ihre Handtasche oder Aktentasche dann einem Partner/einer Partnerin.*

zweihundertsieben **207**

6

Ergänzen Sie die Adjektive im folgenden Text.

Am Wochenende habe ich einen blau____ **(1)** Rucksack im Zug vergessen. Der Rucksack ist ungefähr 30 Zentimeter breit und 25 Zentimeter hoch. Im Rucksack sind eine neu____ **(2)**, schwarz____ **(3)** Mappe mit Notizen, mein rot____ **(4)** Handy, eine klein____ **(5)**, grün____ **(6)** Geldtasche und ein Bibliotheksausweis. Ich bin um neun Uhr in den Zug eingestiegen und habe mich an einen frei____ **(7)** Platz am Fenster gesetzt. Während der Fahrt habe ich ein ziemlich langweilig____ **(8)** Buch gelesen, bin fast eingeschlafen und habe dann beinahe meine Haltestelle verpasst. Ich bin schnell ausgestiegen und habe erst dann bemerkt, dass ich den Rucksack vergessen hatte. Zu Mittag bin ich ins Fundbüro gegangen und ein freundlich____ **(9)** Herr hat mir erklärt, dass jemand meinen Rucksack abgegeben hat.

7

Setzen Sie die folgenden Sätze ins Präteritum.

a) Wir mögen den neuen Wagen.

b) Du willst ins Theater gehen.

c) Wir sollen die Hausaufgaben machen.

d) Er kann mich am Wochenende anrufen.

e) Sie müssen das Buch lesen.

Vokabelübersicht

Nomen	Nouns
die Aktentasche	briefcase
die Allergie	allergy
das Anwendungsgebiet	area of application
die Anzahl	number
der Arm	arm
der Arzt/die Ärztin	doctor
das Auge	eye
das Bargeld	cash
der Bauch	belly
das Bein	leg
die Bescheinigung	certificate
das Betriebssystem	operating system
der Bildschirm	monitor, screen
die Blase	blister
der Bluttest	blood test
die Brust	chest
die Créme	cream, ointment
die Datei	file
die Diskette	floppy disk
das Drüsenfieber	glandular fever
die Eingabe	entry, entering
das Ergebnis	result
die Erkältung	cold
das Exemplar	item
der Facharzt/die Fachärztin	specialist
die Festplatte	hard disk
das Fieber	temperature
der Finger	finger
das Fundbüro	lost property office
der Fuß	foot
die Geheimzahl	secret code, PIN
die Geldautomatenkarte	cashpoint card
die Geldtasche	purse
die Grippe	'flu
der Großbuchstabe	capital letter
die Groß- und Kleinschreibung	use of capital letters
das Haar	hair
der Hals	throat
die Hand	hand
der Husten	cough
der Hustensaft	cough syrup
der Inhalt	contents
der Kater	hangover
das Knie	knee
der Kopf	head
die Krankenkasse	health insurance
das Laufwerk	drive
das Leder	leather
die Lutschtablette	lozenge
der Magen	stomach
die Mappe	folder

das Mittel	medication
der Muskelkater	sore muscles
der Nachweis	proof
die Nase	nose
die Notizen (Pl.)	notes
das Ohr	ear
die Ordination	doctor's surgery
das Pflaster	sticking plaster
der Rechner	PC
das Rezept	prescription
der Rücken	back
die Salbe	ointment
die Satzzeichen (Pl.)	punctuation
der Schlüssel	key
die Schmerzen (Pl.)	pains
die Sicherungskopie	back-up copy
der Sonnenbrand	sunburn
die Sprechstundenhilfe	surgery assistant
die Sprechzeiten (Pl.)	surgery hours
die Tablette	tablet
die Tasche	bag
die Tastatur	keyboard
das Tastenfeld	keypad
die Versicherung	insurance
die Zahlungsart	method of payment
der Zahn	tooth
der Zustand	condition
der Zweck	purpose, use

Verben — *Verbs*

abschalten (ich schalte ab)	to switch off
abstürzen (es stürzt ab)	to crash
aufbewahren (ich bewahre auf)	to keep, store
aufladen (ich lade auf)	to recharge, top up
ausdrucken (ich drucke aus)	to print out
ausschließen (ich schließe aus)	to exclude
auswendig lernen	to memorise
bemerken	to notice
beschreiben	to describe
(sich) bessern	to improve
dauern (gedauert)	to last
drucken	to print
eingeben (ich gebe ein)	to enter, key in
einsteigen (ich steige ein)	to get on
erkältet sein	to have a cold
funktionieren	to work
(sich) helfen lassen	to have someone help you
krankenversichert sein	to have health insurance
lassen (er lässt)	to let, allow
löschen	to delete
öffnen	to open
raten (er rät)	to advise
retten	to recover, rescue
sichern	to back up
speichern	to save
sperren	to block, stop
stehlen (er stiehlt, gestohlen)	to steal
stellen	to put
übersehen	to overlook, miss
untersuchen	to examine
verbringen	to spend (time)
verdecken	to cover
(sich) verdoppeln	to double
vergessen (er vergisst)	to leave behind, forget
verhindern	to prevent
wehtun (es tut weh)	to hurt, ache

Adjektive — *Adjectives*

allergisch gegen	allergic to
bargeldlos	cashless
blutarm	anaemic
breit	wide
gesetzlich	legal
grau	grey
häufig	frequent
irgendwelche	any
jung	young
schlimm	bad
schwer	(here:) severe
stark	strong, bad
vorsichtig	careful

Adverbien — *Adverbs*

beinahe	almost
besonders	especially
drinnen	inside
gemeinsam	together
gesetzlich	legally
kaum	hardly
niemals	never
täglich	daily
übermorgen	the day after tomorrow
unbedingt	absolutely

Andere Wörter — *Other words*

in bar	in cash
weder … noch	neither … nor
weil	because
wenn	if/whenever
zwar	it's true that …, although …

Nützliche Sätze — *Useful expressions*

Das geht leider nicht.	That's not possible.
Das ist schlimm genug.	That's bad enough.
Ich habe …schmerzen.	I have a sore/aching …
im Auge behalten	to keep an eye on
Mein … tut weh.	My … hurts.
Nichts zu danken.	Don't mention it, Not at all.

Karriere und Beruf
Übersicht

Wiederholung   211

Aperitif   212–213
Berufe und Berufsbezeichnungen

- **Funktion:** Über Berufe und Berufswünsche sprechen
- **Vokabeln:** Männliche und weibliche Berufsbezeichnungen; Adjektive
- **Grammatik:** Wortbildung
- **Übungen:** 1–4

Vorspeise   214–221
Auf Arbeitssuche

- **Funktion:** Stellenanzeigen; Arbeitsbedingungen; Voraussetzungen
- **Vokabeln:** Stellen; Berufe; Qualifikationen; Lebenslauf
- **Grammatik:** Konjunktiv
- **Übungen:** 1–16

Hauptspeise   222–227
Das Vorstellungsgespräch

- **Funktion:** Berufswünsche äußern; Ausbildung und Erfahrung beschreiben
- **Vokabeln:** Qualifikationen; Berufswünsche
- **Grammatik:** Nomenbildung
- **Übungen:** 1–12

Nachspeise   228–230
Der Bewerbungsbrief

- **Funktion:** Bewerbungsbrief schreiben
- **Vokabeln:** Grußformeln; Briefende
- **Grammatik:** Verben mit Präpositionen
- **Übungen:** 1–5

Kaffee   231–237

- Aussprache und Satzmelodie
- Portfolio
- Kulturbeilage
- Wiederholung
- Vokabelübersicht

Abschnitt 9 Karriere und Beruf

In diesem Abschnitt werden Sie

★ *über Berufe und Berufsbezeichnungen lesen*

★ *Stellenanzeigen lesen*

★ *einen Bewerbungsbrief schreiben*

★ *ein Vorstellungsgespräch führen*

★ *einen Lebenslauf schreiben*

★ *über Berufswünsche sprechen*

Wiederholung

1 *Ein Student/Eine Studentin beginnt mit dem Satz „Ich war beim Arzt mit Kopfschmerzen." Der/Die nächste wiederholt den Satz und fügt eine neue Krankheit hinzu.*

2 *Buchstabensalat. Schreiben Sie die Wörter aus dem Computerbereich richtig.*

a) plfetestat _____   e) türazenbs _____

b) schilbdirm _____   f) schepiern _____

c) stediket _____   g) frenunniktioe _____

d) stattaur _____   h) rucdekn _____

3 *Interviewen Sie einen Partner/eine Partnerin. Stellen Sie ihm/ihr die folgenden Fragen.*

	Selbst	Partner/in
Wo bist du geboren?		
Wo bist du zur Schule gegangen?		
Welche Schulen hast du besucht?		
Wann hast du Abitur gemacht?		
In welchen Fächern hast du Abitur gemacht?		
Hast du nach dem Abitur gearbeitet? Wo?		

zweihundertelf

9 KARRIERE UND BERUF

Aperitif

Berufe und Berufsbezeichnungen

1

A *Verbinden Sie die Berufe mit den Fotos.*

a  _____   b  _____   c 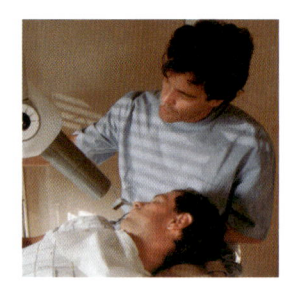 _____   d _____

e  _____   f  _____   g  _____   h _____

1   der Maschinenbauingenieur

2   der Friseur

3   der Koch

4   die Ärztin

5   der Zahnarzt

6   die Bankangestellte

7   die Geschäftsfrau

8   die Musikerin

B *Was fällt Ihnen bei den Berufsbezeichnungen für Frauen auf? Wie nennt man einen weiblichen Friseur oder Koch?*

212 *zweihundertzwölf*

2

Verbinden Sie die männlichen und weiblichen Berufsbezeichnungen. Können Sie die Regel aus Übung 1B verfeinern?

a)	Zahnarzt	Lehrer
b)	Forscherin	Geschäftsmann
c)	Bankangestellter	Arzt
d)	Musiker	Köchin
e)	Lehrerin	Forscher
f)	Geschäftsfrau	Zahnärztin
g)	Friseur	Musikerin
h)	Schauspieler	Friseurin
i)	Ärztin	Bankangestellte
j)	Koch	Schauspielerin

3

Verbinden Sie die deutschen und englischen Begriffe.

a)	interessant	dangerous
b)	gut bezahlt	difficult
c)	gefährlich	sought-after
d)	schwierig	worthwhile
e)	kreativ	boring
f)	sehr gesucht	well-paid
g)	langweilig	strenuous
h)	modern	interesting
i)	anstrengend	creative
j)	lohnend	modern

4

Fragen und antworten Sie abwechselnd.

Beispiel: **A** Möchtest du Ärztin werden?

                B Nein, das ist mir zu anstrengend.

zweihundertdreizehn

Vorspeise

Auf Arbeitssuche

Gesucht: Qualitätsingenieur/in
Personalbüro ‚Jobs-für-Dich'

Ihre Aufgabe:
- Koordination und Implementierung von Audits im Team
- Entwicklung von Qualitätssicherungsplänen
- Kontrolle von Qualitätsmaßnahmen

Ihr Profil:
- Studium Wirtschaftsingenieur oder Mechatronik
- 2 Jahre Erfahrung im Qualitätsmanagement
- Sehr gute Englischkenntnisse

Unser Angebot
Attraktive Konditionen, ein sicherer Arbeitsplatz und die Möglichkeit mit einem hoch motivierten Team zusammenzuarbeiten. Senden Sie bitte Ihren Lebenslauf und einen Bewerbungsbrief an unsere Personalabteilung.

Private Nachhilfelehrer

Nachhilfe in allen Fächern. Registrierung in unserer Datenbank ist kostenlos. Lehrer werden von Schülern/Eltern in der Umgebung gefunden. Sie vereinbaren alle Konditionen mit dem Schüler selbst.

Geeignet für Schüler, Studenten und Lehrer.

Sie können Ihren Preis (je 45 min) für jede Kombination selbst festlegen.

Gesucht: Mitarbeiterin für das Musikarchiv

Ihre Aufgaben:
- Katalogisierung
- Kommunikation mit Verlagen
- Archivierung des Materials
- Arbeit mit Musik-Computerprogramm (FINALE)

Sie brauchen:
- sehr gute musikalische Kenntnisse
- Computerkenntnisse
- Teamfähigkeit, Kommunikationsfähigkeit mit Künstlern

Bewerbung mit Lebenslauf bis 17. Mai.

SIEMENS
Gesucht: Werkstudentin/Praktikantin für Großprojekt (m/w)

Sie arbeiten mit unserem Projektleiter und seinem Team in Berlin an Software-Tests, Trouble-Shooting und in der Organisation. Sie sind Student/in der Informatik, Mathematik oder Maschinenbau und sind fit in allen Microsoft Office-Programmen. Bezahlung: 11 Euro/Stunde, als Praktikant monatlich 800 Euro.

Bewerbung mit Lebenslauf und Bewerbungsbrief an das Büro in Berlin.

---

1 Cello 2. Solist

Probespiel am 27. Juli.

Einsendeschluss der Bewerbungen: 3. Juni.

Pflichtstück: J. Haydn: Konzert in D-Dur.

Kandidatinnen erhalten eine schriftliche Einladung zum Probespiel. Bewerbungen mit Lebenslauf und Unterlagen über Ausbildung und Erfahrung bitte an folgende Adresse.

---

nützliche Wörter

die Erfahrung: *experience*	der Praktikant: *student on placement*
die Kenntnisse (Pl.): *knowledge*	das Probespiel: *audition*
der Lebenslauf: *CV*	die Unterlagen (Pl.): *documents*
der Bewerbungsbrief: *application letter*	die Bezahlung: *salary*
die Nachhilfe: *private tuition*	der Verlag: *publisher*
vereinbaren: *to agree*	die Fähigkeit: *ability*
der Werkstudent: *student trainee*	der Künstler: *artist*

Vorspeise

1 *Lesen Sie die Stellenanzeigen und beantworten Sie dann die folgenden Fragen abwechselnd.*

a) Welches Studium braucht man für die Stelle als Qualitätsingenieur/in?

b) Was muss man mit der Bewerbung für die Stelle als Cello-Solist mitschicken?

c) Mit wem arbeitet man bei Siemens?

d) Wohin soll man die Bewerbung schicken?

e) Welche Fähigkeiten braucht man für den Job im Musikarchiv?

2 **A** *John, Kerstin und Céline sitzen im Café, lesen die Zeitung und unterhalten sich über Stellenanzeigen. Was für eine interessante Stelle hat John gefunden?*

John Na, schon etwas gefunden?

Kerstin Glaube nicht, die meisten Jobs sind für Absolventen mit Erfahrung im Büro und die habe ich nicht.

Céline Wie wär's mit einer Praktikantenstelle oder einer Stelle für Werkstudenten?

Kerstin Ja, das ist eine gute Idee.

John Hier gibt es eine Stelle für Maschinenbau- oder Informatikstudenten, die klingt nicht schlecht.

Kerstin Zeig mal! Ein Praktikum im Sommer wäre super. Und wie sieht's bei dir aus?

John Ich würde gerne in einem Orchester spielen, aber für Musiker gibt es nicht viele Stellen. Ich habe ein paar Anzeigen für Cellisten gefunden und eine interessante Stelle in einem Musikarchiv. Ich schicke mal meinen Lebenslauf hin.

B *Welche Stelle(n) schlägt John für Céline vor?*

Kerstin Und du? Was für eine Stelle hättest du gerne?

Céline Nach dem Abschluss möchte ich in der Forschung arbeiten, ich weiß noch nicht wo. Am liebsten hätte ich einen Job in Berlin, aber wenn ich in Deutschland nichts finde, gehe ich vielleicht nach Frankreich zurück oder nach Kanada. Im Moment suche ich etwas für die Ferien.

John Wie wär's mit Übersetzungen oder Nachhilfestunden? Du kannst doch sicher Biologie, Mathe oder Französisch unterrichten.

Céline Daran habe ich noch gar nicht gedacht. Das ist eine tolle Idee. Und wie und wo bewirbt man sich dafür?

John Hier ist die Anzeige. Nachhilfelehrer können sich über die Webseite in einer Datenbank registrieren und die Leute e-mailen dich dann direkt.

Céline Danke für den Tipp, das ist genau das Richtige für mich.

---

nützliche Wörter

die Stelle: *post*
der Absolvent: *graduate*
die Erfahrung: *experience*
Die klingt nicht schlecht.: *That doesn't sound bad.*
Zeig mal!: *Let me see!, Show me!*
hinschicken: *to send (to)*
der Abschluss: *completion, graduation*
die Forschung: *research*
die Übersetzung: *translation*
unterrichten: *to teach*
Wo bewirbt man sich?: *Where do you apply?*
e-mailen: *to email*
das Richtige: *the right thing*

3 *Entscheiden Sie, ob die folgenden Aussagen richtig oder falsch sind.*

		Richtig	Falsch
a)	Kerstin hat noch keine Arbeitserfahrung.	❑	❑
b)	Kerstin möchte gerne als Praktikantin arbeiten.	❑	❑
c)	Es gibt keine Stellen für Cellisten.	❑	❑
d)	Die Stelle im Musikarchiv ist interessant.	❑	❑
e)	Céline sucht eine Stelle in der Forschung.	❑	❑
f)	John hat eine Anzeige für Nachhilfelehrer gefunden.	❑	❑

4 *Verbinden Sie die deutschen und englischen Sätze.*

a) Wie wär's mit einer Praktikantenstelle?   What kind of post would you like?

b) Was für eine Stelle hättest du gerne?   How about a work placement?

c) Nach dem Abschluss möchte ich in der Forschung arbeiten.   After graduation I'd like to work in research.

d) Im Moment suche ich etwas für die Ferien.   Here's the advert.

e) Hier ist die Anzeige.   At the moment I'm looking for something for the holidays.

5 *Ergänzen Sie die deutschen Begriffe aus dem Dialog.*

a) graduates _____
b) experience _____
c) CV _____
d) adverts _____
e) placement _____
f) research _____
g) database _____
h) private tuition _____
i) to register _____
j) to apply for _____

6 *Fragen und antworten Sie abwechselnd. Verwenden Sie „würde", „möchte", „hätte", „wäre".*

Beispiel: **A** Wo möchte John spielen?

   B John möchte …

a) Wo möchte John spielen?

b) Was für einen Job hätte Kerstin gerne im Sommer?

c) Was für eine Stelle hätte Céline gern?

d) In welcher Stadt würde Céline am liebsten arbeiten?

e) In welchen Ländern möchte Céline arbeiten?

7 *Lesen Sie zuerst alle Fragen. Fragen und antworten Sie dann abwechselnd. Tragen Sie die Antworten in die Tabelle ein.*

	Selbst	Partner/in
Was studierst du?		
In welchem Semester bist du?		
Was möchtest du nach dem Abschluss machen?		
Hast du schon Erfahrung als …?		
Wie viel möchtest du verdienen?		
In welcher Stadt/welchem Land möchtest du arbeiten?		
Welche Computerkenntnisse hast du?		
Welche Fremdsprachen sprichst du?		
Hast du schon einmal in den Ferien gearbeitet?		
Wenn ja, was hast du gemacht?		
Wie viel hast du verdient?		
Hat es dir gefallen?		

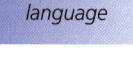

nützliche Wörter
verdienen: *to earn*
die Fremdsprache: *foreign language*

8 *Berichten Sie der Klasse über Ihren Partner/Ihre Partnerin.*

9 *Erstellen Sie Mini-Dialoge. Verwenden Sie die Berufsbezeichnungen und Adjektive aus den Kästchen.*

der Maschinenbauingenieur
die Schauspielerin
der Zahnarzt
die Architektin
der Friseur
der Bankangestellte
der Koch
die Geschäftsfrau
die Forscherin
die Informatik-Geschäftsfrau
die Ärztin
der Musiker

Beispiel:
A Welche Stelle hättest du gerne?
B Ich würde gerne als Forscherin arbeiten.
A Warum?
B Das ist eine interessante Arbeit.

interessant
gut bezahlt
gefährlich
schwierig
kreativ
sehr gesucht
langweilig
modern
anstrengend
lohnend

Vorspeise

zweihundertsiebzehn **217**

9 KARRIERE UND BERUF

10 Ergänzen Sie den folgenden Dialog und üben Sie ihn dann mit verteilten Rollen.

John Na, schon etwas gefunden?
Kerstin Glaube nicht, die meisten **(1)** _____ sind für Absolventen mit **(2)** _____ und die habe ich nicht.
Céline Wie wär's mit einer **(3)** _____ oder einer Stelle für Werkstudenten?
Kerstin Ja, das ist eine gute Idee.
John Hier gibt es eine **(4)** _____ für Maschinenbau- oder Informatikstudenten, die klingt nicht schlecht.
Kerstin Zeig mal! Ein **(5)** _____ im Sommer wäre super. Und wie sieht's bei dir aus?
John Ich würde gerne in einem Orchester spielen, aber für Musiker gibt es nicht viele Stellen. Ich habe ein paar **(6)** _____ für Cellisten gefunden und eine interessante Stelle in einem Musikarchiv. Ich schicke mal meinen **(7)** _____ hin.
Kerstin Und du? Was für eine Stelle hättest du gerne?
Céline Nach dem **(8)** _____ möchte ich in der **(9)** _____ arbeiten, ich weiß noch nicht wo. Am liebsten hätte ich einen **(10)** _____ in Berlin, aber wenn ich in Deutschland nichts finde, gehe ich vielleicht nach Frankreich zurück oder nach Kanada. Im Moment suche ich etwas für die **(11)** _____.

11 Im Dialog werden die folgenden Verben verwendet um einen Wunsch, eine Möglichkeit oder einen Vorschlag auszudrücken. Können Sie die Tabelle ergänzen?

	haben	werden	mögen	sein
ich	hätte			
du			möchtest	
er/sie/es				wäre
wir	hätten			
ihr		würdet		wäret/wärt
sie/Sie			möchten	

12 Bernd beschreibt seinen idealen Beruf. Ergänzen Sie die Konjunktivformen.

Am liebsten **(1)** _____ (werden) ich als Übersetzer in einer großen Firma arbeiten. Ich **(2)** _____ (können) mich auf Wirtschaftstexte spezialisieren oder vielleicht literarische Übersetzungen. Ich **(3)** _____ (haben) auch Lust auf ein Praktikum in einer Firma im Inland oder Ausland, dann **(4)** _____ (sein) meine Chancen auf eine Stelle besser. Aber zuerst **(5)** _____ (müssen) ich mindestens ein Auslandssemester in Großbritannien oder den USA verbringen. Wenn ich genug Geld **(6)** _____ (haben), **(7)** _____ (mögen) ich später meine eigene Firma gründen. Dann **(8)** _____ (müssen) ich nicht mehr für andere Leute arbeiten.

Subjunctive

The German subjunctive (*Konjunktiv*) is used to express a condition and is usually translated in English as 'I would …' or 'I could …', e.g. *ich wäre* – I would be, *ich könnte* – I could.

The subjunctive tense used here is based on the simple past tense of the verb, with the addition of an umlaut and the appropriate ending. Here are the forms for *sein*, *haben* and modal verbs commonly used in the subjunctive.

	sein	haben	werden	müssen	mögen	können
ich	wäre	hätte	würde	müsste	möchte	könnte
du	wärest	hättest	würdest	müsstest	möchtest	könntest
er/sie/es	wäre	hätte	würde	müsste	möchte	könnte
wir	wären	hätten	würden	müssten	möchten	könnten
ihr	wäret/wärt	hättet	würdet	müsstet	möchtet	könntet
sie/Sie	wären	hätten	würden	müssten	möchten	könnten

13 *Schreiben Sie acht Fragen zu den folgenden Sätzen und fragen und antworten Sie abwechselnd. Verwenden Sie die Konjunktivformen der Verben aus den Antworten.*

Beispiel: **A** Wo möchtest du arbeiten?

   B Ich möchte am liebsten in Berlin arbeiten.

a) – Was für _____? Ich hätte gerne eine Stelle in der Forschung.

b) – Wo _____? Ich würde gerne in einem Orchester spielen.

c) – Wo _____? Ich möchte am liebsten in Innsbruck arbeiten.

d) – Was _____? Ich wäre gerne Architektin.

e) – Was für _____? Ich möchte eine Stelle als Nachhilfelehrer.

f) – Wo _____? Ich würde gerne im Ausland studieren.

g) – Wie _____? Ja, eine Praktikantenstelle wäre nicht schlecht.

h) – Was für _____? Im Moment hätte ich gerne einen Job für die Ferien.

9 KARRIERE UND BERUF

nützliche Wörter

beherrschen: *to be familiar with, competent in*
die Aushilfskraft: *temp*
die Urlaubsvertretung: *holiday cover*
fließend: *fluent*
fortgeschritten: *advanced*
die Grundkenntnisse (Pl.): *basic knowledge*

DER TABELLARISCHE LEBENSLAUF

Persönliche Daten

Name	Kerstin Brigitte Franke
Anschrift	Schwedter Straße 51
	10437 Berlin
	Tel.: (030) 30 10 485
geboren am	30.05.1985 in Magdeburg
Familienstand	Ledig

Schulbildung

1991–1997	Grundschule Thomas Müntzer in Magdeburg
1997–2003	Hegel-Gymnasium in Magdeburg
	Abschluss: Abitur (1,0)

Hochschulstudium

2003–	Maschinenbaustudium an der Freien Universität Berlin

Praktika

1994–1996	Aushilfskraft bei Edeka
1997–1999	Urlaubsvertretung Deutsche Post

Computerkenntnisse MATLAB, Microsoft Office, HTML, C++, SPSS

Fremdsprachen Englisch (fließend)
Spanisch (fortgeschritten)
Französisch (Grundkenntnisse)

Hobbys Chor, Volleyball, Schi fahren

★ Kultur-Info

There are some variations between federal states, but in general the German **Abitur** requires students to study more subjects than English A-levels. Students have to take both **Pflichtfächer** (compulsory subjects) and **Leistungsfächer** (chosen specialist subjects).

Grades are on a scale of 1–6, with 1 at the top. The overall grade is a weighted average of coursework and exam marks across all subjects, with exam marks – especially for **Leistungsfächer** – generally counting for more.

14 *Fragen und antworten Sie abwechselnd.* (partnerarbeit)

a) Wo ist Kerstin geboren?

b) Welches Gymnasium hat sie besucht?

c) Welche Fremdsprachen spricht sie?

d) Welche Computerprogramme beherrscht sie?

e) Was für Hobbys hat Kerstin?

15 *Ergänzen Sie den folgenden Lebenslauf mit Hilfe der Information im Kästchen. Fragen und antworten Sie abwechselnd.*

> Italienisch   1992–   Klagenfurt   Architektur
> Klassische Musik   Familienstand   1996–1999
> Schwimmen   Ingeborg-Bachmann-Gymnasium
> Praktikantin Architekturbüro Ing. Hildebrand   23. Februar 1982
> Tennis   1999–2004   Französisch
> Fürbringerstraße 29 Berlin   MS Office   –1992

DER TABELLARISCHE LEBENSLAUF

Persönliche Daten
  Name   Brigitte Maria Bergmaier, geb. Köhler
  Anschrift   ....
  geboren am   ....
  ....   Verheiratet

Schulausbildung
  1988–.....   Volksschule St. Martin, Klagenfurt
  .....–2000   ....

Hochschulstudium
  2000–.....   ...., TU Berlin

Praktika
  ....   Kellnerin im Gasthof zur Post, Salzburg
  ....

Computerkenntnisse   ....

Fremdsprachen   ....
                    ....

Hobbys   ....
             ....

---

16 *Schreiben Sie nun Ihren Lebenslauf auf Deutsch und verwenden Sie Übung 15 als Beispiel.*

Hauptspeise

Das Vorstellungsgespräch

1 *Hören Sie den Dialog und entscheiden Sie, ob die folgenden Aussagen richtig oder falsch sind.*

		Richtig	Falsch
a)	Kerstin hat gestern von der Firma gehört.	❏	❏
b)	Sie ist nicht nervös.	❏	❏
c)	Bernd lädt Kerstin auf einen Kaffee ein.	❏	❏

Bernd Na, wie geht's? Hast du schon was von der Firma gehört, bei der du dich beworben hast?
Kerstin Ja, ich habe gestern die Einladung zum Vorstellungsgespräch bekommen.
Bernd Gratuliere! Wann und wo ist es?
Kerstin Am zehnten hier in Berlin. Ich bin jetzt schon nervös.
Bernd Nur keine Panik! Soll ich dich begleiten?
Kerstin Das wäre wirklich nett von dir. Vielen Dank. Aber ich weiß auch nicht, was ich anziehen soll.
Bernd Hmm, vielleicht ein blaues oder schwarzes Kostüm?
Kerstin Ja, gute Idee. Eigentlich habe ich ein bisschen Angst vor dem Gespräch.
Bernd Keine Sorge. Lies die Stellenanzeige noch einmal genau durch und suche Info über die Firma im Internet. Lies dann deinen Lebenslauf noch einmal und überlege dir, welche Stärken und Schwächen du hast. Die Frage kommt oft.
Kerstin Aha, sonst noch etwas?
Bernd Du musst pünktlich sein und geh am Abend davor nicht zu spät ins Bett.
Kerstin Noch etwas?
Bernd Und du musst immer freundlich, höflich und vor allem ehrlich sein.
Kerstin Warst du schon oft bei Vorstellungsgesprächen?
Bernd Ein paar Mal. Leider hat es mit dem Job nie geklappt. Komm, ich lade dich auf einen Kaffee ein.
Kerstin Danke, den kann ich jetzt brauchen.

nützliche Wörter

das Vorstellungsgespräch: *interview*	die Schwäche: *weakness*
begleiten: *to accompany*	pünktlich: *punctual*
anziehen: *to put on, wear*	höflich: *polite*
das Kostüm: *skirt suit*	vor allem: *above all*
die Stellenanzeige: *job advert*	ehrlich: *honest*
Angst haben vor: *to be afraid of*	ein paar Mal: *a few times*
lies!: *read!*	Leider hat es mit dem Job nie geklappt.:
sich überlegen: *to consider*	*Unfortunately, I never got the job.*
die Stärke: *strength*	

2 *Fragen und antworten Sie abwechselnd.*

a) Wann hat Kerstin die Einladung von der Firma bekommen?
b) Wann ist das Vorstellungsgespräch?
c) Wie möchte Bernd ihr helfen?
d) Was soll Kerstin anziehen?
e) Was soll sie lesen?
f) Was soll sie am Abend davor tun?
g) War Bernd schon einmal bei einem Vorstellungsgespräch?
h) Was machen die beiden jetzt?

3 *Verbinden Sie die deutschen und englischen Sätze.*

a) Hast du schon was von der Firma gehört? — *I'm already nervous.*

b) Ich habe gestern die Einladung zum Vorstellungsgespräch bekommen. — *Think about what strengths and weaknesses you have.*

c) Ich bin jetzt schon nervös. — *Unfortunately I never got the job.*

d) Soll ich dich begleiten? — *I got the invitation for the interview yesterday.*

e) Ich weiß auch nicht, was ich anziehen soll. — *You must be punctual.*

f) Überlege dir, welche Stärken und Schwächen du hast. — *Have you heard from the company?*

g) Du musst pünktlich sein. — *Do you want me to accompany you?*

h) Leider hat es mit dem Job nie geklappt. — *I also don't know what to wear.*

4

Kerstin geht zum Vorstellungsgespräch. Dr. Heinze, die Personalchefin, und Ingenieur Kampbach begrüßen sie. Hören Sie den Dialog und entscheiden Sie, ob die folgenden Aussagen richtig oder falsch sind.

		Richtig	Falsch
a)	Kerstin ist im fünften Semester.	❏	❏
b)	Sie möchte als Praktikantin arbeiten.	❏	❏
c)	Sie hat keine Arbeitserfahrung in der Industrie.	❏	❏
d)	Kerstin beherrscht verschiedene Computerprogramme.	❏	❏

Ingenieur Kampbach Frau Franke, Sie sind an der Universität. Was studieren Sie?
Kerstin Ich studiere Maschinenbau im vierten Semester.
Dr. Heinze Sind Sie an der Stelle als Werkstudentin oder Praktikantin interessiert?
Kerstin Ich interessiere mich für die Stelle als Praktikantin. Projektmanagement ist Teil meines Studiums, aber ich möchte lernen, wie das in der Praxis aussieht, und möchte gerne in einem Team arbeiten.
IK Welche Arbeitserfahrung haben Sie?
Kerstin Ich habe mit vierzehn in einem Supermarkt begonnen und dann zwei Jahre dort in den Ferien gearbeitet, zuerst als Hilfskraft, dann an der Kasse.
IK Sie geben in Ihrem Lebenslauf an, Sie beherrschen verschiedene Computerprogramme.
Kerstin Ja. Die wichtigsten Microsoft Office Programme, das heißt Word, Excel und Access.

5

Hören Sie nun den zweiten Teil des Dialogs.

a) Wie lange möchte Kerstin bleiben?

b) Kann sie nächsten Montag anfangen?

c) Ist Kerstin die einzige Bewerberin?

nützliche Wörter
in der Praxis: *in practice*
die Arbeitserfahrung: *work experience*
die Hilfskraft: *assistant*
die Kasse: *till*

IK Wie lange würden Sie bei uns bleiben?
Kerstin Ich möchte gerne drei Monate bleiben.
DH Reisen Sie gern?
Kerstin Ja, sehr gern, vor allem in Amerika und ich möchte gerne einmal nach Australien.
IK Haben Sie einen Führerschein?
Kerstin Ja, aber ich habe im Moment kein Auto.
DH Haben Sie noch Fragen an uns?
Kerstin Wann könnte ich anfangen?
DH Nächsten Montag. Geht das?
Kerstin Ja, natürlich. Kein Problem.
IK Ja dann, vielen Dank für Ihre Bewerbung. Wir haben noch weitere Kandidaten zum Vorstellungsgespräch eingeladen und kontaktieren Sie in ein paar Tagen.
Kerstin Vielen Dank, dass Sie mich eingeladen haben.
IK Danke, auf Wiedersehen.

★ Kultur-Info

Interviews are very formal occasions in German-speaking countries. Although the dress code in the workplace is in general not as strict as in the UK, the formalities observed in conversations are very much part of German, Austrian and Swiss culture. Apart from the customary handshake, it is still common to address people by their academic or professional title, e. g. **Herr Doktor**, **Frau Direktor**, **Herr Professor**, particularly in Austria, and above all do not use, **du**'. **Frau** is used for all women (married and unmarried); **Fräulein** is reserved for waitresses and young girls.

6 *Lesen Sie den Dialog mit verteilten Rollen.*

7 *Verbinden Sie die Satzteile.*

a) Ich interessiere mich für die Stelle — Sie bei uns bleiben?
b) Ich möchte gern — einmal nach Australien.
c) Wie lange würden — Fragen an uns?
d) Haben Sie noch — dann in ein paar Tagen.
e) Wann könnte — als Praktikantin.
f) Wir kontaktieren Sie — ich anfangen?

8 *Fragen und antworten Sie abwechselnd als Kerstin oder Interviewer.*

a) Was studieren Sie?
b) Welche Arbeitserfahrung haben Sie?
c) Welche Computerprogramme beherrschen Sie?
d) Wie lange würden Sie bei uns bleiben?
e) Haben Sie einen Führerschein?
f) Haben Sie noch Fragen an uns?

★ Kultur-Info

Many young people in Germany, Austria and Switzerland train for a particular profession or craft (**ein Handwerk**) as apprentices (**Auszubildende**, **Azubis** or **Lehrlinge**). They work most of the week and attend the **Berufsschule** alongside. Apprenticeships last approximately three years and apprentices complete practical and theoretical examinations at the end.
University students might work as a **Werkstudent** for a few hours every week during the semester, and/or as a **Praktikant**, a student on full-time placement with a company.

9

A *Schreiben Sie die Sätze in der richtigen Reihenfolge neu. Mehrere richtige Antworten sind möglich.*

a) vierten im studiere Maschinenbau Ich Semester

b) ist Projektmanagement meines Teil Studiums

c) gerne in Ich arbeiten einem Team möchte

d) als für Stelle Praktikantin interessiere Ich die mich

e) wichtigsten beherrsche Ich die Microsoft-Programme

f) vielen Ja Ihre für Bewerbung Dank dann

g) haben Wir eingeladen zum weitere noch Kandidaten Vorstellungsgespräch

h) Sie Dank, dass mich Vielen haben eingeladen

B *Übersetzen Sie abwechselnd die Sätze ins Englische.*

10

In diesem Abschnitt kommen einige Nomen vor, die von Adjektiven oder Verben abgeleitet werden können. Ergänzen Sie die Tabellen. Können Sie erklären, wie Nomen gebildet werden können? Verwenden Sie dazu Ihr Wörterbuch.

Adjektiv	Nomen	Verb	Nomen
stark			Kenntnis
	Nervosität	studieren	
schwach			Planung
	Gefahr	einladen	
	Ehrlichkeit		Anfang
erfahren		wissen	
	Interesse		Forschung

Formation of nouns

German nouns can be formed in various ways from adjectives or verbs, most commonly by adding one of the endings *-keit, -heit, -schaft, -tät, -nis, -ung, -um* or by using an umlaut plus *-e* (e.g. *Schwäche, Größe*).

Unfortunately these suffixes don't always indicate which gender the noun has (e.g. *die Kenntnis*, but *das Verhängnis*).

11 *Fragen und antworten Sie abwechselnd und ergänzen Sie die Tabellen.*

Beispiel: Wie lautet das Verb/das Nomen/das Adjektiv zu …?

Partner/in A

Nomen	Verb	Adjektiv
	arbeiten	–
die Hilfe		
	–	ruhig
die Wohnung	–	
die Kälte	–	
	fliegen	–
	–	hell
die Ankunft	–	
	–	sonnig
das Geschenk	–	
der Speicher	–	

Partner/in B

Nomen	Verb	Adjektiv
die Arbeit	–	
	helfen	–
die Ruhe	–	
	wohnen	–
	–	kalt
der Flug	–	–
die Helligkeit	–	
	ankommen	–
die Sonne	–	
	schenken	–
	speichern	–

12 *Schreiben Sie fünfzehn Zeilen (= lines) über sich selbst und Ihre Arbeitserfahrung. Verwenden Sie die Information aus Ihrem Lebenslauf.*

zweihundertsiebenundzwanzig **227**

Nachspeise
Der Bewerbungsbrief

> ★ **Kultur-Info**
>
> German letters of application are very formal and should be short and precise. This is your chance to 'sell' yourself and convince your potential employer of your abilities. Refer to the advert and only write about what is relevant for the job. The layout is particularly important.

1

A Lesen Sie den Bewerbungsbrief, den Kerstin vor dem Vorstellungsgespräch an die Firma Siemens geschickt hat.

nützliche Wörter

z. Hd. (Zu Händen): *for attention of (FAO)*
die FAZ = Frankfurter Allgemeine Zeitung
Sehr geehrter ...: *Dear ... (formal)*
der Zeitraum: *timespan*
abdecken: *to cover*
die Gelegenheit wahrnehmen: *to use the opportunity*
vervollständigen: *to complete*
selbstständig: *independent*
das Zeugnis: *certificate*
überzeugen: *to convince*
Mit freundlichen Grüßen: *Yours sincerely, Regards*
die Anlagen (Pl.): *enclosures*

Kerstin Franke
Schwedter Straße 51
10437 Berlin
Tel.: (030) 30 10 485

SIEMENS
z. Hd. Herrn Ing. Klaus Kampbach
Kurfürstendamm 21
10719 Berlin

Berlin, 15. Mai 2005

Ihre Anzeige in der FAZ vom 15. April
Bewerbung als Praktikantin

Sehr geehrter Herr Ing. Kampbach,

hiermit möchte ich mich als Praktikantin bei Siemens bewerben. Ich bin zur Zeit Studentin der Fachrichtung Maschinenbau an der Freien Universität Berlin und suche eine Stelle für den Zeitraum vom 1. Juli bis 30. September. Mein Studiengang deckt den Bereich Management und Projektarbeit nur theoretisch ab, daher würde ich gerne die Gelegenheit wahrnehmen, diesen Aspekt durch ein Praktikum in Ihrer Firma zu vervollständigen.

Während meines Studiums hatte ich Gelegenheit das Software-Paket Microsoft Office sowie weitere Programme zu lernen und anzuwenden. Als Ferienpraktikantin in einem Supermarkt und bei der Deutschen Post konnte ich bereits Erfahrung mit Teamarbeit als auch mit selbstständigem Arbeiten sammeln.

Gerne überzeuge ich Sie in einem persönlichen Gespräch von meinen Qualifikationen.

Mit freundlichen Grüßen

Kerstin Franke

Anlagen: Lebenslauf, Zeugnisse, Referenzen

B *Richtig oder falsch?*

		Richtig	Falsch
a)	Kerstin hat die Anzeige im Internet gelesen.	❏	❏
b)	Sie möchte vom 1. Juli bis 30. September arbeiten.	❏	❏
c)	In Kerstins Studium gibt es auch ein Praktikum.	❏	❏
d)	Sie hat Erfahrung mit Teamarbeit.	❏	❏

2

Verbinden Sie die Satzteile.

a) Hiermit möchte ich mich — in einem persönlichen Gespräch von meinen Qualifikationen.

b) Als Ferienpraktikantin in einem Supermarkt und bei — der Deutschen Post konnte ich bereits Erfahrung mit Teamarbeit als auch mit selbstständigem Arbeiten sammeln.

c) Ich bin zur Zeit — als Praktikantin bei Siemens bewerben.

d) Gerne überzeuge ich Sie — Studentin der Fachrichtung Maschinenbau an der Freien Universität Berlin.

3

Ergänzen Sie das folgende Bewerbungsschreiben mit Wörtern aus dem Kästchen.

> Gelegenheit   Fachrichtung   geehrter   Studiengang
> Praktikantin   Erfahrung   freundlichen
> Zeitraum   lernen   Ferienpraktikantin

Sehr **(1)** _____ Herr Ing. Kampbach,

hiermit möchte ich mich als **(2)** _____ bei Siemens bewerben. Ich bin zur Zeit Studentin der **(3)** _____ Maschinenbau an der Freien Universität Berlin und suche eine Stelle für den **(4)** _____ vom 1. Juli bis 30. September. Mein **(5)** _____ deckt den Bereich Management und Projektarbeit nur theoretisch ab, daher würde ich gerne die **(6)** _____ wahrnehmen, diesen Aspekt durch ein Praktikum in Ihrer Firma zu vervollständigen.

Während meines Studiums hatte ich Gelegenheit das Software-Paket Microsoft Office sowie weitere Programme zu **(7)** _____ und anzuwenden. Als **(8)** _____ in einem Supermarkt und bei der Deutschen Post konnte ich bereits **(9)** _____ mit Teamarbeit als auch mit selbstständigem Arbeiten sammeln.

Gerne überzeuge ich Sie in einem persönlichen Gespräch von meinen Qualifikationen.
Mit **(10)** _____ Grüßen

9 KARRIERE UND BERUF

4 *In diesem Abschnitt kommen mehrere Verben mit Präpositionen vor. Ergänzen Sie die englischen Übersetzungen. Können Sie erkären, welche Kasus verwendet werden?*

Deutsch	Englisch	Deutsch	Englisch
sich bewerben (um/für/bei)		sich interessieren (für)	
vervollständigen (durch/mit)		überzeugen (von)	
Angst haben (vor)		bleiben (bei)	
sich vorbereiten (auf)			

Verbs with prepositions

In German many verbs are followed by prepositions, which require the following noun to be in a particular case. For example:

- Accusative
  auf: sich vorbereiten auf – Ich bereite mich auf die Prüfung vor.
  um: sich bewerben um – Sie bewirbt sich um die Stelle.

- Dative
  bei: bleiben bei – Kerstin bleibt drei Monate bei der Firma.
  bei: sich bewerben – Sie bewirbt sich bei der Firma.

5 A *Ergänzen Sie die passenden Präpositionen mit dem Akkusativ aus dem Kästchen.*

auf	für	um	auf

a) Kerstin bewirbt sich _____ die Stelle als Praktikantin.

b) Sie möchte sich _____ das Vorstellungsgespräch vorbereiten.

c) Kerstin interessiert sich _____ den Bereich Projektmanagement.

d) Bernd lädt Kerstin _____ einen Kaffee ein.

B *Ergänzen Sie die passenden Präpositionen mit dem Dativ aus dem Kästchen.*

bei	von	vor	mit

a) _____ dieser Stelle kann sie ihre Kenntnisse vervollständigen.

b) Sie hat ein bisschen Angst _____ dem Gespräch.

c) Kerstin möchte drei Monate _____ der Firma bleiben.

d) Kerstin kann die Personalchefin _____ ihren Fähigkeiten überzeugen.

Kaffee

Aussprache und Satzmelodie

kn und Satzmelodie

1 *Kreuzen Sie die Wörter an, die Sie hören.*

Knigge ❏	knapp ❏	Kneipe ❏
Kinn ❏	Kappe ❏	kein ❏
Knie ❏	Knut ❏	Knauf ❏
Kind ❏	Kunst ❏	kaufen ❏
Knopf ❏	Knoblauch ❏	Knödel ❏
Kopf ❏	Korn ❏	können ❏

2 *Hören Sie die Sätze und sprechen Sie nach.*

3 *Hören Sie die Sätze, schreiben Sie sie und sprechen Sie nach.*

1 _____
2 _____
3 _____
4 _____
5 _____
6 _____
7 _____
8 _____

4 A *Hören Sie die Fragen und Antworten und ergänzen Sie die Sätze.*

a) **A** _____ möchtest du gerne arbeiten?
   B Ich möchte gerne in der Schweiz arbeiten.

b) **A** _____ möchtest du im Jahr verdienen?
   B Ich möchte mindestens €60 000 verdienen.

c) **A** In _____ Land wärst du jetzt gerne?
   B Ich wäre jetzt gerne in Frankreich.

d) **A** _____ Stelle hätten Sie gerne?
   B Ich hätte gerne die Stelle als Praktikantin.

e) **A** An _____ Uni würdest du gerne studieren?
   B Ich würde gerne an der FU in Berlin studieren.

B *Fragen und antworten Sie abwechselnd.*

zweihunderteinunddreißig **231**

Portfolio

1 *Suchen Sie einen deutschsprachigen Studenten/eine deutschsprachige Studentin und stellen Sie ihm/ihr so viele Fragen, dass Sie anschließend seinen/ihren Lebenslauf schreiben können.*

2 *Suchen Sie im Internet drei Anzeigen für Jobs, für die Sie sich bewerben würden. Eine der Anzeigen sollte für einen Ferienjob sein. Erklären Sie, warum Sie diesen Job gewählt haben. (200 Wörter)*

3 *Schreiben Sie einen Bewerbungsbrief zu einer der Anzeigen in Übung 2.*

4 *Man hat Sie zum Vorstellungsgespräch eingeladen und Sie bereiten sich darauf vor. Lesen und beantworten Sie die folgenden Fragen. Bitten Sie dann einen deutschsprachigen Studenten/eine deutschsprachige Studentin das Gespräch mit Ihnen zu üben und nehmen Sie es auf.*

- **a)** Was studieren Sie?
- **b)** Warum interessieren Sie sich für diese Stelle?
- **c)** Welche Arbeitserfahrung haben Sie?
- **d)** Welche Fremdsprachen sprechen Sie?
- **e)** Welche Computerprogramme beherrschen Sie?
- **f)** Wo und was möchten Sie in fünf Jahren sein?
- **g)** Wie viel möchten Sie im Monat/im Jahr verdienen?
- **h)** Reisen Sie gern?
- **i)** Welche Hobbys haben Sie?

5 *Schreiben Sie sechs oder sieben Tipps für jemanden, der sich auf ein Vorstellungsgespräch vorbereitet. Suchen Sie auch im Internet nach Information. (150+ Wörter).*

Kulturbeilage

Knigge fürs Büro: Richtige Umgangsformen am Arbeitsplatz

nützliche Wörter

die Umgangsformen (Pl.): *manners*
der berufliche Erfolg: *success at work*
man: *one, people, you*
Mahlzeit!: *Enjoy your meal!*
höher gestellt: *senior*
das Grüßen: *greeting*
die Regeln (Pl.): *rules*
tief ausgeschnitten: *low-cut*
unbedingt: *necessarily*
die Strümpfe: *stockings*
der Ranghöhere: *superior*
der Rangniedrigere: *inferior*
sich siezen: *to call someone Sie*
klingelnd: *ringing*
ärgerlich: *irritating*
das Handy: *mobile phone*
die Höflichkeit: *politeness*

Gute Umgangsformen sind für den beruflichen Erfolg wichtig, aber nicht immer hat man freundliche Kollegen und Kolleginnen.

Zur Mittagszeit laut „Mahlzeit!" zu rufen ist out. Auf dem Korridor lässt man höher gestellte Kollegen und Kolleginnen zuerst durch eine Tür gehen. Im Lift steigt die Person zuerst aus, die am nächsten neben der Tür steht, und Grüßen ist ein Muss.

Auch für Kleidung gibt es Regeln, aber in einer Bank sind sie anders als z. B. an der Uni. Für Frauen: keine nackten Schultern, nicht zu tief ausgeschnitten, die Röcke bis zu den Knien. Wenn es sehr warm ist, muss man nicht unbedingt Strümpfe tragen, aber immer Schuhe. Ganz schlimm bei Männern: kurze Hosen, Sandalen und Socken.

In einer neuen Firma sollte man nicht jedem sofort das „Du" anbieten. In der Regel bietet der Ältere dem Jüngeren das „Du" an und der Ranghöhere dem Rangniedrigeren. Siezt man sich aber, kann das kritische Situationen leichter machen.

Klingelnde Mobiltelefone in Konferenzen und Besprechungen sind ärgerlich. Besser, ein Handy mit Vibrationsfunktion.

Auch bei E-Mails gibt es bestimmte Regeln der Höflichkeit: Sie sollten, wenn möglich, sofort beantwortet werden.

★ **Kultur-Info**

Adolf Freiherr von Knigge war deutscher Schriftsteller (1752–1796) und schrieb im Jahre 1788 das definitive Buch über gutes Benehmen („Über den Umgang mit Menschen"). Der „Knigge" ist heute das Synonym für Bücher, die gute Manieren, Tischsitten und allgemeine Umgangsformen beschreiben.

---

man
The German *man* is widely used to make general statements about what 'you' or 'they' do, and does not have the same upper-class connotation as 'one'.

---

1 *Schreiben Sie eine englische Zusammenfassung der Umgangsformen in einem deutschen Büro. (max. 150 Wörter)*

2

Suchen Sie aus dem Text die deutschen Entsprechungen dieser Wörter.

a) to greet _____
b) success _____
c) manners, behaviour _____
d) rules _____
e) lunchtime _____
f) senior _____
g) to offer _____
h) to call somebody Sie _____
i) easier _____
j) ringing _____
k) irritating _____
l) politeness _____

3

Schreiben Sie zehn Regeln für Umgangsformen in Großbritannien. Verwenden sie „Man soll …", „Man muss …", „Man darf nicht …".

Wiederholung

Sie sollten nun in der Lage sein

★ **einfache Stellenanzeigen zu lesen**

★ **über Voraussetzungen für bestimmte Berufe zu sprechen und diese zu verstehen**

★ **über Ihre Qualifikationen und Fähigkeiten zu sprechen**

★ **Ihren Lebenslauf zu schreiben**

★ **einen Bewerbungsbrief zu schreiben**

★ **einfache Fragen in einem Vorstellungsgespräch zu stellen und zu beantworten**

★ **über Wahrscheinlichkeit, Wünsche oder Möglichkeit zu sprechen**

1

Berufe. Verbinden Sie die deutschen und englischen Begriffe.

a) die Zahnärztin — hairdresser
b) die Friseurin — cook
c) der Architekt — researcher
d) die Lehrerin — musician
e) die Bankangestellte — doctor
f) der Arzt — actor
g) die Köchin — teacher
h) der Schauspieler — dentist
i) die Musikerin — bank clerk
j) der Forscher — architect

2

Ergänzen Sie den Dialog mit der passenden Form der Verben im Kästchen.

| haben | sollen | gehen | bewerben |
| lesen | müssen (×2) | sein | einladen |

Bernd Na, wie **(1)** _____'s? Hast du schon was von der Firma gehört, bei der du dich **(2)** _____ hast?
Kerstin Ja, ich **(3)** _____ gestern die Einladung zum Vorstellungsgespräch bekommen.
Bernd Gratuliere! Wann und wo ist es?
Kerstin Am zehnten hier in Berlin. Ich bin jetzt schon nervös.
Bernd Nur keine Panik! **(4)** _____ ich dich begleiten?
Kerstin Das wäre wirklich nett von dir. Eigentlich habe ich ein bisschen Angst vor dem Gespräch.
Bernd Keine Sorge. **(5)** _____ die Stellenanzeige noch einmal genau durch und deinen Lebenslauf.
Kerstin Aha, sonst noch etwas?
Bernd Du **(6)** _____ pünktlich sein.
Kerstin Noch etwas?
Bernd Und du **(7)** _____ immer freundlich, höflich und vor allem ehrlich sein.
Kerstin **(8)** _____ du schon oft bei Vorstellungsgesprächen?
Bernd Ein paar Mal. Leider hat es mit dem Job nie geklappt. Komm, ich **(9)** _____ dich auf einen Kaffee _____.
Kerstin Danke, den kann ich jetzt brauchen.

3

Machen Sie eine Umfrage in der Klasse und befragen Sie drei Kollegen/Kolleginnen.

	1	2	3
Was für eine Stelle hätten Sie gerne?			
In welcher Firma möchten Sie arbeiten?			
In welcher Stadt/In welchem Land möchten Sie arbeiten?			
Wie viel möchten Sie verdienen?			
Möchten Sie gerne reisen?			
Haben Sie einen Führerschein?			
Wo und was möchten Sie in fünf Jahren sein?			

4

Fassen Sie das Ergebnis der Umfrage aus Übung 3 in einem kurzen Bericht zusammen.

9 KARRIERE UND BERUF

5 *Erstellen Sie aus dem folgenden Bericht einen tabellarischen Lebenslauf (siehe Vorspeise Übung 12).*

> ✉ **E-Mail**
>
> Mein Name ist John Hastings. Ich wurde am 26. Oktober 1984 in Bristol geboren. Von 1989 bis 1995 war ich an der Henleaze Grundschule in Bristol, danach bis 2002 an der Bristol Grammar School. Anschließend habe ich ein Jahr als Entwicklungshelfer in Südamerika gearbeitet. Seit 2003 bin ich an der FU Berlin und studiere Musik und Komposition.
>
> Während der Schulzeit hatte ich verschiedene Ferienjobs, 1996–97 als Zeitungsjunge, 1998–2000 in der Stadtbibliothek und 2000–2002 als Verkäufer bei Virgin Music. Seit ich an der Uni bin, gebe ich Klavierstunden.
>
> Ich habe fast keine Computerkenntnisse, kann aber Word, E-Mail-Programme und das Internet benutzen. In meiner Freizeit gehe ich gern ins Konzert und ins Kino, gehe schwimmen und lese viel.

6 *Geben Sie einem Partner/einer Partnerin sechs Tipps für ein Vorstellungsgespräch. Sagen Sie, was man machen, tragen und sagen soll, darf, muss usw.*

Beispiel: Man muss pünktlich sein.

7 *Ergänzen Sie den Dialog und üben Sie ihn dann mit verteilten Rollen.*

- **A** Sie sind an der Universität. Was studieren Sie?
- **B** *I study mechanical engineering. I am in the fifth semester.*
- **A** Sind Sie an der Stelle als Werkstudentin oder Praktikantin interessiert?
- **B** *I would like a work placement. I am interested in project management.*
- **A** Welche Arbeitserfahrung haben Sie?
- **B** *I started at fifteen in a supermarket and worked there for three years. Then I gave private tuition in English and French.*
- **A** Was und wo möchten Sie in fünf Jahren sein?
- **B** *First of all I'd like to finish my degree. Then I would like to work abroad for a year and improve my foreign language skills.*
- **A** Wie lange würden Sie bei uns bleiben?
- **B** *I would like to stay six months.*
- **A** Haben Sie noch Fragen an uns?
- **B** *No, I have no further questions.*
- **A** Ja dann, vielen Dank für Ihre Bewerbung. Wir haben noch ein paar weitere Kandidaten zum Vorstellungsgespräch eingeladen und e-mailen Sie dann.
- **B** *Thank you for inviting me.*
- **A** Danke, auf Wiedersehen.

Vokabelübersicht

Nomen / Nouns

der Abschluss	completion, graduation
der Absolvent	graduate
die Anzeige	advert
die Arbeitserfahrung	work experience
der Arzt/die Ärztin	doctor
die Aushilfskraft	temp
der/die Bankangestellte	bank employee
der Bewerbungsbrief	letter of application
die Bewerbung	application
die Bezahlung	salary, pay
die Datenbank	database
die Erfahrung	experience
der Erfolg	success
die Fähigkeiten (Pl.)	skills
die Ferien (Pl.)	holidays
der Forscher	researcher
die Forschung	research
die Fremdsprache	foreign language
der Friseur	hairdresser
die Gelegenheit	opportunity
die Geschäftsfrau	businesswoman
der Geschäftsmann	businessman
die Gewohnheiten (Pl.)	customs
die Grundkenntnisse (Pl.)	basic knowledge
das Grüßen	greeting
die Hilfskraft	assistant, support
die Informatik	IT
die Kasse	checkout
die Kenntnisse (Pl.)	knowledge
der Koch	cook
das Kostüm	skirt suit
der Lebenslauf	CV
der Lehrer	teacher
der Maschinenbauingenieur	mechanical engineer
der Musiker	musician
die Nachhilfe	private tuition
der Praktikant	student on placement
das Probespiel	audition
die Schwäche	weakness
die Stärke	strength
die Stelle	post
die Stellenanzeige	job advert
die Übersetzung	translation
die Umgangsformen (Pl.)	manners
die Unterlagen (Pl.)	documents
die Urlaubsvertretung	holiday cover
der Verlag	publisher
der Vorschlag	suggestion
das Vorstellungsgespräch	interview
der Werkstudent	student trainee
der Zahnarzt	dentist
der Zeitraum	timespan
das Zeugnis	certificate

Verben / Verbs

Angst haben vor	to be afraid of
antreten (ich trete an)	to start (a job)
anziehen (ich ziehe an)	to put on, wear
begleiten	to accompany
beherrschen	to be familiar with, to master
(sich) bewerben (bei)	to apply to
(sich) bewerben (um/für)	to apply for
bieten	to offer
bitten (um)	to request
führen	to lead, hold (conversation)
hinschicken	to send (to)
klappen	to work
lesen (lies!)	to read
reisen	to travel
siezen	to call somebody Sie
stellen	to ask (question)
(sich) überlegen	to consider
überzeugen von	to convince of
unterrichten	to teach
verdienen	to earn
(sich) vorbereiten auf	to prepare for
wahrnehmen	to take advantage of

Adjektive / Adjectives

anstrengend	strenuous
ärgerlich	irritating
(tief) ausgeschnitten	(low-)cut
ehrlich	honest
fließend	fluent
fortgeschritten	advanced
gefährlich	dangerous
gesucht	required, sought-after
gut bezahlt	well-paid
höflich	polite
höhergestellt	senior
kreativ	creative
langweilig	boring
lohnend	worthwhile
männlich	male, masculine
pünktlich	punctual
schwach	weak
schwierig	difficult
selbstständig	independent
stark	strong
weiblich	female, feminine

Adverbien / Adverbs

unbedingt	necessarily

Nützliche Sätze / Useful expressions

Das klingt nicht schlecht.	That doesn't sound bad.
Leider hat es mit dem Job nie geklappt.	Unfortunately, I never got the job.
Mahlzeit!	Enjoy your meal!
Mit freundlichen Grüßen	Yours sincerely, Regards
Sehr geehrter … (m.)	Dear … (formal)
vor allem	above all
Zeig mal!	Let me see!, Show me!
zu Handen (z. Hd.)	for attention of (FAO)

Zukunftsaussichten

Übersicht

Wiederholung 239–240

Aperitif — 240
Urlaub und Urlaubsaktivitäten

- **Funktion:** Sommerpläne beschreiben
- **Vokabeln:** Urlaubsaktivitäten
- **Grammatik:** Satzverbindungen
- **Übungen:** 1–2

Vorspeise — 241-245
Sommerpläne

- **Funktion:** Nach Sommerplänen fragen
- **Vokabeln:** Urlaub; Sommerpläne
- **Grammatik:** Reflexivpronomen
- **Übungen:** 1–12

Hauptspeise — 245-249
Ferien

- **Funktion:** Sich über Urlaubspläne unterhalten; Koffer packen und Vorbereitungen machen
- **Vokabeln:** Koffer; Ferien; mehr über Sommerpläne; nächstes Semester
- **Grammatik:** Konjunktionen
- **Übungen:** 1–11

Nachspeise — 250-254
Spannung und Action aus deutscher Hand

- **Funktion:** Filme und Kino; Handlungen wiedergeben
- **Vokabeln:** Filme
- **Grammatik:** Präteritum
- **Übungen:** 1–11

Kaffee — 255-260

Aussprache und Satzmelodie
Portfolio
Kulturbeilage
Wiederholung
Vokabelübersicht

Abschnitt 10 Zukunftsaussichten

In diesem Abschnitt werden Sie

★ *nach Ferienplänen fragen*

★ *über Reisevorbereitungen sprechen*

★ *Begründungen geben*

★ *über einen deutschen Regisseur lesen*

Wiederholung

1 *Schreiben Sie eine passende Aussage zu jeder Abbildung.*

Beispiele: Ich wäre gerne …

Ich möchte gerne als … arbeiten.

Ich möchte nicht als … arbeiten.

a _____ b _____ c _____

d _____ e _____ f _____

10 ZUKUNFTSAUSSICHTEN

2 Fragen und antworten Sie abwechselnd.

Beispiel:
- **A** Was möchtest du machen?
- **B** Ich möchte gern als Ingenieur arbeiten.
- **A** Warum möchtest du als Ingenieur arbeiten?
- **B** Die Arbeit als Ingenieur ist interessant.

3 Fragen und antworten Sie abwechselnd und ergänzen Sie die Tabelle. Erzählen Sie der Klasse, was für Pläne Ihr Partner/Ihre Partnerin hat.

	Selbst	Partner/in
Was machst du am Wochenende?		
Was machst du in den Sommerferien?		
Was machst du nach dem Studium?		

Aperitif

Urlaub und Urlaubsaktivitäten

1 Verbinden Sie die Aktivitäten mit den Abbildungen.

a    b    c    d

e

> für das Wintersemester drei Bücher lesen
> eine Seminararbeit schreiben
> in der Türkei am Strand liegen
> Nachhilfeunterricht geben
> eine Radtour machen

2 Fragen und antworten Sie abwechselnd unter Verwendung der Aktivitäten aus Übung 1.

Vorspeise

Sommerpläne

1

A *Kerstin und Bernd treffen sich auf einer Grillparty und sprechen über ihre Sommerpläne. Wohin fährt Bernd?*

Kerstin Hallo Bernd, lange nicht gesehen! Wie geht's?
Bernd Tag Kerstin, nicht schlecht. Muss noch zwei mündliche Prüfungen machen und dann ist Schluss. Und du?
Kerstin Noch eine schriftliche Prüfung und dann mache ich erst mal Ferien.
Bernd Toll, wohin fährst du?
Kerstin Ein paar Tage nach Italien. Ich brauche unbedingt eine Pause vor meinem Praktikum.
Bernd Hey, du hast den Job bekommen! Gratuliere!
Kerstin Danke. Die Firma hat gestern angerufen und mir die Stelle angeboten.
Bernd Mensch! Da hast du aber echtes Glück. Solche Jobs gibt's nur selten. Freust du dich darauf?
Kerstin Ja sehr. Es ist genau das, was ich wollte. Ich kann's noch gar nicht glauben. Und du? Was machst du im Sommer?
Bernd Zuerst möchte ich Nachhilfestunden geben und dann in der Türkei ein paar Wochen Urlaub machen. Das nächste Wintersemester wird hart, und ich muss mich vorbereiten. Die Leselisten für die Hauptseminare sind ziemlich lang.
Kerstin Aber zuerst müssen wir meinen Erfolg feiern. Ich rufe nur schnell John und Céline an, vielleicht möchten Sie mitkommen.
Bernd Gute Idee! Wir könnten uns am Gendarmenmarkt treffen.

nützliche Wörter

die Grillparty: *barbecue*
mündlich: *oral*
die Prüfung: *examination*
dann ist Schluss: *that's the end*
schriftlich: *written*
erst mal: *first of all*
das Glück: *luck*
solche: *such*
sich freuen auf: *to look forward to*
der Urlaub: *holiday*
die Leseliste: *reading list*
das Hauptseminar: *advanced-level seminar*
der Erfolg: *success*
feiern: *to celebrate*

B *Hören Sie den Dialog noch einmal. Richtig oder falsch?*

	Richtig	Falsch
a) Bernd muss noch zwei Prüfungen machen.	❏	❏
b) Die Firma hat Kerstin ein Praktikum angeboten.	❏	❏
c) Kerstin freut sich nicht auf den Job.	❏	❏
d) Bernd fährt nach Italien.	❏	❏
e) Bernd muss viel für das nächste Semester lesen.	❏	❏
f) Kerstin schlägt vor das Semesterende zu feiern.	❏	❏

zweihunderteinundvierzig

2 Suchen Sie die deutschen Entsprechungen aus dem Dialog. Vergessen Sie bei Nomen das Genus nicht!

a) oral _____ f) exactly _____
b) post _____ g) holiday _____
c) to call _____ h) to prepare _____
d) private tuition _____ i) success _____
e) reading list _____ j) idea _____

3 Lesen Sie den Dialog mit verteilten Rollen.

4 Verbinden Sie die englischen und deutschen Sätze.

a) Long time no see!   Vielleicht möchten Sie mitkommen.
b) You are really lucky!   Freust du dich darauf?
c) Are you looking forward to it?   Lange nicht gesehen!
d) I absolutely must have a break! Gratuliere!
e) Maybe they'd like to come along. Ich brauche unbedingt eine Pause!
f) Congratulations!   Du hast aber echtes Glück!

5 Ergänzen Sie den Dialog mit den Wörtern aus dem Kästchen.

| übermorgen | geht's | hartes | Lust | sehr |
| Schluss | fährst | schlecht | abgeben | möchte |

Brigitte Hallo Mario. Wie **(1)** _____?
Mario Tag Brigitte, nicht **(2)** _____. Noch eine Prüfung und dann ist **(3)** _____ . Und was machst du?
Brigitte Ich muss morgen eine Seminararbeit **(4)** _____ und dann mache ich erst mal Ferien.
Mario Toll, wohin **(5)** _____ du?
Brigitte Nach Hause. Das war ein **(6)** _____ Jahr.
Mario Freust du dich auf deine Familie?
Brigitte Ja, **(7)** _____. Und du? Was machst du im Sommer?
Mario Zuerst **(8)** _____ ich ein Praktikum machen und dann in der Türkei ein paar Wochen Urlaub.
Brigitte Hör mal, ich fahre schon **(9)** _____. Hast du **(10)** _____ auf ein Abschiedsbier?
Mario Gute Idee!

6 *Antworten Sie abwechselnd auf die Aussagen. Verwenden Sie die Sätze aus dem Kästchen.*

> **Nein danke, ich habe keine Lust.**
> **Das tut mir Leid.**
> **Hallo. Danke, nicht schlecht.**
> **Gratuliere!**
> **Gute Reise! Freust du dich?**
> **Super! Wohin fährst du?**

a) Ich habe einen neuen Job gefunden!

b) Ich habe jetzt zwei Wochen Urlaub.

c) Wir fahren nächsten Monat in die USA.

d) Hallo Günther, lange nicht gesehen. Wie geht's?

e) Mein Bruder ist krank.

f) Möchtest du heute Abend essen gehen?

7 *Verbinden Sie die deutschen und englischen Sätze.*

a) Ich interessiere mich für Management. — *I don't feel well.*

b) Wir treffen uns am Gendarmenmarkt. — *He's applying for the job as researcher.*

c) Sie freut sich auf das Praktikum. — *You're preparing for the interview.*

d) Er bewirbt sich um die Stelle als Forscher. — *She's looking forward to the placement.*

e) Du bereitest dich auf das Vorstellungsgespräch vor. — *We're meeting at the Gendarmenmarkt.*

f) Ich fühle mich nicht gut. — *I'm interested in management.*

8 *Lesen Sie die deutschen Sätze in Übung 7 noch einmal. Ergänzen Sie die Tabelle der Reflexivpronomen für die 1.–3. Person Singular („ich, du, er/sie/es") und die 1. Person Plural („wir").*

Personalpronomen (Nominativ)	Reflexivpronomen (Akkusativ)
ich	
du	
er/sie/es	
wir	

Vorspeise

zweihundertdreiundvierzig **243**

Reflexive pronouns

German has a number of reflexive verbs, e.g. *sich bewerben*, most of which take a reflexive pronoun in the accusative case. (A few take a dative pronoun.)

*Ich bewerbe **mich** um die Stelle bei Siemens.* – I'm applying for the post with Siemens.

The table below gives the accusative reflexive pronouns for all persons in singular and plural.

	Nominativ	Akkusativ
1. Person	ich	mich
2. Person	du	dich
3. Person m./f./n.	er/sie/es	sich
1. Person pl.	wir	uns
2. Person pl.	ihr	euch
3. Person pl.	sie/Sie	sich

9
Ergänzen Sie die Reflexivpronomen.

a) Ich entscheide _____ für die Nirvana CD.

b) Kerstin bewirbt _____ um die Stelle als Praktikantin.

c) John fühlt _____ nicht gut.

d) Céline interessiert _____ für eine Stelle in der Forschung.

e) Ich freue _____ auf die Ferien.

f) Bernd bereitet _____ auf die Prüfung vor.

g) Wir treffen _____ im Stadtzentrum.

h) Sie (Pl.) verabreden _____ mit den Freunden.

10
Ergänzen Sie den Text mit den passenden reflexiven Verben (im Präsens) aus dem Kästchen. Achten Sie auch auf die Präpositionen.

> **sich bewerben   sich vorbereiten   sich interessieren**
> **sich anmelden   sich treffen   sich verabreden   sich freuen**
> **sich in Verbindung setzen** (= to get in touch with)

Kerstin **(1)** _____ _____ für eine Stelle als Praktikantin in der Software-Firma. Sie **(2)** _____ _____ schriftlich um den Job. Sie **(3)** _____ _____ auf das Vorstellungsgespräch vor. In der Firma **(4)** _____ sie _____ zuerst bei der Rezeption an. Die Firma **(5)** _____ _____ mit Kerstin in Verbindung und bietet ihr den Job an. Kerstin **(6)** _____ _____ auf die Arbeit. Sie ruft ihre Freunde an und **(7)** _____ _____ mit ihnen. Alle **(8)** _____ _____ in einer Kneipe.

11 *Übersetzen Sie die folgenden Sätze ins Englische. Was bedeuten die fettgedruckten Wörter?*

a) Schön, dass du **noch** hier bist.

b) **Zuerst** fährt er nach Hause und dann in die Türkei.

c) Ich muss **fast** den ganzen Sommer arbeiten.

d) Nächstes Semester besuche ich **nur** vier Vorlesungen.

e) Wir fahren **erst** im August nach Italien.

f) Hast du **schon** deine Fahrkarte gekauft?

g) Wir sind **erst** seit fünf Minuten hier.

12 *Schreiben Sie einen kurzen Bericht über Ihre Pläne für das kommende Jahr und tragen Sie ihn der Klasse vor. (ungefähr 5 Minuten)*

Hauptspeise

Ferien

1 *Verbinden Sie die Beschriftungen mit den Abbildungen.*

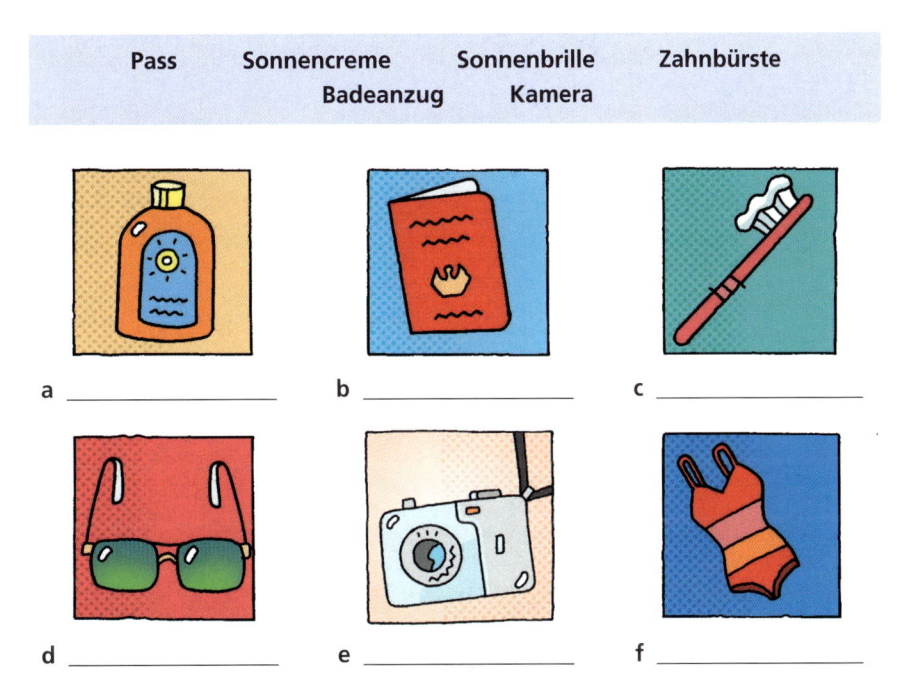

| Pass | Sonnencreme | Sonnenbrille | Zahnbürste |
| Badeanzug | Kamera | | |

a _____

b _____

c _____

d _____

e _____

f _____

zweihundertfünfundvierzig

2

A *Céline, Kerstin, Bernd und John treffen sich zu einem Abschiedsessen vor den Ferien. Wo sind sie jetzt? Wohin fahren Sie auf Urlaub?*

B *Hören Sie den Dialog noch einmal. Richtig oder falsch?*

		Richtig	Falsch
a)	John bleibt den ganzen Sommer in Deutschland.	❏	❏
b)	Céline macht keinen Urlaub im August.	❏	❏
c)	Kerstin fährt zwei Wochen nach Italien.	❏	❏
d)	Sie macht bis August ihr Praktikum.	❏	❏
e)	Bernd fährt mit seiner Schwester in die Türkei.	❏	❏
f)	Im Herbst sind dort die Hotels billiger.	❏	❏

3

Kreuzen Sie die richtige Übersetzung an.

1 Hallo John, schön, dass du noch hier bist!
   a) *Hi John, nice to see that you're still here.* ❏
   b) *Hi John, nice to see that you're already here.* ❏

2 Nein, ich bleibe fast den ganzen Sommer hier.
   a) *No, I'm definitely going to stay here all summer.* ❏
   b) *No, I'm going to stay here almost all summer.* ❏

3 Wir fahren erst Ende September.
   a) *We're only going at the end of September.* ❏
   b) *We'll go at the end of September for the first time.* ❏

4 Ich fahre nächste Woche ein paar Tage nach Italien.
   a) *I'm going to Italy for a few days next week.* ❏
   b) *I'm going to Italy for two days next week.* ❏

5 Also ich schlage vor, wir gehen in ein gutes Restaurant.
   a) *Well, I suggest we go to a good restaurant.* ❏
   b) *I also suggest we go to a good restaurant.* ❏

4

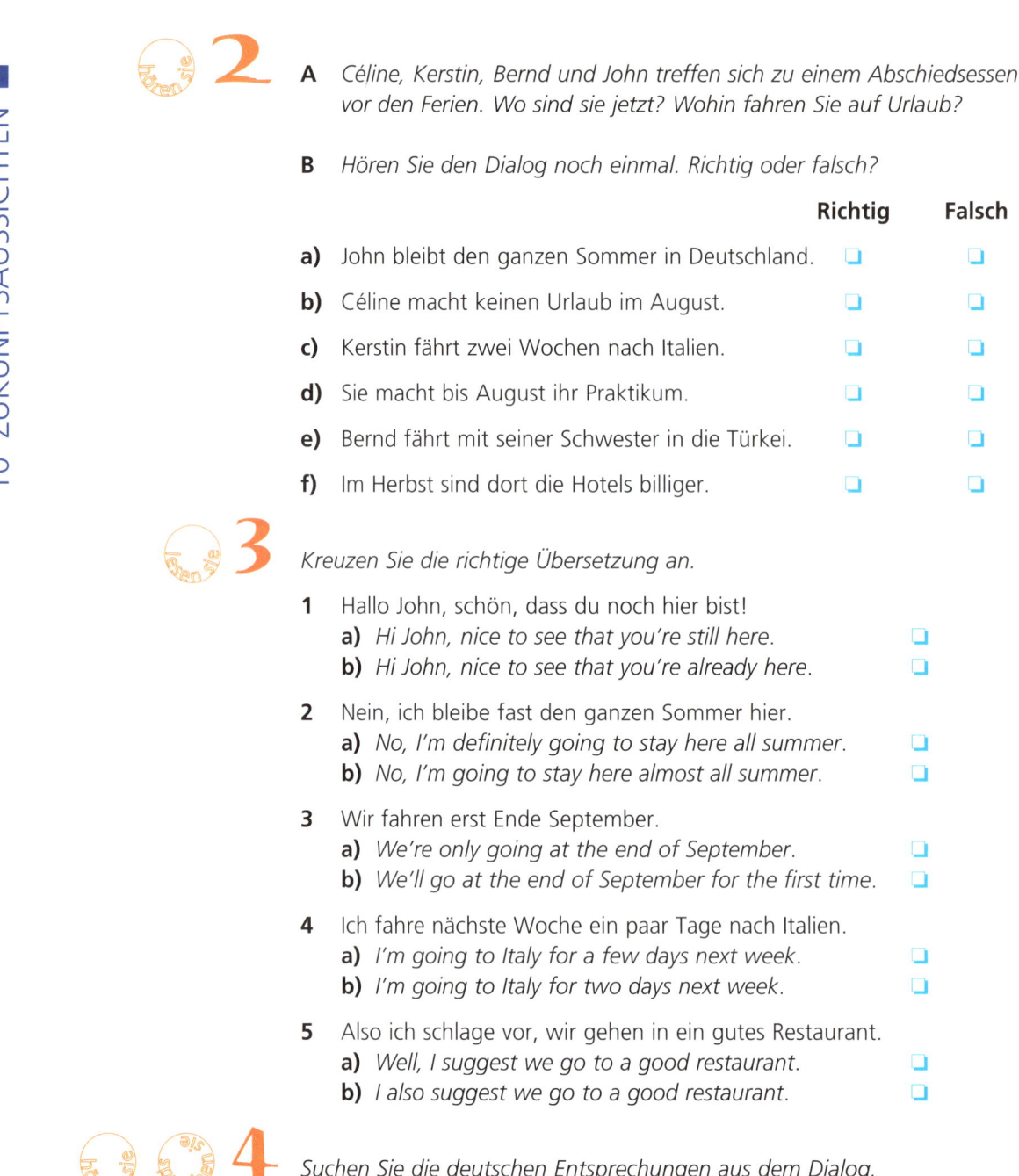

Suchen Sie die deutschen Entsprechungen aus dem Dialog.

a) *appointments* _____   f) *not until* _____

b) *holidays* _____   g) *cheaper* _____

c) *to suggest* _____   h) *to forget* _____

d) *after that* _____   i) *hint, tip* _____

e) *private tuition* _____   j) *agreed!* _____

5 *Lesen Sie die Ausdrücke mit einem Partner/einer Partnerin und verbinden Sie dann die deutschen und englischen Sätze.*

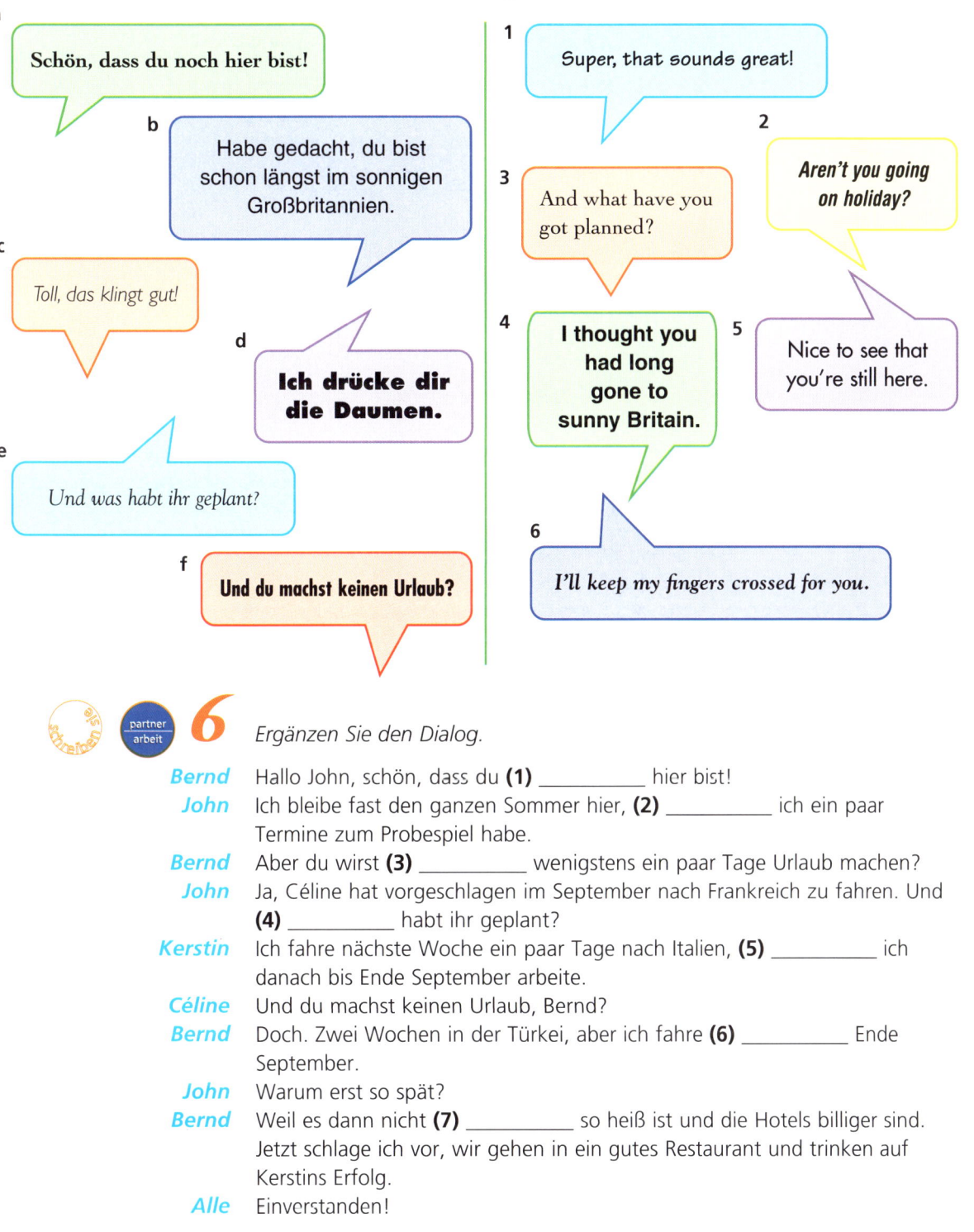

a Schön, dass du noch hier bist!

b Habe gedacht, du bist schon längst im sonnigen Großbritannien.

c Toll, das klingt gut!

d Ich drücke dir die Daumen.

e Und was habt ihr geplant?

f Und du machst keinen Urlaub?

1 Super, that sounds great!

2 Aren't you going on holiday?

3 And what have you got planned?

4 I thought you had long gone to sunny Britain.

5 Nice to see that you're still here.

6 I'll keep my fingers crossed for you.

Hauptspeise

6 *Ergänzen Sie den Dialog.*

Bernd Hallo John, schön, dass du **(1)** _____ hier bist!
John Ich bleibe fast den ganzen Sommer hier, **(2)** _____ ich ein paar Termine zum Probespiel habe.
Bernd Aber du wirst **(3)** _____ wenigstens ein paar Tage Urlaub machen?
John Ja, Céline hat vorgeschlagen im September nach Frankreich zu fahren. Und **(4)** _____ habt ihr geplant?
Kerstin Ich fahre nächste Woche ein paar Tage nach Italien, **(5)** _____ ich danach bis Ende September arbeite.
Céline Und du machst keinen Urlaub, Bernd?
Bernd Doch. Zwei Wochen in der Türkei, aber ich fahre **(6)** _____ Ende September.
John Warum erst so spät?
Bernd Weil es dann nicht **(7)** _____ so heiß ist und die Hotels billiger sind. Jetzt schlage ich vor, wir gehen in ein gutes Restaurant und trinken auf Kerstins Erfolg.
Alle Einverstanden!

zweihundertsiebenundvierzig **247**

10 ZUKUNFTSAUSSICHTEN

7

Besprechen Sie die Bedeutung der Wörter in den Tabellen. Fragen und antworten Sie dann abwechselnd und ergänzen Sie die Tabellen.

Beispiel: **A** Hat John schon den Koffer gepackt?

B Nein, John hat den Koffer noch nicht gepackt.

Partner/in A

	Kerstin	Bernd	John	Céline
die Fahrkarten gekauft			✓	x
den Reisepass besorgt	x			✓
die Reiseversicherung abgeschlossen	✓	x		
den Koffer gepackt			✓	x
die Topfpflanzen zu Freunden gebracht	✓		✓	
die Sonnencreme gekauft				✓
die Handybatterie aufgeladen	✓		✓	
die Bücher zur Uni-Bibliothek gebracht		✓	x	✓

Partner/in B

	Kerstin	Bernd	John	Céline
die Fahrkarten gekauft	✓	x		
den Reisepass besorgt		✓	x	
die Reiseversicherung abgeschlossen			x	✓
den Koffer gepackt	x			x
die Topfpflanzen zu Freunden gebracht		✓		x
die Sonnencreme gekauft	✓	x	x	
die Handybatterie aufgeladen		✓		x
die Bücher zur Uni-Bibliothek gebracht	x			

8

Lesen Sie den ergänzten Dialog (Übung 6) noch einmal und suchen Sie die drei Sätze, in denen das Wort „weil" vorkommt. Was passiert mit den Verben in diesen Sätzen?

Conjunctions

weil = because
When *weil* is used, the verb is sent to the end of the *weil* clause.
Wir fliegen nach Spanien. Es ist dort sehr heiß.
→ *Wir fliegen nach Spanien, **weil** es dort sehr heiß **ist**.*
Other conjunctions that have the same effect are *obwohl* (although), *nachdem* (after), *wenn* (if, whenever), *dass* (that), *als* (when).
Sie gehen ins Kino. Sie haben die Seminararbeit eingereicht.
→ *Sie gehen ins Kino, **nachdem** sie die Seminararbeit eingereicht **haben**.*
Ich wollte nie Gemüse essen. Ich war fünf Jahre alt.
→ *Ich wollte nie Gemüse essen, **als** ich fünf Jahre alt **war**.*

9 Ergänzen Sie die folgenden Sätze mit „weil" oder „obwohl", je nach dem Kontext.

a) Wir fahren morgen an den Strand, _____ es morgen wieder sehr heiß ist.

b) Er bewirbt sich um die Stelle als Lehrer, _____ er keine Erfahrung hat.

c) Sie machen jedes Jahr in Italien Urlaub, _____ es dort billigen Wein und gutes Essen gibt.

d) Ich muss jetzt los, _____ ich um acht Kerstin im Restaurant treffe.

e) Sie fliegen jedes Jahr in die Türkei, _____ sie Angst vor dem Fliegen haben.

f) Er bleibt drei Tage im Hotel Goldener Hirsch, _____ es dort sehr teuer ist.

10 Erklären Sie abwechselnd, warum Sie in die folgenden Länder auf Urlaub fahren wollen. Verwenden Sie die Konjunktionen „weil" oder „obwohl".

Beispiel: **A** Ich fahre nach Italien, weil es dort gutes Essen gibt.

   B Ich fahre nach Großbritannien, obwohl es dort kalt ist.

a) Spanien – sonnig
b) Großbritannien – es regnet
c) Frankreich – teuer
d) USA – weit entfernt
e) Schweiz – hohe Berge
f) Türkei – billige Hotels
g) Österreich – gutes Essen
h) Italien – schöne Strände
i) Griechenland – sehr heiß

11 Wohin fahren Sie dieses Jahr auf Urlaub? Begründen Sie Ihre Entscheidung. (max. 150 Wörter)

Nachspeise

Spannung und Action aus deutscher Hand

Wolfgang Petersen

Nur wenige kennen deutsche Komödien, Krimis oder Horrorfilme. Aber fast jeder kennt einen deutschen Kriegsfilm, *Das Boot*. Und die meisten Filmfans erinnern sich an Action-Filme wie *Outbreak*, *Airforce One* oder *Der Sturm*. Das sind zwar keine deutschen Filme, aber hinter der Kamera stand ein Deutscher.

Der Experte für Spannung und Action in allen diesem Filmen ist Wolfgang Petersen, geboren 1941 in Emden in Ostfriesland. Er ist heute einer der berühmtesten deutschen Regisseure in Hollywood. Petersen wuchs in Hamburg auf und drehte bereits in der Schule 8 mm Filme. 1960 bis 1964 arbeitete er als Regieassistent, später auch als Regisseur und Schauspieler am Ernst-Deutsch-Theater. Er studierte zwei Jahre Theaterwissenschaften an der Uni Hamburg und danach weitere vier Jahre an der Deutschen Film- und Theaterakademie in Berlin.

In den siebziger Jahren drehte er mehrere Folgen der TV-Krimiserie *Tatort* und schuf danach viele international bekannte Filme mit großen Hollywood-Stars, wie *Tod im Spiegel* (mit Greta Scacchi und Tom Berenger) und *In the Line of Fire* (Clint Eastwood, Rene Russo). 1981 fesselte er das Publikum mit der tragischen Fahrt des U-Boots U-96. *Die unendliche Geschichte* folgte 1983 und zwei Jahre später *Enemy Mine – Geliebter Feind*. Danach drehte er *Red Corner* (1997), *Instinkt* (1998 mit Anthony Hopkins) und *Der 200-Jahre-Mann* (1999). *Der Sturm* (2001 mit George Clooney) war ein weiteres Meisterwerk und 2004 kam der Monumentalfilm *Troja* mit Brad Pitt, Orlando Bloom und Sean Bean in die Kinos.

Der geniale Regisseur und Produzent erhielt für sein Werk bereits eine Reihe von Auszeichnungen. Die lange Liste reicht von sechs Oscarnominierungen (Regie, Drehbuch-Adaption, Kamera, Schnitt, Ton und Tonschnitt) über Nominierungen für den Preis der Director's Guild Of America bis zum Golden Globe. Petersen bekam u.a. einen British Academy Award und den Bayerischen Filmpreis, den Prix Italia, Prix Futura, den Bayerischen Filmpreis und Deutschen Filmpreis, die Goldene Leinwand und einen Bambi.

nützliche Wörter

- wenige: *few people*
- die Komödie: *comedy*
- der Krimi: *crime thriller*
- jeder: *everyone*
- der Kriegsfilm: *war movie*
- sich erinnern an: *to remember*
- die Spannung: *tension*
- aufwachsen (wuchs auf): *to grow up*
- der Regisseur: *director*
- drehen: *to film, make films*
- die Theaterwissenschaften (Pl.): *drama*
- die siebziger Jahre: *the seventies*
- die Folge: *episode*
- schaffen (schuf): *to create*
- fesseln: *to captivate*
- der Monumentalfilm: *epic*
- genial: *brilliant*
- erhalten (erhielt): *to receive*
- die Auszeichnung: *award*
- reichen: *to range, reach*
- u.a. = unter anderem: *among others*

1. Richtig oder falsch?

	Richtig	Falsch
a) Wolfgang Petersen wurde in Ostdeutschland geboren.	☐	☐
b) Er hat in Hamburg und Berlin studiert.	☐	☐
c) Am Theater war er Regieassistent und Schauspieler.	☐	☐
d) Petersen arbeitet heute nur als Regisseur.	☐	☐

2

Suchen Sie die deutschen Entsprechungen aus dem Dialog. Vergessen Sie bei Nomen den entsprechenden Artikel nicht!

a) prize _____ f) epic _____

b) masterpiece _____ g) detective series _____

c) war movie _____ h) award _____

d) actor _____ i) comedy _____

e) director _____ j) tension _____

3

Verbinden Sie die deutschen und englischen Sätze.

a) Der Experte, der in allen Filmen für Spannung und Action sorgte, ist Wolfgang Petersen.

b) Petersen wuchs in Hamburg auf und drehte bereits in der Schule 8 mm Filme.

c) Er studierte zwei Jahre Theaterwissenschaften an der Uni Hamburg.

d) In den siebziger Jahren drehte er mehrere Folgen der deutschen TV-Krimiserie *Tatort*.

e) Er schuf viele international bekannte Filme mit großen Hollywood-Stars.

f) 2004 kam der Monumentalfilm *Troja* in die Kinos.

g) Der geniale Regisseur und Produzent erhielt für sein Werk bereits eine Reihe von Auszeichnungen.

h) Die lange Liste reicht von sechs Oscarnominierungen bis zum Golden Globe.

1 He made many internationally famous films with big Hollywood stars.

2 The brilliant director and producer has already received a range of awards for his work.

3 The long list includes six Oscar nominations and a Golden Globe.

4 In 2004 the epic *Troy* hit the cinemas.

5 Petersen grew up in Hamburg, where he made 8 mm films while still at school.

6 He studied drama at Hamburg University for two years.

7 In the seventies he made several episodes of the German TV detective series *Tatort*.

8 The tension and action in all of these films is down to the expertise of Wolfgang Petersen.

10 ZUKUNFTSAUSSICHTEN

4 *Ergänzen Sie die folgende Zeitleiste im Präsens mit Information aus dem Text.*

1941 Wolfgang Petersen wird _____

1960 _____

1966 _____

1970–1979 _____

1981 _____

2001 _____

2004 _____

5 *Lesen Sie die folgenden Fragen und beantworten Sie jeweils alle Fragen auf Deutsch.*

a) Welche Filme von Wolfgang Petersen haben Sie gesehen?

b) Was passiert in diesem Film?

c) Welche Personen kommen in dem Film vor?

d) Hat Ihnen der Film gefallen? Warum?

e) Haben Sie einen Film dieses Regisseurs gesehen, der Ihnen nicht gefallen hat? Wenn ja, welcher und warum?

6 *Im Text kommen mehrere Verben im Präteritum vor. Ergänzen Sie die Infinitive und verbinden Sie die deutschen Verben mit den englischen Entsprechungen aus dem Kästchen.*

created	came	grew up	studied
worked	filmed/made	was	followed

Präteritum	**Infinitiv**	**Englisch**
a) wuchs auf	aufwachsen	
b) studierte		
c) arbeitete		
d) drehte		
e) schuf		
f) kam		
g) folgte		
h) war		

Simple past tense (1)

The simple past is used for narration and is used mainly in written German. As you have seen, only the verbs *sein* (to be), *haben* (to have), *werden* (to become) and the modal verbs are used in the simple past tense in spoken German.

- The simple past of regular verbs is formed by adding *-t* plus the appropriate ending for the person to the verb stem.

- Irregular verbs generally have vowel changes in their stem and use a different set of endings.

Regular verbs, e.g. wohnen	Irregular verbs, e.g. kommen
ich wohnte	ich kam
du wohntest	du kamst
er/sie/es wohnte	er/sie/es kam
wir wohnten	wir kamen
ihr wohntet	ihr kamt
sie/Sie wohnten	sie/Sie kamen

7 *Ergänzen Sie den folgenden Text mit Verbformen im Präteritum. Schlagen Sie unbekannte Formen im Internet oder in einer Grammatik nach.*

Ich **(1)** _____ (studieren) Maschinenbau an der TU Berlin und
(2) _____ (wohnen) in einem großen Zimmer im Studentenwohnheim. Das Studentenheim **(3)** _____ (sein) in der Nähe der Uni und **(4)** _____ (haben) drei Küchen, zwei Gemeinschaftsräume, einen Hobbyraum und einen Fitnessraum im Keller.
Ich **(5)** _____ (besuchen) jedes Semester ungefähr sechs Vorlesungen, sechs Seminare, zwei Übungen und ein Praktikum. Am Wochenende
(6) _____ (gehen) ich ins Kino oder ins Theater, oder ich
(7) _____ (machen) meine Hausaufgaben. Ich **(8)** _____ (fahren) mit dem Fahrrad zur Uni und im Winter **(9)** _____ (nehmen) ich den Bus.
Im Sommer **(10)** _____ (arbeiten) ich als Nachhilfelehrerin für Mathematik und Physik. Im Urlaub **(11)** _____ (fahren) ich mit meinen Freunden nach Italien oder **(12)** _____ (reisen) in die Türkei. Nach dem Studium **(13)** _____ (hoffen) ich eine Stelle bei einer internationalen Firma zu finden.

8 *Erzählen Sie die Lebensgeschichte von Wolfgang Petersen im Präteritum in eigenen Worten. (max. 150 Wörter)*

Simple past tense (2)

As mentioned on page 253, the simple past tense of *sein*, *haben* and *werden* is used in spoken as well as written German. All three verbs are irregular.

	sein	haben	werden
ich	war	hatte	wurde
du	warst	hattest	wurdest
er/sie/es	war	hatte	wurde
wir	waren	hatten	wurden
ihr	waret/wart	hattet	wurdet
sie/Sie	waren	hatten	wurden

9

Ergänzen Sie die folgenden Sätze mit der passenden Form von „sein", „haben" oder „werden" im Präteritum.

a) John und Céline _____ in Salzburg.

b) Sie _____ keine Probleme ein Zimmer zu finden.

c) Die Führung durch die Stadt _____ sehr interessant.

d) Kaffee und Kuchen im Café Tomaselli _____ ausgezeichnet.

e) Aber das Wetter _____ schrecklich.

10

Modalverben im Präteritum. Lesen sie das Sprachlabor noch einmal. Fragen und antworten Sie dann abwechselnd.

nützliche Wörter

eigen: *own*
streng: *strict*
bestrafen: *to punish*
das Haustier: *pet*
reden: *to talk*
aufessen: *to finish the meal*

	Selbst	Partner/in
Wo und wann wurdest du geboren?		
Hattest du dein eigenes Zimmer, als du ein Kind warst?		
Waren deine Eltern streng?		
Wurdest du oft bestraft?		
Hattest du ein Haustier?		
Konntest du mit deinen Eltern über alles reden?		
Was wolltest du als Kind werden?		
Musstest du als Kind immer alles aufessen?		

11

Schreiben Sie nun einen kurzen Bericht über Ihre Kindheit. Beschreiben Sie, was Sie durften, wollten, mussten usw. (max. 200 Wörter)

Kaffee

Aussprache und Satzmelodie

fl und pfl, Satzmelodie und Präteritum

1

Hören Sie die Wörter und ergänzen Sie die Tabelle.

1	3	Flügel
2	pflügen	Pflicht
Pflaume	4	6
Fluss	pflegen	7
Pflug	5	flach

2

Hören Sie die Wörter und Sätze und sprechen Sie nach.

nützliche Wörter
blöd: *stupid (colloquial)*
Blöd, dass …: *The silly thing is …*

schön	Schön, dass du noch hier bist.
schade	Schade, dass du nicht kommen kannst.
toll	Toll, dass du den Job bekommen hast.
ärgerlich	Wie ärgerlich, dass es noch immer regnet.
danke	Danke, dass Sie zurückrufen.
blöd	Blöd, dass ich schon wieder pleite bin.

3

Hören Sie die Sätze und ergänzen Sie die Verben.

1 Ich _____ 1965 in Bayern geboren.

2 Ich _____ in einem kleinen Dorf auf.

3 Mit sechs Jahren _____ ich in die Grundschule.

4 Später _____ ich ans Gymnasium.

5 Mit achtzehn _____ ich zum ersten Mal allein auf Urlaub.

6 An der Uni _____ ich viele nette Leute kennen.

7 Vor zwei Jahren _____ ich mein Studium ab.

8 Danach _____ ich mich als Ingenieur bei Siemens und _____ die Stelle.

zweihundertfünfundfünfzig

Portfolio

1 Beschreiben Sie Ihre Pläne für diesen Sommer: Arbeit, Urlaub, Vorbereitung auf das kommende Jahr usw. (max. 200 Wörter)

2 Interviewen Sie einen deutschsprachigen Studenten/eine deutschsprachige Studentin zu seinem/ihrem schönsten Urlaub. Nehmen Sie das Gespräch auf und legen Sie die Aufnahme zu Ihrem Portfolio.

3 Schreiben Sie eine Zusammenfassung eines Films, den sie gesehen haben (wenn möglich eines Films von Wolfgang Petersen). Was gefällt Ihnen an der Handlung, den Schauspielern, den Personen oder der Regie? Suchen Sie Ideen und Inspiration in Zusammenfassungen im Web. Aber kopieren Sie den Text nicht! (max. 200 Wörter)

4 Schreiben Sie eine Biographie eines anderen deutschen Regisseurs/einer deutschen Regisseurin, dessen/deren Filme Ihnen besonders gut gefallen. Erstellen Sie eine Zeitleiste. Suchen Sie wieder Ideen und Inspiration im Web, aber kopieren Sie den Text nicht! (200 Wörter)

Kulturbeilage
Wiederholungsquiz

1 Beantworten Sie abwechselnd die folgenden Fragen zu den vergangenen neun Abschnitten.

1 In welchen Ländern spricht man Deutsch?
a) In Deutschland, Belgien und Österreich.
b) In Deutschland, Österreich und der Schweiz.
c) In Deutschland, Skandinavien und Luxemburg.

2 Was ist die Benrather Linie?
a) Die Grenze zwischen Hochdeutsch und Österreichisch.
b) Die Grenze zwischen Mitteldeutsch und Niederdeutsch.
c) Die Grenze zwischen Plattdeutsch und Niederdeutsch.

3 Wann wurde die Universität Tübingen gegründet?
a) 1744
b) 1477
c) 1447

4 In welcher Stadt ist die Pferdeschwemme?
a) In Saarbrücken.
b) In Salzgitter.
c) In Salzburg.

5 Aus welchem Jahr stammt die Festung Hohensalzburg?
a) Aus dem Jahre 1077.
b) Aus dem Jahre 1066.
c) Aus dem Jahre 1055.

6 Wo ist die Speicherstadt?
a) In Heidelberg.
b) In Hamburg.
c) In Hameln.

7 Was ist die Speicherstadt?
a) Die Speicherstadt ist ein Lagerhaus.
b) Die Speicherstadt ist ein Komplex von Lagerhäusern.
c) Die Speicherstadt ist ein Museum.

8 Was ist das wichtigste Welthandelsprodukt?
a) Kaffee.
b) Erdöl.
c) Gold.

9 Was ist der „Knigge"?
a) Ein Buch über Umgangsformen und Manieren.
b) Ein Buch über den Büro-Alltag und Kommunikation.
c) Ein Buch über Feste und Traditionen.

10 Wie nennt man „A-levels" in Deutschland?
a) Absolvent.
b) Abitur.
c) Matura.

11 Wie nennt man die Assistentin in einer Arztpraxis?
a) Sprechhilfe.
b) Sprechstunde.
c) Sprechstundenhilfe.

12 Was hat Freud begründet?
a) Die Psyche.
b) Die Psychosomatik.
c) Die Psychoanalyse.

10 ZUKUNFTSAUSSICHTEN

Wiederholung

Sie sollten nun in der Lage sein

★ *Information über Urlaubspläne zu erfragen und zu geben*

★ *über Filme und Musik, die Sie gerne sehen oder hören, zu sprechen*

★ *Bedauern und Glückwünsche auszudrücken*

★ *über die eigene Kindheit zu sprechen*

★ *ein bisschen über deutsche Filme zu reden*

1 Suchen Sie im Wortsalat die Vokabeln zum Thema „Ferien" und „Uni". Es gibt insgesamt 11.

B	O	B	H	I	S	H	T	A	M	P	S	K
A	K	A	M	E	R	A	C	H	T	S	R	R
P	K	D	G	L	I	R	B	G	Ü	O	E	A
A	L	E	S	C	H	R	M	P	F	M	G	N
S	E	A	N	S	W	L	I	F	T	M	H	K
S	O	N	N	E	N	C	R	E	M	E	T	E
L	E	Z	P	M	Q	L	R	R	Ä	R	B	N
P	V	U	L	I	U	K	S	I	W	P	L	S
A	H	G	O	N	I	O	T	E	A	T	Ö	C
U	S	K	T	A	F	F	O	N	H	E	S	H
S	P	R	F	R	C	F	G	J	L	R	G	E
E	I	A	H	D	H	E	W	T	T	B	L	I
Z	F	Ü	H	R	E	R	S	C	H	E	I	N

258 *zweihundertachtundfünfzig*

2 *Ergänzen Sie die passenden Formen der Reflexivpronomen.*

a) Kerstin interessiert _____ für eine Stelle in einer Anzeige.

b) Sie bewirbt _____ um die Praktikantenstelle.

c) Bernd sagt: „Bereite _____ auf das Vorstellungsgespräch vor."

d) Sie hat die Stelle bekommen und alle freuen _____ mit Kerstin.

e) Sie verabreden _____ für 20 Uhr.

f) Kerstin schlägt vor, sie treffen _____ im Restaurant.

3 *Bringen Sie den Dialog in die richtige Reihenfolge und üben Sie ihn dann mit verteilten Rollen.*

Bernd Toll, wohin fährst du?
Bernd Hey, du hast den Job bekommen! Gratuliere!
Kerstin Ein paar Tage nach Italien. Ich brauche unbedingt eine Pause vor meinem Praktikum.
Kerstin Hallo Bernd, lange nicht gesehen! Wie geht's?
Bernd Mensch! Da hast du aber echtes Glück. Solche Jobs gibt's nur selten. Freust du dich darauf?
Kerstin Danke. Die Firma hat gestern angerufen und mir die Stelle angeboten.
Kerstin Ja sehr. Es ist genau das, was ich wollte. Ich kann's noch gar nicht glauben. Und du? Was machst du im Sommer?
Bernd Gute Idee! Wir könnten uns am Gendarmenmarkt treffen.
Kerstin Noch eine schriftliche Prüfung und dann mache ich erst mal Ferien.
Kerstin Aber zuerst müssen wir meinen Erfolg feiern. Ich rufe nur schnell John und Céline an, vielleicht möchten Sie mitkommen.
Bernd Zuerst möchte ich Nachhilfestunden geben und dann in der Türkei ein paar Wochen Urlaub machen. Das nächste Wintersemester wird hart, und ich muss mich vorbereiten. Die Leselisten für die Hauptseminare sind ziemlich lang.
Bernd Tag Kerstin, nicht schlecht. Muss noch zwei mündliche Prüfungen machen und dann ist Schluss. Und du?

4 *Verbinden Sie die Sätze mit der passenden Konjunktion, „weil" oder „obwohl".*

a) Wir fahren mit dem Bus. Es regnet.

b) Wir machen in Griechenland Urlaub. Im Sommer ist es dort sehr heiß.

c) Sie arbeitet im Hotel. Die Bezahlung ist nicht sehr gut.

d) Ich gehe mit meinen Freunden in die Kneipe. Ich habe alle Prüfungen gemacht.

e) Wir gehen in die Mensa. Das Essen dort ist nicht sehr gut.

f) Er studiert Wirtschaftswissenschaften. Er hat damit bessere Chancen im Beruf.

Vokabelübersicht

Nomen / Nouns

Deutsch	English
das Abschiedsbier/essen	farewell beer/dinner
die Auszeichnung	award
der Badeanzug	swimsuit
das Drehbuch	script
der Erfolg	success
die Folge	episode
die Geschichte	story
das Glück	luck
die Handlung	plot
das Haustier	pet
die Kamera	camera
die Kindheit	childhood
der Koffer	suitcase
der Kriegsfilm	war movie
die Krimiserie	detective series
die Leseliste	reading list
das Meisterwerk	masterpiece
der Monumentalfilm	epic
die Nominierung	nomination
der Produzent	producer
die Prüfung	examination
die Regie	directing
der Regisseur	director
die Reihe	series, row
der Reisepass	passport
die Reiseversicherung	travel insurance
der Schluss	end
der Schnitt	editing
die Sonnenbrille	sun glasses
die Sonnencreme	sun cream
die Spannung	tension
der Strand	beach
die Theaterwissenschaften (Pl.)	drama (studies)
der Ton	sound
der Tonschnitt	sound editing
die Topfpflanze	potted plant
der Urlaub	holiday
die Welle	wave
die Zahnbürste	toothbrush
die Zusammenfassung	summary

Verben / Verbs

anbieten (ich biete an)	to offer
aufessen (ich esse auf)	to eat up
aufwachsen (ich wachse auf)	to grow up
bekommen	to get, receive
besorgen	to get, organise
bestrafen	to punish
drehen	to film, make (film)
erhalten	to receive
erstellen	to write, draw up
feiern	to celebrate
fesseln	captivate
reden	to talk
reichen	to stretch, reach, range
schaffen	to create
(sich) anmelden	to sign in, register
(sich) verabreden	to arrange to meet
sorgen für	to supply, look after
versuchen	to try

Adjektive / Adjectives

ärgerlich	irritating
blöd	stupid (coll.)
echt	real, genuine
eigener/e/es	own
ganz	whole
genial	brilliant
mündlich	oral
nass	wet
schriftlich	written
solcher/e/es	such
streng	strict
tragisch	tragic
unendlich	never-ending

Adverbien / Adverbs

erst mal	first of all
erst	only, not until
fast	almost
genau	exactly
noch	still
schon	yet, already
trotzdem	nevertheless
unbedingt	absolutely, desperately
weit entfernt	far away
zuerst	first

Pronomen / Pronouns

Deutsch	English
jeder	everyone
wenige	few people

Interrogative / Interrogatives

warum	why

Konjunktionen / Conjunctions

Deutsch	English
als	when
dass	that
nachdem	after
obwohl	although
oder	or
weil	because

Nützliche Sätze / Useful expressions

die siebziger Jahre (Pl.)	the seventies
Einverstanden!	Agreed!
Ich drücke dir die Daumen.	I'll keep my fingers crossed.
Mensch!	(here:) Wow! Cool!

Grammatikübersicht

A Definite article *Bestimmter Artikel*

The form of the definite article 'the' (*der, die, das*) varies according to the gender and case of the noun it is used with.

	Maskulinum	Femininum	Neutrum	Plural
Nominativ	der	die	das	die
Akkusativ	den	die	das	die
Dativ	dem	der	dem	den
Genitiv	des	der	des	der

B Indefinite article *Unbestimmter Artikel*

The form of the indefinite article 'a/an' (*ein, eine, ein*) varies according to the gender and case of the noun it is used with.

	Maskulinum	Femininum	Neutrum
Nominativ	ein	eine	ein
Akkusativ	einen	eine	ein
Dativ	einem	einer	einem
Genitiv	eines	einer	eines

C Nouns *Nomen*

1 Gender and word formation *Genus und Wortbildung*

a) All German nouns have one of three genders: masculine, feminine or neuter.

b) Nouns can be formed in various ways from adjectives or verbs, most commonly by adding one of the endings *-keit, -heit, -schaft, -tät, -nis, -ung, -um* or by using an umlaut plus *-e*, e.g. *schwach – Schwäche, groß – Größe*. Unfortunately these suffixes do not always indicate which gender the noun has (e.g. *die Kenntnis*, but *das Verhängnis*).

c) It is not always possible to tell from a noun's form which gender it has, but certain endings do indicate a particular gender. In general:
- nouns ending in *-and/-ant, -ling, -iker, -ismus, -ist* and *-or* are masculine
- nouns ending in *-keit, -heit, -schaft, -ose, -tät* and *-ung* are feminine
- nouns ending in *-chen, -ium, -lein, -ment* are neuter.

d) Compound nouns always take the gender of the last part:
   das Schwein + der Braten = der Schweinebraten

2 Plural *Plural*

a) German nouns form their plural in various ways. The plural suffix is not a reliable guide to a noun's gender, but almost all feminine nouns add *-n* or *-en*. The following suffixes and vowel changes are used to form plurals:
- no change: *das Fenster – die Fenster*
- adding *-n/-en*: *die Sprache – die Sprachen, die Vorlesung – die Vorlesungen*
- adding *-e*: *der Tag – die Tage*
- adding *-er*: *das Kleid – die Kleider*
- adding *-s*: *das Auto – die Autos*
- adding *-se*: *die Kenntnis – die Kenntnisse*
- umlaut: *die Mutter – die Mütter*
- umlaut plus *-e*: *die Hand – die Hände*
- umlaut plus *-er*: *das Buch – die Bücher*
- other forms (derived from Latin or Greek): *das Forum – die Foren, der Modus – die Modi, der Atlas – die Atlanten/Atlasse*

b) Some nouns only exist as plurals in German:
Eltern, Kosten, Ferien

c) Some nouns are plural in English but not in German:
scissors – *die Schere* (sing.)
spectacles – *die Brille* (sing.)
police – *die Polizei* (sing.)

D Numbers *Zahlen*

1 Cardinal numbers *Kardinalia*

1	*eins*	6	*sechs*	11	*elf*	30	*dreißig*
2	*zwei*	7	*sieben*	12	*zwölf*	40	*vierzig*
3	*drei*	8	*acht*	13	*dreizehn*	50	*fünfzig*
4	*vier*	9	*neun*	20	*zwanzig*	100	*(ein)hundert*
5	*fünf*	10	*zehn*	21	*einundzwanzig*	1000	*(ein)tausend*

The German numbers are fairly straightforward from 1 to 20. From 21 onwards they are 'back to front', i.e. the units are read first and then the tens:
einundzwanzig = 21 (one and twenty)

2 Ordinal numbers *Ordinalia*

a) The ordinal numbers 1st–19th are derived from the cardinal numbers 1–19 by adding *-te*, with *eins*, *drei* and *sieben* having irregular forms. The forms for 1st–12th are as follows:

eins – **erste**   *sechs* – *sechste*
zwei – *zweite*   *sieben* – **siebte**
drei – **dritte**   *acht* – *ach**t**e*
vier – *vierte*   *neun* – *neunte*
fünf – *fünfte*   *zwölf* – *zwölfte*

b) From 20 onwards you add *-ste* to the cardinal number:
zwanzig – zwanzigste
zweiunddreißig – zweiunddreißigste
hundert – hundertste

c) German uses a full stop to abbreviate cardinal numbers:
1. – '1st', *2.* – '2nd', *12.* – '12th'.

d) Ordinal numbers behave like adjectives: when used with nouns, they add endings according to case, gender and number:
eins – der erste – im ersten Stock
drei – der dritte – im dritten Stock
acht – der achte – im achten Stock
einundvierzig – der einundvierzigste – im einundvierzigsten Stock

E   Case *Kasus*

German has four cases (nominative, accusative, dative, genitive) in singular and plural, which are applied to articles, nouns, pronouns and adjectives. Cases mark the grammatical relationship between parts of the sentence and allow word order to be quite flexible.

a) The nominative marks the subject of a sentence:
Meine Tante Margot *kommt aus Heidelberg.*
Er *studiert in Berlin Maschinenbau.*

b) The accusative marks the direct object:
John kauft **einen Pulli**.
Ich rufe **dich** *morgen an.*

c) The dative marks the indirect object:
Bernd schreibt **seinem Bruder**.
Gib **mir** *bitte die Milch.*

d) The genitive indicates possession:
Das Haus **meiner Großeltern** *ist am Stadtrand.*
Die Zimmer **des Studentenwohnheims** *sind groß und hell.*

e) Prepositions also govern certain cases:
Ich fahre **mit ihm** *nach Köln. (dative)*
Céline stellt ihr Fahrrad **hinter das Haus**. *(accusative)*

F   Pronouns *Pronomen*

Pronouns are words used to replace nouns. A pronoun agrees with the noun it replaces in gender, case and number.

1 Personal pronouns *Personalpronomen*

Personal pronouns can be used as subjects or objects in sentences and can replace nouns referring to objects as well as persons:
Das ist **Herr Schulze**. **Er** *kommt aus Finsterwalde.*
Das ist **meine Tasche**. **Sie** *ist schwarz.*

	Nominativ	Akkusativ	Dativ	Genitiv
I	ich	mich	mir	meiner
you (familiar sing.)	du	dich	dir	deiner
he/she/it	er/sie/es	ihn/sie/es	ihm/ihr/ihm	seiner/ihrer/seiner
we	wir	uns	uns	unser
you (familiar pl.)	ihr	euch	euch	euer
they/you (formal)	sie/Sie	sie/Sie	ihnen/Ihnen	ihrer/Ihrer

zweihundertdreiundsechzig

2 Possessive adjectives *Possessivpronomen*

a) Traditionally, English grammar groups possessives with adjectives, whereas in German they are grouped with either pronouns or determiners.

b) Possessives agree with the following noun (the thing possessed) in gender, case and number. They follow the same system of gender and case endings as the indefinite article.

Singular

Person	Nominativ		Akkusativ			Dativ	
	m./n.	f.	m.	f.	n.	m./n.	f.
ich	mein *(my)*	meine	meinen	meine	mein	meinem	meiner
du	dein *(your)*	deine	deinen	deine	dein	deinem	deiner
er/es	sein *(his/its)*	seine	seinen	seine	sein	seinem	seiner
sie	ihr *(her)*	ihre	ihren	ihre	ihr	ihrem	ihrer
wir	unser *(our)*	unsere	unseren	unsere	unser	unserem	unserer
ihr	euer *(your)*	eure	euren	eure	euer	eurem	eurer
sie/Sie	ihr/Ihr *(their/your)*	ihre/Ihre	ihren/Ihren	ihre/Ihre	ihr/Ihr	ihrem/Ihrem	ihrer/Ihrer

Plural

Person	Nominativ	Akkusativ	Dativ
	m./f./n.	m./f./n.	m./f./n.
ich	meine *(my)*	meine	meinen
du	deine *(your)*	deine	deinen
er/es	seine *(his/its)*	seine	seinen
sie	ihre *(her)*	ihre	ihren
wir	unsere *(our)*	unsere	unseren
ihr	eure *(your)*	eure	euren
sie/Sie	ihre/Ihre *(their/your)*	ihre/Ihre	ihren/Ihren

c) Note that the forms of *ihr/Ihr* can mean 'you' (familiar plural), 'her', 'their' or – with a capital 'I' – 'your' (formal sing./pl.).

3 Demonstrative pronouns *Demonstrativpronomen*

Something which has already been mentioned in an earlier sentence or question can be replaced with a demonstrative pronoun:

Hast du schon eine Torte gekauft? – Have you already bought a cake?
*Nein, **die** kaufe ich nächste Woche.* – No, I'll buy **that** next week.

- Note the word order in these examples: the pronoun is placed first and the subject follows the verb.
- The pronoun agrees with the noun it replaces in gender, case and number.
- The forms of the demonstrative pronoun are very similar to the definite article, but are not the same for all cases.

	Maskulinum	**Femininum**	**Neutrum**	**Plural**
Nominativ	der	die	das	die
Akkusativ	den	die	das	die
Dativ	dem	der	dem	denen
Genitiv	dessen	deren	dessen	deren

G Verbs *Verben*

1 Verb forms *Verbformen*

German verbs change their endings according to the subject *(ich, du*, Klaus etc.) The regular endings in the present tense are as follows:

Singular	1. Person *(I)*	ich	_____e
	2. Person *(you, familiar)*	du	_____st
	3. Person *(he/she/it)*	er/sie/es	_____t
Plural	1. Person *(we)*	wir	_____en
	2. Person *(you, familiar)*	ihr	_____t
	3. Person *(they/you, formal)*	sie/Sie	_____en

2 Separable verbs *Trennbare Verben*

a) Some verbs are separable. When used in a sentence, they split off the first part, called the prefix (which usually looks like a preposition), and send it to the end of the sentence. Something similar happens to certain English verbs, e. g. 'I turned the television off.'

    anrufen – to call: *Ich rufe dich an.* – I will call you.
    fernsehen – to watch TV: *Ich sehe fern.* – I watch TV.

b) Verbs starting with *be-, emp-, ent-, er-, ge-, hinter-, miss-, ver-, zer-* are not separable.

3 Modal verbs *Modalverben*

a) Modal verbs are normally combined with the infinitive of another verb, where the modal acts as the main verb and the infinitive comes at the end:
    Ich muss jetzt gehen. – I must go.

b) Modal verbs are very common and are used to indicate obligation, ability, permission, liking and intention.

- Obligation: *Ich muss …/Wir sollen …*
- Ability: *Sie kann …*
- Permission: *Dürfen wir …?*
- Liking: *Wir mögen …*
- Intention: *Er will …*

c) Note that:
- *ich will* means 'I want', not 'I will'

- *dürfen nicht* means 'must not'
- *muss nicht* means 'need not'.

4 Tenses *Zeiten*

German has six tenses: present, perfect, simple past, pluperfect, future and future perfect. The first three are described here.

A Present *Präsens*

a) The present tense of regular verbs is formed by adding endings as described in point 1 on page 269 to the verb stem.
- Verbs whose stem ends in -s or -ß only add -t in the *du* form:
  heißen – du heißt, wissen – du weißt
- Those ending in -t add -est in the *du* form and -et in the *er/sie/es* and *ihr* form:
  arbeiten – du arbeitest, er arbeitet, ihr arbeitet

b) The verbs *sein* (to be) and *haben* (to have) are irregular in the present tense.

			sein	haben
Singular	1. Person	ich	bin	habe
	2. Person	du	bist	hast
	3. Person	er/sie/es	ist	hat
Plural	1. Person	wir	sind	haben
	2. Person	ihr	seid	habt
	3. Person	sie	sind	haben

c) Some verbs have a change of vowel sound in the 2nd and 3rd person singular in addition to the endings. They sometimes mark this with the umlaut.

Infinitiv	1. Person Sg.	2. Person Sg.	3. Person Sg.	1. Person Pl.
fahren	ich fahre	du fährst	er/sie/es fährt	wir fahren
laufen	ich laufe	du läufst	er/sie/es läuft	wir laufen
lesen	ich lese	du liest	er/sie/es liest	wir lesen
geben	ich gebe	du gibst	er/sie/es gibt	wir geben
gefallen	ich gefalle	du gefällst	er/sie/es gefällt	wir gefallen
essen	ich esse	du isst	er/sie/es isst	wir essen
anfangen	ich fange an	du fängst an	er/sie/es fängt an	wir fangen an

d) The present tense of the modal verbs is as follows.

			können	dürfen	müssen	mögen	wollen	sollen
Singular	1. Person	ich	kann	darf	muss	mag	will	soll
	2. Person	du	kannst	darfst	musst	magst	willst	sollst
	3. Person	er/sie/es	kann	darf	muss	mag	will	soll
Plural	1. Person	wir	können	dürfen	müssen	mögen	wollen	sollen
	2. Person	ihr	könnt	dürft	müsst	mögt	wollt	sollt
	3. Person	sie/Sie	können	dürfen	müssen	mögen	wollen	sollen

B Perfect *Perfekt*

The perfect is a composite tense (auxiliary verb plus participle). It is formed with the present tense of either *haben* or *sein* plus a participle.

a) Most verbs use *haben*:

Form von „haben"		Partizip
ich habe		
du hast		
er/sie/es hat	die Hausaufgaben	ge-mach-t
wir haben		
ihr habt		
sie/Sie haben		

b) The past participle of most verbs is formed by placing *ge-* in front of the verb stem and adding *-t* at the end. In separable verbs, *-ge-* is placed between the prefix and the stem (e.g. *ein-ge-kauft*). The auxiliary is normally the second idea in the sentence or clause, with the participle at the end.

    kaufen: *Ich habe eine CD gekauft.* – I have bought/bought a CD.
    haben: *Ich habe viel Arbeit gehabt.*– I have had/had a lot of work.
    machen: *Ich habe meine Hausaufgaben gemacht.*– I have done/did my homework.

c) Quite a few verbs have irregular past participles. These follow one of four patterns:
- add *ge-* to the beginning of the verb stem and *-en* to the end, e.g. *gefahren*
- add *ge-* to the beginning of the verb stem and *-en* to the end, with a vowel change in the stem, e.g. *getrunken*
- just add *-t* to the end of the stem, e.g. *studiert*
- just add *-en* to the end of the stem, e.g. *bekommen*.

It is worth noting that the most common German irregular verbs are also irregular in English.

d) Several verbs form the perfect tense with a form of *sein* (to be):

zweihundertsiebenundsechzig

Form von „sein"		Partizip
ich bin		
du bist		
er/sie/es ist	nach Salzburg	ge-fahr-en
wir sind		
ihr seid		
sie/Sie sind		

> *fahren:*   *Ich bin nach Hause gefahren.* – I went/drove home.
> *aufstehen:* *Ich bin um 9 Uhr aufgestanden.* – I got up at 9.
> *sein:*   *Ich bin in Graz gewesen.* – I was/have been in Graz.

- Most of these verbs have irregular participles ending in *-en*, not the usual *-t*.
- Almost all of them describe movement or change of state: *fahren, fliegen, gehen, aufstehen, einsteigen, abfahren, ankommen, laufen, springen, steigen, werden, sterben*, etc.
- *bleiben* (to stay) and *sein* (to be) also use *sein* to form the perfect tense.

e) In southern Germany and Austria, the perfect tense of *sein* and *haben* is often used in spoken German as an alternative to the simple past (see below):
Ich bin noch nie in Frankreich gewesen.
Er hat gestern ein Vorstellungsgespräch gehabt.

C Simple Past *Präteritum*

a) In German, the simple past tense is used for narration. In spoken German, only the verbs *sein, haben, werden* and the modal verbs are normally used in the simple past rather than the perfect, with some regional variations.

- The simple past of regular verbs is formed by adding *-t* plus the appropriate ending for the person to the verb stem.
- Irregular verbs generally have vowel changes in their stem and use a different set of endings.

Regular verbs, e.g. wohnen	**Irregular verbs, e.g. kommen**
ich wohnte	ich kam
du wohntest	du kamst
er/sie/es wohnte	er/sie/es kam
wir wohnten	wir kamen
ihr wohntet	ihr kamt
sie/Sie wohnten	sie/Sie kamen

b) The verbs *sein* (to be), *haben* (to have) and *werden* (to become) are irregular in the simple past tense.

	sein	haben	werden
ich	war	hatte	wurde
du	warst	hattest	wurdest
er/sie/es	war	hatte	wurde
wir	waren	hatten	wurden
ihr	wart	hattet	wurdet
sie/Sie	waren	hatten	wurden

c) The past tense of all modal verbs is formed by adding -*t* plus the appropriate ending for the person to the verb stem. Notice how the modals lose their umlaut in the simple past, e.g. *müssen – er musste*.

	können	dürfen	müssen	mögen	wollen	sollen
ich	konnte	durfte	musste	mochte	wollte	sollte
du	konntest	durftest	musstest	mochtest	wolltest	solltest
er/sie/es	konnte	durfte	musste	mochte	wollte	sollte
wir	konnten	durften	mussten	mochten	wollten	sollten
ihr	konntet	durftet	musstet	mochtet	wolltet	solltet
sie/Sie	konnten	durften	mussten	mochten	wollten	sollten

5 Subjunctive *Konjunktiv*

a) The German subjunctive is used to express a condition and is usually translated in English as 'I would …' or 'I could …', e.g. *ich wäre* – I would be, *ich könnte* – I could.

b) The subjunctive tense used here is based on the simple past tense of the verb, with the addition of an umlaut and the appropriate ending. Here are the forms for *sein, haben, werden* and modal verbs commonly used in the subjunctive.

	sein	haben	werden	können	müssen	mögen
ich	wäre	hätte	würde	könnte	müsste	möchte
du	wärest/wärst	hättest	würdest	könntest	müsstest	möchtest
er/sie/es	wäre	hätte	würde	könnte	müsste	möchte
wir	wären	hätten	würden	könnten	müssten	möchten
ihr	wäret/wärt	hättet	würdet	könntet	müsstet	möchtet
sie/Sie	wären	hätten	würden	könnten	müssten	möchten

6 Reflexive verbs *Reflexive Verben*

a) German has a number of reflexive verbs, e.g. *sich bewerben*, most of which take a reflexive pronoun in the accusative case. (A few take a dative pronoun.)

Ich bewerbe mich um die Stelle bei Siemens. – I'm applying for the post with Siemens.

b) The table below gives the accusative reflexive pronouns for all persons in singular and plural.

	Nominativ	Akkusativ
1. Person Sg	ich	mich
2. Person Sg	du	dich
3. Person m./f./n. Sg	er/sie/es	sich
1. Person Pl.	wir	uns
2. Person Pl.	ihr	euch
3. Person Pl.	sie/Sie	sich

7 Imperative *Imperativ*

In German there are three imperative forms (forms used to give commands or make requests):

a) formal *(Sie)*

For the formal imperative, use the normal *Sie* verb form (identical to the infinitive), with the pronoun *Sie* following the verb:
Gehen Sie hier links.
Nehmen Sie den Bus.
Bringen Sie mir bitte einen Kaffee.

b) familiar singular *(du)*

For the familiar singular imperative, take the normal *du* verb form and remove the *-st* ending. The personal pronoun is not used:
Geh hier links.
Nimm den Bus.
Bring mir bitte einen Kaffee.

c) familiar plural *(ihr)*

For the familiar plural imperative, use the normal *ihr* verb form, again without the personal pronoun:
Geht hier links.
Nehmt den Bus.
Bringt mir bitte einen Kaffee.

8 Infinitive construction *Infinitivkonstruktion*

a) Some verbs, e.g. *versprechen, vorschlagen, lieben* (to love), *hassen* (to hate), can be combined with an infinitive with *zu*. Verbs such as *lieben* (to love) and *hassen* (to hate) need to be accompanied by *es*.
*Ich habe versprochen ins Kino **zu** gehen.* – I promised to go to the cinema.
*Ich hasse **es** zu spät **zu** kommen.* – I hate being late.

b) In these constructions the infinitive always comes at the end of the phrase, preceded by *zu*. With separable verbs, the *zu* goes between the two parts of the infinitive, e.g. *anzufangen*.

H Adjectives *Adjektive*

Adjectives are used to describe somebody or something, i.e. to give additional information about a noun. If a German adjective comes before the noun it is describing (e.g. *die langweilige Vorlesung*) it needs to agree with the noun. If it comes after the noun (e.g. *die Vorlesung ist langweilig*), it does not change.

1 Adjective endings *Adjektivendungn*

As mentioned above, when adjectives are used before nouns, they need to agree with it in gender, case and number. Unfortunately, there are three sets of adjective endings, depending on whether they are used with

- an indefinite article (*ein*, *einen*, etc.) or possessive (*mein*, *meine*, etc.)
- a definite article (*der*, *die*, etc.)
- no article at all.

All three sets are listed below, in the nominative (N), accusative (A), dative (D) and genitive (G) cases. Note that most of the time the ending is *-n*.

a) Adjectives with indefinite article or possessive pronoun

	m.	f.	n.	pl.
N	ein neuer Professor	eine langweilige Vorlesung	ein tolles Buch	meine tollen Bücher
A	einen neuen Professor	eine langweilige Vorlesung	ein tolles Buch	meine tollen Bücher
D	einem neuen Professor	einer langweiligen Vorlesung	einem tollen Buch	meinen tollen Büchern
G	eines neuen Professors	einer langweiligen Vorlesung	eines tollen Buches	meiner tollen Bücher

b) Adjectives with definite article (der, die, das)

	m.	f.	n.	pl.
N	der neue Professor	die langweilige Vorlesung	das tolle Buch	die tollen Bücher
A	den neuen Professor	die langweilige Vorlesung	das tolle Buch	der tollen Bücher
D	dem neuen Professor	der langweiligen Vorlesung	dem tollen Buch	den tollen Büchern
G	des neuen Professors	der langweiligen Vorlesung	des tollen Buches	der tollen Bücher

c) Adjectives without article

	m.	f.	n.	pl.
N	kalter Kaffee	frische Milch	kaltes Bier	tolle Bücher
A	kalten Kaffee	frische Milch	kaltes Bier	tolle Bücher
D	kaltem Kaffee	frischer Milch	kaltem Bier	tollen Büchern
G	kalten Kaffees	frischer Milch	kalten Bieres	toller Bücher

2 Comparison *Steigerung*

a) Adjectives are also used to express comparisons.

b) German generally forms the comparative of adjectives by adding *-er*, and does not use the English 'more … than' form:
billig (cheap) – *billiger* (cheaper)
beliebt (popular) – *beliebter* (more popular)

- Some words also change their spelling slightly, to make pronunciation easier:
teuer – teurer, hoch – höher, komfortabel – komfortabler

- Several change the stem vowel by adding an umlaut (¨) as well as adding *-er*:
*groß – gr**ö**ßer, nah – n**ä**her*

- A few are completely irregular and use a replacement word:
gut – besser, viel – mehr

c) In comparisons the word *als* is used for 'than':
*Das Hotel Goldener Hirsch ist besser **als** der Gasthof Kohlpeter.*

I Prepositions *Präpositionen*

a) German prepositions must be followed by a specific case. They can take the accusative, dative or (rarely) genitive, and some take more than one case depending on context.

- Prepositions taking the accusative:
durch, ohne, gegen, bis, um, für
(D O G B U F – This is a 'mnemonic' to help you remember the words.)
*Er arbeitet **für** den Professor.*

- Prepositions taking the dative:
nach, aus, von, zu, bei, ab, mit
(N A V Z B A M)
Ich treffe dich nach der Vorlesung.

- Prepositions taking the accusative or dative, depending on whether the sentence describes motion or position:
in, hinter, an, vor, auf, neben, unter, zwischen, über
(I HAV AN UZÜ)
Ich gehe in die Stadt. (motion)
Ich bin in der Stadt. (position)

b) *zu* and *in* combine with some forms of the following article, e.g. *zu dem* = *zum, zu der* = *zur, in dem* = *im, in das* = *ins*.
Wir fahren zur Universität.
Wir fahren zum Bahnhof.

J Word order *Wortstellung*

Unlike English, German word order is very flexible. However, there are a few principles.

a) In standard word order, the subject (in this case *ich*) is the first idea in the sentence and the verb is the second – as in English:
John geht ins Konzert. – John is going to the concert.
Subject – Verb – Rest of sentence

b) If the sentence does not start with the subject, the verb must still be the second idea, so verb and subject must swap (or 'invert'):
Am Montag geht John ins Konzert. – On Monday John is going to the concert.
Time phrase – Verb – Subject – Rest of sentence

In general, the word order must change if the sentence starts with something other than the subject.

c) Questions in German also use inversion of subject and verb:
Was machst du sonst in der Freizeit?
Machst du auch Sport?
(Interrogative) – Verb – Subject – Rest of sentence

d) For word order in sentences with conjunctions, see section M below.

K Questions *Fragen*

In German a question can start
- with an interrogative (question word), such as *wo* (where), *woher* (where from), *wohin* (where to), *was* (what), *wann* (when), *wie* (how): *Woher kommst du? Was machst du hier?*, or
- with a verb at the beginning:
Studierst du in Berlin? Kommt Marco aus der Türkei?

In both cases, the subject follows the verb.

L Negation *Negation*

To make a sentence negative in German, you can use *nicht* or *kein*.
- *nicht* (not) negates a verb, but *kein* (not a, no) negates a noun:
Er kann nicht schwimmen. Ich habe kein Auto.
- *nicht* never changes, but *kein* is an adjective and has to agree with its noun in gender, number and case. It works like the indefinite article *ein* – see section B above.

M Conjunctions *Konjunktionen*

Conjunctions connect two parts of a sentence, or 'clauses'. Some German conjunctions have no effect on the word order of the sentence; others change the order, sending the verb to the end of the clause. The most important conjunctions are listed below.

a) No effect on word order:
und – and   *oder* – or
*Wir fahren in die Stadt **und** gehen am Abend ins Kino.*

b) Sending verb to end of clause:
weil – because   *obwohl* – although   *nachdem* – after
wenn – if, whenever *dass* – that   *als* – when
*Ich rufe dich an, **wenn** ich nach der Vorlesung nach Hause **komme**.*

c) If the sentence starts with the *wenn* clause, the second clause begins with the verb and the two verbs sit side by side, separated by a comma:
*Wenn es am Wochenende **regnet**, **bleibe** ich zu Hause.*
*Wenn wir nach Köln **fahren**, **besuchen** wir Tante Emma.*

zweihundertdreiundsiebzig

Spelling *Rechtschreibung*

1 Capitalisation *Groß- und Kleinschreibung*

a) In German, the following are written with an initial capital:
- the first word of a sentence
- proper names
- all nouns and words used as nouns
- the forms of the formal pronoun *Sie*.

b) However, *ich* is never written with a capital unless it is at the beginning of a sentence.

2 Umlaut *Umlaut*

The umlaut, the two dots that appear above the vowels *a*, *o* and *u*, is important in German. It not only modifies the sound of the vowel, but also often marks a grammatical form, e.g. the plural or the subjunctive:

hatte – hätte
Bruder – Brüder
Tochter –Töchter

3 Eszett

The letter *ß* (called *Eszett*) is used for the sound ss after a long vowel:

der Fluss	but	*der Fuß*
der Abschluss	but	*abschließen*

Vokabeln

Abenteuer (n.) (-)	adventure
aber	but, however
abfahren (er fährt ab)	to depart
Abfahrt (f.) (-en)	departure
abgeben (er gibt ab, abgegeben)	to return, to hand in
abholen	to pick up, collect
Abitur (n.) (-e)	A-levels
ablehnen	to reject
abschalten (ich schalte ab)	to switch off
Abschiedsbier/essen (n.) (-e/-)	farewell beer/dinner
Abschluss (m.) (¨e)	completion, graduation
Absolvent (m.) (-en)	graduate
Abstand (m.) (¨e)	interval, distance
Abstellraum (m.) (¨e)	store room
abstürzen (es stürzt ab)	to crash
Aktentasche (f.) (-n)	briefcase
alle (s)	all of them, everything
Allergie (f.) (-n)	allergy
allergisch gegen	allergic to
als	when
alt	old
Altbau (m.) (-ten)	old building
Alter (m.) (-)	age
ältester/e/es	oldest
Altstadt (f.) (¨e)	old town
am (= an + dem)	on
am liebsten	like best to
Ampel (f.) (-n)	traffic lights
an	at, on, to
anbieten (ich biete an)	to offer
Anbieter (m.) (-)	provider
anderen	the others
anfangen (ich fange an)	to start
angeblich	reportedly, supposedly
Anglistik (f.)	English studies
Angst haben vor	to be afraid of
(sich anhören) (ich höre mir an)	to listen to (I listen to it myself)
ankommen (ich komme an)	to arrive
Ankunft (f.) (¨e)	arrival
(sich) anmelden	to sign in, register
annehmen	to accept
anprobieren	to try on
anrufen (ich rufe an)	to call
anschließend	following that
anstrengend	hard, strenuous
anstrengend	strenuous
antreten (ich trete an)	to start (a job)
Anwendungsgebiet (n.) (-e)	area of application
Anzahl (f.) (-en)	number
Anzeige (f.) (-n)	advert
anziehen (ich ziehe an)	to put on, wear
Anzug (m.) (¨e)	suit
Apfelstrudel (m.) (-)	apple strudel
Apotheke (f.) (-en)	pharmacy, chemist's
arbeiten	to work
Arbeitserfahrung (f.) (-en)	work experience
ärgerlich	irritating
arm	poor
Arm (m.) (-e)	arm
Arzt/Ärztin (¨e/-nen)	doctor(m/f)
auf	on top of
aufbewahren (ich bewahre auf)	to keep, store
Aufenthalt (m.) (-e)	stay
aufessen (ich esse auf)	to eat up
Aufführung (f.) (-en)	performance
aufladen (ich lade auf)	to recharge, top up
Aufnahme (f.) (-n)	recording
aufstehen (aufgestanden)	to get up
aufwachsen (ich wachse auf)	to grow up
Auge (n.) (-n)	eye
aus	from
ausdrucken (ich drucke aus)	to print out
(tief) ausgeschnitten	(low-)cut
ausgezeichnet	excellent
Aushilfskraft (f.) (¨e)	temp
auskommen mit (ich komme mit … aus)	to get on with
Auskunft (f.) (¨e)	information
Ausland (n.)	abroad
ausschließen (ich schließe aus)	to exclude
außerhalb von	outside
Aussicht (f.) (-en)	view
aussteigen (ich steige aus)	to get off
Austauschprogramm (n.) (-e)	exchange programme
auswendig lernen	to memorise
Auszeichnung (f.) (-en)	award
ausziehen (ich ziehe aus)	to move out
Babymilch (f.)	formula milk
backen (gebacken)	to bake
Bäckerei (f.) (-en)	baker's, bread shop
Bad (n.) (¨er)	bath
Badeanzug (m.) (¨e)	swimsuit
Badehose (f.) (-n)	swimming trunks
Badezimmer (n.) (-)	bathroom
Bahn (f.) (-en)	railway
Bahnhof (m.) (¨e)	station
Bahnsteig (m.) (-e)	platform
Balkon (m.) (-e)	balcony
Bankangestellte (m/f) (-n)	bank employee
bargeldlos	cashless
Baumwolle (f.) (-n)	cotton
beachten	to observe
Becher (m.) (-)	mug
bedeuten	to mean
Bedeutung (f.) (-en)	importance, meaning
beeinflussen (beeinflusst)	to influence
(sich) befinden in	to be located in
begleiten	to accompany
Begriff (m.) (-e)	term
Begründer (m.) (-)	founder
beherrschen	to be familiar with, to master
bei	at, on
beide	both
Beilage (f.) (-n)	side dish
beinahe	almost
bekommen	to get, receive
belegen	to enrol for
beliebt	popular
bemerken	to notice
Benutzerausweis (m.) (-e)	user card

VOKABELN

Bereich (m.) (-e)	area
bereitstellen	to make available
Beruf (m.) (-e)	job
Bescheid sagen	to let (someone) know
beschließen	to decide
beschreiben	to describe
besonders	especially
besorgen	to get, organise, buy
besser	better
sich bessern	to improve
bestrafen	to punish
Besucher (m.) (-)	visitor
Betriebswirtschaftslehre (BWL) (-n)	business studies
Bett (n.) (-en)	bed
sich bewerben (bei) / (um/für)	to apply (to)/(for)
Bewerbung (f.) (-en)	application
Bewerbungsbrief (m.) (-e)	letter of application
Bezahlung (f.) (-en)	salary, pay
Bibliothek (f.) (-en)	library
bieten	to offer
Bikini (m.) (-s)	bikini
billig	cheap
Biologie (f.) (-n)	biology
Birne Helene (f.)	pear Belle Helene
bis	till
bis jetzt	so far
bitte	please
bitten um	to request
blau	blue
bleiben (geblieben)	to stay
blöd	stupid (coll.)
Bluse (f.) (-n)	blouse
blutarm	anaemic
Börse (f.) (-n)	exchange
Bouillon (f.) (-s)	clear soup
Boutique (f.) (-n)	boutique, fashion shop
brauchen	to need
braun	brown
breit	wide
bringen (gebracht)	to bring, get, take
Broschüre (f.) (-n)	brochure
Brötchen (n.) (-)	roll
Brücke (f.) (-n)	bridge
Bruder (m.) (¨)	brother
Brunnen (m.) (-)	fountain
Bücherregal (n.) (-e)	bookshelves, bookcase
Buchladen (m.) (¨)	bookshop
Burg (f.) (-en)	castle
Bus (m.) (-se)	bus
Cent (m.) (-s)	cent
Chemie (-n)	chemistry
Chor (m.) (¨e)	choir
Cousin (m.) (-s)	cousin
Créme (f.) (-s)	cream, ointment
Dachgeschoss (n.) (-e)	attic
Dachterrasse (f.) (-n)	roof terrace
danach	after that
danke	thanks
dann	then
dass	that
Datei (f.) (-en)	file
Datenbank (f.) (-en)	database
dauern (gedauert)	to last
dein	your
denken	to think
der/die/das	the
Dienstag (m.) (-e)	Tuesday
Dirigent (m.) (-en)	conductor
Diskette (f.) (-en)	floppy disk
Dom (m.) (-e)	cathedral
Donnerstag (m.) (-e)	Thursday
Doppelzimmer (n.) (-)	double room
dort	there
dort drüben	over there
Drehbuch (n.) (¨er)	script
drehen	to film, make (film)
Dreibettzimmer (n.) (-)	3-bed room
drinnen	inside
drucken	to print
Druckerpresse (f.) (-n)	printing press
Drüsenfieber (n.)	glandular fever
du	you
dunkel	dark
dürfen (darf ich?)	to be allowed to, may (may I?)
durstig	thirsty
Dusche (f.) (-n)	shower
echt	real, genuine
Ehefrau (f.) (-en)	wife
Ehemann (m.) (¨er)	husband
ehrlich	honest
Ei (n.) (-er)	egg
eigener/e/es	own
ein/eine/einen	a, an
einfach	simple, simply
Eingabe (f.) (-n)	entry, entering
eingeben (ich gebe ein)	to enter, key in
einige	a few
einladen (er lädt ein, eingeladen)	to invite
einmal	once
einreichen (eingereicht)	to hand in
einsteigen (ich steige ein)	to get on
Eintrittskarte (f.) (-n)	(admission) ticket
Einzelzimmer (n.) (-)	single room
Eis laufen	to ice-skate
Eisbein (n.) (-e)	knuckle of pork
Eisenbahn (f.) (-en)	railway
Elektrotechnik	electrical engineering
Eltern (pl.)	parents
E-Mail (f.) (-s)	email
E-Mail-Adresse (f.) (-n)	email address
empfehlen	to recommend
Englisch	English
Enkel (m.) (-)	grandson
Enkelin (f.) (-nen)	granddaughter
entdecken (entdeckt)	to discover
Entdeckung (f.) (-en)	discovery
Ente (f.) (-n)	duck
entlang	along
entscheiden	to decide
entwickeln (entwickelt)	to develop
Entwicklung (f.) (-en)	development
Entwicklungshilfeprojekt (n.) (-e)	development aid project
er	he
Erdgeschoss (n.) (-e)	ground floor
erfahren	to learn, discover
Erfahrung (f.) (-en)	experience
erfinden (erfunden)	to invent
Erfinder (m.) (-)	inventor
Erfindung (f.) (-en)	invention
Erfolg (m.) (-e)	success
erforschen (erforscht)	to research

Ergebnis (n.) (-se)	result	Fuß (m.) (¨e)	foot
erhalten (er erhält, erhalten)	to receive	Fußballstadion (n.) (-en)	football stadium
erkältet sein	to have a cold	Fußgängerzone (f.) (-n)	pedestrian precinct
Erkältung (f.) (-en)	cold		
Ermäßigung (f.) (-en)	reduction, concession	ganz	whole
erst	only, not until	Gasse (f.) (-n)	lane
erst mal	first of all	Gasthof (m.) (¨e)	inn, guesthouse
erstellen	to write, draw up	geben (es gibt)	to be (there is/are)
erstklassig	first class	Gebiet (n.) (-e)	region
Erwachsene (m./f.) (-n)	adult	geboren: ist/wurde geboren	was born
erwerben	to acquire	Geburtstag (m.) (-e)	birthday
es	it	gefährlich	dangerous
essen	to eat	gefallen (es gefällt mir)	to please (I like it)
euer/eure	your (familiar plural)	Gegend (f.) (-en)	region
Euro (m.) (-) (-s)	euro	Geheimzahl (f.) (-en)	secret code, PIN
Exemplar (n.) (-e)	item	gehen	to go
		Gehirn (n.) (-e)	brain
Facharzt/ Fachärztin (¨e/-nen)	specialist (m/f)	gelb	yellow
Fachhochschule (f.) (-n)	HE college	Geld (n.) (-er)	money
Fähigkeit (f.) (-en)	skills	Geldautomatenkarte (f.) (-n)	cashpoint card
fahren (er fährt)	to go (by car/bus/train)	Geldtasche (f.) (-n)	purse
Fahrkarte (f.) (-n)	ticket	Gelegenheit (f.) (-en)	opportunity
Fahrrad (n.) (¨er)	bicycle	gemeinsam	together
Familienkarte (f.) (-n)	family ticket	Gemüse (n.) (-)	vegetables
fast	almost	Gemüsesuppe (f.) (-n)	vegetable soup
Fehlleistung (f.) (-en)	error	genau	exactly
feiern	to celebrate	genial	brilliant
Fenster (n.) (-)	window	Geografie (f.) (-n)	geography
Ferien (pl.)	holidays	geradeaus	straight on
fernsehen (ich sehe fern)	to watch TV	Gericht (n.) (-e)	(here) dish
Fernseher (m.) (-)	TV	gern(e)	like to
fesseln	captivate	Geschäftsfrau (f.) (-en)	businesswoman
festlegen	to arrange, set	Geschäftsmann (m.) (¨er)	businessman
Festplatte (f.) (-n)	hard disk	Geschenk (n.) (-e)	present
Festung (f.) (-en)	fortress	Geschichte (f.) (-n)	story, history
Fieber (n.)	temperature	Geschmack (m.) (¨e/¨er)	taste
finden (gefunden)	to think, to find	Geschwister (pl.)	siblings
Finger (m.) (-)	finger	gesetzlich	legal, legally
Fischstäbchen (n.) (-)	fish fingers	gesprochen werden	to be spoken
Fitnessraum (m.) (¨e)	exercise room	gesucht	required, sought-after
Flasche (f.) (-n)	bottle	Getränk (n.) (-e)	drink
Fleischgericht (n.) (-e)	meat dish	Getreide (n.) (-)	grain
fließend	fluent	getrennt	separately
Flugzeug (n.) (-e)	plane	Gewitter (n.) (-)	storm
Fluss (m.) (¨e)	river	Gewohnheiten (pl.)	customs
Folge (f.) (-n)	episode	Gitarre (f.) (-n)	guitar
Forscher (m.) (-)	researcher	Glas (n.) (¨er)	glass
Forschung (f.) (-en)	research	glauben	to believe/ think
fortgeschritten	advanced	Glück (n.) (-e)	luck
fortsetzen (fortgesetzt)	to continue	glücklich	happy
Frau (f.) (-en)	woman	Grad (m.) (-e)	degree
Freitag (m.) (-e)	Friday	grau	grey
Freizeit (f.) (-en)	free time, leisure	Grenze (f.) (-n)	border
Fremdenführer (m.) (-)	tour guide	Grippe (f.) (-n)	'flu
Fremdsprache (f.) (-n)	foreign language	groß	big
Fremdsprachenkenntnisse (pl.)	knowledge of foreign languages	Groß- und Kleinschreibung (f.)	use of capital letters
		Großbuchstabe (m.) (-n)	capital letter
Fremdsprachenprogramm (n.) (-e)	foreign language programme	Größe (f.) (-n)	size
Freund/Freundin (-e/-nen)	friend (m/f)	Großeltern (pl.)	grandparents
Friseur (m.) (-e)	hairdresser	Großmutter (f.) (¨er)	grandmother
früh	early, in the morning	Großvater (m.) (¨er)	grandfather
Frühling (m.) (-e)	spring	grün	green
Frühstück (n.) (-e)	breakfast	gründen	to found
frühstücken	to have breakfast	Grundkenntnisse (pl.)	basic knowledge
führen	to lead, hold (conversation)	Grundschule (f.) (-n)	primary school
Fundbüro (n.) (-s)	lost property office	Grüßen (n.)	greeting
funktionieren	to work	Gulasch (n.) (-e)	goulash
furchtbar	terrible	gut bezahlt	well-paid

Vokabeln

VOKABELN

Gymnasium (n.) (-en)	grammar school
Haar (n.) (-e)	hair
haben	to have
hallo	hi
Hals (m.) (¨e)	throat
halten (von)	to think (of)
Haltestelle (f.) (-n)	bus stop
Hand (f.) (¨e)	hand
Handel (m.)	trade, commerce
Handelsprodukt (n.) (-e)	trade item
Handlung (f.) (-en)	plot
hängen	to hang
hässlich	ugly
häufig	frequent
Hauptspeise (f.) (-n)	main course
Hauptstraße (f.) (-n)	main road/street
Hausaufgabe (-n)	homework
Haustier (n.) (-e)	pet
heiraten	to marry
heiß	hot
heißen	to be called
sich helfen lassen	to have someone help you
hell	light, bright
Hemd (n.) (-en)	shirt
Herbst (m.) (-e)	autumn
herunterladen	to download
heute	today
hier	here
Hilfskraft (f.) (¨e)	assistant, support
hinfahren (er fährt hin)	to go (there)
hinschicken	to send (to)
hinter	behind
Hobbyraum (m.) (¨e)	DIY room
hoch (höher)	high (higher)
hoffentlich	I hope
höflich	polite
höhergestellt	senior
Honig (m.) (-e)	honey
hören	to hear, to listen
Hose (f.) (-n)	(pair of) trousers
Huhn (n.) (¨er)	chicken
Husten (m.)	cough
Hustensaft (m.) (¨e)	cough syrup
ich	I
ihr	her, you (familiar plural)
Ihr/Ihr	your (formal)
immatrikulieren (immatrikuliert)	to register
immer	always
in (im)	in/to (in/to the)
in bar	in cash
Informationsblatt (n.) (¨er)	information leaflet
Ingenieur (m.) (-e)	engineer
Inhaber (m.) (-)	owner
Inhalt (m.) (-e)	contents
Internet (n.)	internet
irgendwelche	any
irgendwo	somewhere
Jacke (f.) (-n)	jacket
Jahr (-e)	year
Jahreszeit (f.) (-en)	season
Jahrhundert (n.) (-e)	century
jeder/e/es	every, everyone, each
jetzt	now
Jugendherberge (f.) (-n)	youth hostel
jung	young
Kabine (f.) (-n)	booth
Kai (m.) (-s)	quay
kalt (kälter)	cold (colder)
Kaltmiete (f.) (-n)	rent excluding heating
Kamera (f.) (-s)	camera
Karte (f.) (-n)	map
Kartoffel (f.) (-n)	potato
Kartoffelpüree (n.) (-s)	mashed potato
Kartoffelsalat (m.) (-e)	potato salad
Käse (m.) (-n)	cheese
Kasse (f.) (-n)	checkout
Kassette (f.) (-n)	cassette
Kater (m.) (-)	hangover
kaum	hardly
kein	no, not a
Keller (m.) (-)	basement
Kenntnisse (pl.)	knowledge
Kerze (f.) (-n)	candle
Kind (n.) (-er)	child
Kindheit (f.) (-en)	childhood
Kino (n.) (-s)	cinema
klappen	to work
Klasse (f.) (-n)	class
klassisch	classical
Kleid (n.) (-er)	dress
Kleiderschrank (m.) (¨e)	wardrobe
klein	small
Kleinigkeit (f.) (-en)	little something
klingen	to sound
Kneipe (f.) (-n)	pub
Knie (n.) (-)	knee
Koch (m.) (¨e)	cook
kochen	to cook, boil
Koffer (m.) (-)	suitcase
kommen	to come
Konditorei (f.) (-en)	patisserie
können	to be able to
konstruieren (konstruiert)	to design
Konzert (n.) (-e)	concert
Konzerthaus (n.) (¨er)	concert hall
Kopf (m.) (¨e)	head
kosten	to cost
Kostüm (n.) (-e)	skirt suit
Krabbencocktail (m.) (-s)	prawn cocktail
Krankenkasse (f.) (-n)	health insurance
Krankenschwester (f.) (-n)	nurse
krankenversichert sein	to have health insurance
Kräuter (pl.)	herbs
Krawatte (f.) (-n)	tie
kreativ	creative
Kreditkarte (f.) (-n)	credit card
Kreuzung (f.) (-en)	junction
Kriegsfilm (m.) (-e)	war movie
Krimiserie (f.) (-n)	detective series
Küche (f.) (-n)	kitchen
Kuchen (m.) (-)	cake, gateau
Kunst (f) (¨e)	art
lachen	to laugh
Lachs (m.) (-e)	salmon
Laden (m.) (¨)	shop
Lagerhaus (n.) (¨er)	warehouse
Land (n.) (¨er)	country, federal state
langweilig	boring
lassen (er lässt)	to let, allow
laufen	to run, (here:) to go

Laufwerk (n.) (-e)	drive	Nachhilfe (f.) (-n)	private tuition
laut	loud	Nachmittag (m.) (-e)	afternoon
Lebenslauf (m.) (¨e)	CV	nachsehen	to check
Leder (n.) (-)	leather	Nachspeise (f.) (-n)	dessert
Lehrer (m.) (-)	teacher	nächster/e/es	next
Lehrveranstaltung (f.) (-en)	lesson, class	Nacht (f.) (¨e)	night
leider	unfortunately	Nachweis (m.) (-e)	proof
sich leisten	to afford	nah (näher)	near (nearer)
Leselampe (f.) (-n)	lamp	Name (m.) (-n)	name
Leseliste (f.) (-n)	reading list	Nase (f.) (-n)	nose
lesen	to read	nass	wet
lieber	rather, prefer to	natürlich	of course
Lieblingsgetränk (n.) (-e)	favourite drink	Naturwissenschaft (f.) (-en)	science
Lied (n.) (-er)	song	neben	next to
liegen	be situated	Nebenkosten (pl.)	running cost
Linguistik (f.)	linguistics	neblig	foggy
Linie (f.) (-n)	line	Neffe (m.) (-n)	nephew
links	left	nehmen (er nimmt)	to take
Lizenz (f.) (-en)	licence	nerven	to get on somebody's nerves
lohnend	worthwhile	neu	new
löschen	to delete	Nichte (f.) (-n)	niece
losfahren (losgefahren)	to set off	Nichtraucher/ Nichtraucherin (-/-nen)	non-smoker (m/f)
Lutschtablette (f.) (-n)	lozenge	nie, niemals	never
		Nobelpreis (m.) (-e)	Nobel Prize
Magen (m.) (¨)	stomach	noch	still
Makler (m.) (-)	broker	Nominierung (f.) (-en)	nomination
manchmal	sometimes	Notiz (f.) (-en)	note
männlich	male, masculine	Nummer (f.) (n)	number
Mappe (f.) (-n)	folder	nur	only
Marmelade (f.) (-n)	jam		
Maschinenbau (m.)	mechanical engineering	Ober (m.) (-)	waiter
Maschinenbauingenieur (m.) (-e)	mechanical engineer	Obst (n.)	fruit
Mathematik (f.)	mathematics	obwohl	although
Medizin (f.)	medicine	oder	or
mehr	more	öffentlich	public
mehrere	several	öffnen	to open
mein/meine	my	Ohr (n.) (-en)	ear
meinen	to think	Onkel (m.) (-)	uncle
meistens	mostly, mainly	Orangensaft (m.) (¨e)	orange juice
Meisterwerk (n.) (-e)	masterpiece	Orchester (n.) (-)	orchestra
Mensa (f.) (-s/-en)	refectory	Ordination (f.) (-en)	doctor's surgery
Miete (f.) (-n)	rent		
Mieter (m.) (-)	tenant	Papierkorb (m.) (¨e)	waste paper bin
Milch (f.)	milk	Parkplatz (m.) (¨e)	car park
Minderwertigkeit (f.) (-en)	inferiority	passen	to fit
Mineralwasser (n.) (-)	mineral water	Pension (f.) (-en)	bed and breakfast
Minute (f.) (-n)	minute	Pflaster (n.) (-)	sticking plaster
mitbringen (mitgebracht)	bring (along)	Pflaumenkompott (n.) (-e)	plum compote
mitkommen	to come along	Photoladen (m.) (¨)	camera shop
Mittagspause (f.) (-n)	lunch break	Physik (f.)	physics
Mittel (n.) (-)	medication	Pinwand (f.) (¨e)	pinboard
Mittwoch (m.) (-e)	Wednesday	Platz (m.) (¨e)	square
möbliert	furnished	pleite sein	to be broke
mögen (ich möchte)	to like (I would like)	Pommes frites (pl.)	chips
Möglichkeit (f.) (-en)	opportunity	Portion (f.) (-en)	portion
Monatskarte (f.) (-n)	monthly bus pass	Postleitzahl (f.) (-en)	post code
Montag (m.) (-e)	Monday	Praktikant (m.) (-en)	student on placement
Monumentalfilm (m.) (-e)	epic	Probespiel (n.) (-e)	audition
müde	tired	probieren	to try
Musik (-en)	music	Produzent (m.) (-en)	producer
Musiker (m.) (-)	musician	prüfen	to check
Musikladen (m.) (¨)	music shop	Prüfung (f.) (-en)	examination
Muskelkater (m.) (-)	sore muscles	Psychoanalyse (f.) (-n)	psychoanalysis
müssen	to have to	Psychologie (f.)	psychology
Mutter (f.) (¨)	mother	Pulli (m.) (-s)	jumper
		pünktlich	punctual
nach	to/past	purpur	purple
nachdem	after		

Quadratmeter (m.) (-)	square metre
Quelle (f.) (-n)	source
Quittung (f.) (-en)	receipt
raten (er rät)	to advise
Rathaus (n.) (¨er)	town hall
rauchen	to smoke
Raum (m.) (¨e)	region
Rechner (m.) (-)	PC
Rechnung (f.) (-en)	bill, invoice
recht	really
Recht haben	to be right
rechts	right
reden	to talk
regelmäßig	regular
Regie (f.) (-n)	directing
Regisseur (m.) (-e)	director
regnen	to rain
Reh (n.) (-e)	venison
reichen	to stretch, reach, range
Reihe (f.) (-n)	series, row
Reis (m.)	rice
Reise (f.) (-n)	journey
reisen	to travel
Reisepass (m.) (¨e)	passport
Reiseversicherung (f.) (-en)	travel insurance
Relativitätstheorie (f.) (-n)	theory of relativity
renovieren	to renovate
reservieren	to reserve
retten	to recover, rescue
Rezept (n.) (-e)	prescription
richtig	right
Rock (m.) (¨e)	skirt
rosa	pink
rot	red
Rücken (m.) (-)	back
ruhig	quiet
sagen	to say
Salat (m.) (-e)	salad
Samstag (m.) (-e)	Saturday
Salbe (f.) (-n)	ointment
Sänger (m.) (-)	singer
satt	full
satt sein	to be full up
Satzzeichen (n.) (-)	punctuation
Sauerbraten (m.) (-)	marinated braised beef
S-Bahn (-en)	urban railway
schaffen	to create, manage
Schal (m.) (-s)	scarf
Schaum (m.) (¨e)	mousse
Schauspiel (n.) (-e)	play
Scheibe (f.) (-n)	slice
Schi fahren	to ski
schicken	to send
Schlafzimmer (n.) (-)	bedroom
schließen	to close
schlimm	bad
Schloss (n.) (¨er)	castle, mansion
Schluss (m.) (¨e)	end
Schlüssel (m.) (-)	key
Schmerz (m.) (-en)	pain
Schnäppchen (n.) (-)	bargain
schneien	to snow
Schnitt (m.) (-e)	editing
Schnitzel (n.) (-)	escalope
Schokolade (f.) (-n)	chocolate
schon	yet, already
schön	nice, beautiful
Schreibtisch (m.) (-e)	desk
schriftlich	written
Schuhladen (m.) (¨)	shoe shop
schwach	weak
Schwäche (f.) (-n)	weakness
Schwager (m.) (-)	brother-in-law
Schwägerin (f.) (-nen)	sister-in-law
schwarz	black
Schwarzwälder Kirschtorte (f.) (-n)	blackforest (cherry) gateau
Schweinebraten (m.) (-)	roast pork
schwer	difficult, hard, severe
Schwester (f.) (-n)	sister
schwierig	difficult
schwimmen	to swim
Seele (f.) (-n)	soul
sehen	to see
sehr	very
sein	to be, his, its
seit	since, for
seit wann	for how long, since when
Sekundarschule (f.) (-n)	secondary school
selbstständig	independent
Semester (n.) (-)	semester
Semesterkarte (f.) (-n)	termly bus pass
Seminar (n.) (-e)	seminar
Seminararbeit (f.) (-en)	seminar essay
sichern	to save, back up
Sicherungskopie (f.) (-n)	back-up copy
sie	she
Sie	you (formal)
siezen	to call somebody Sie
singen (gesungen)	to sing
sofort	immediately
sogenant	so-called
Sohn (m.) (¨e)	son
solcher/e/es	such
sollen	to be supposed to, shall
Sommer (m.) (-)	summer
Sonnenbrand (m.) (¨e)	sunburn
Sonnenbrille (f.) (-n)	sunglasses
Sonnencreme (f.) (-s)	suncream
sonnig	sunny
Sonntag (m.) (-e)	Sunday
sonst	else, otherwise
sorgen für	to supply, look after
Spannung (f.) (-en)	tension
Spaß (m.) (¨e)	fun
spät	late
spazieren gehen (gegangen)	to go for a walk
Speicher (m.) (-)	warehouse
speichern	to save
Speise (f.) (-n)	food
Speise (f.) (-en)	dish (-es)
Speisekarte (f.) (-n)	menu
sperren	to block, stop
Spiegelei (n.) (-er)	fried egg
spielen	to play
sprachlos	speechless
Sprachwissenschaft (f.) (-en)	linguistics
sprechen	to speak
Sprechstundenhilfe (f.) (-n)	surgery assistant
Sprechzeiten (pl.)	surgery hours
Stadt (f.) (¨e)	city
Stadtführung (f.) (-en)	guided tour
Stadtmauer (f.) (-n)	city wall
Stadtrand (m.) (¨er)	suburbs
Stadtzentrum (n.) (-tren)	city centre

stammen aus	to originate, come (from)
stark	strong, bad
Stärke (f.) (-n)	strength
stattfinden (es findet statt)	to take place
stehen	to stand, to be
stehlen (er stiehlt, gestohlen)	to steal
steigen	to climb
Stelle (f.) (-n)	post
stellen	to put, to ask (question)
Stellenanzeige (f.) (-n)	job advert
Stereoanlage (f.) (-n)	hi-fi
Stock (m.) (¨e)	floor
Strand (m.) (e)	beach
Straße (f.) (-n)	street, road
Straßenbahn (f.) (-en)	tramway
Straßenbeleuchtung (f.) (-en)	street lighting
streng	strict
Stück (n.) (-e)	slice, piece
Studentenausweis (m.) (-e)	student ID card
Studentenlokal (n.) (-e)	student pub
Studentenwohnheim (n.) (-e)	student hall of residence
Studiengang (m.) (¨e)	degree course
Studiengebühren (f.)	university fees
Studienkollege/Studienkollegin (-n/-nen)	fellow student(m/f)
studieren	to study
Studium (n.) (-ien)	studies
Stuhl (m.) (¨e)	chair
Stunde (f.) (-n)	hour, lesson
Stundenplan (m.) (¨e)	timetable
suchen	to look for
Suppe (f.) (-n)	soup
Tabakladen (m.) (¨)	tobacconist's
Tablette (f.) (-n)	tablet
Tagessuppe (f.) (-n)	soup of the day
täglich	daily
Tante (f.) (-n)	aunt
tanzen	to dance
Tasche (f.) (-n)	bag
Tasse (f.) (-n)	cup
Tastatur (f.) (-en)	keyboard
Tastenfeld (n.) (-er)	keypad
teilen	to share
teilnehmen (teilgenommen)	to take part
Telegrafennetz (n.) (-e)	telegraph network
Teppich (m.) (-e)	rug
teuer (teurer)	expensive (more expensive)
Theaterwissenschaften (pl.)	drama (studies)
Theologie (f.) (-n)	theology
Tochter (f.) (¨)	daughter
toll	super
Ton (m.) (¨e)	sound
Tonschnitt (m.) (-e)	sound editing
Topfpflanze (f.) (-n)	potted plant
Torte (f.) (-n)	gateau, flan
tragisch	tragic
Traumdeutung (f.) (-en)	dream analysis
sich treffen	to meet
trennen	to separate
trotzdem	nevertheless
tschüss	bye
tun	to do
Tür (f.) (-en)	door
Tutorium (n.) (-ien)	tutorial
U-Bahn (f.) (-en)	underground railway
über	above
sich überlegen	to consider
übermorgen	the day after tomorrow
übernachten (übernachtet)	to stay overnight
überqueren	to cross
überraschen	to surprise
Überraschung (f.) (-en)	surprise
übersehen	to overlook, miss
Übersetzung (f.) (-en)	translation
überzeugen von	to convince of
Übung (f.) (-en)	practical
um	at
Umgangsformen (pl.)	manners
Umgangssprache (f.) (-n)	colloquial language
umsteigen (ich steige um)	to change (train, bus)
unbedingt	absolutely, desperately, necessarily
Unbewusste (n.)	the unconscious
unendlich	never-ending
ungefähr	approximately
ungewöhnlich	unusual
Universität (f.) (-en)	university
unser/unsere	our
unter	below
Unterhaltung (f.) (-en)	entertainment, conversation
Unterkunft (f.) (¨e)	accommodation
Unterlagen (pl.)	documents
unternehmen (unternommen)	to do (entertainment)
unterrichten	to teach
unterschreiben	to sign
untersuchen (untersucht)	to examine
unterteilt werden	to be divided
Urheberrecht (n.) (-e)	copyright law
Urlaub (m.) (-e)	holiday
Urlaubsvertretung (f.) (-en)	holiday cover
Vater (m.) (¨)	father
Vegetarier/Vegetarierin (-/-nen)	vegetarian (m/f)
vegetarisch	vegetarian
sich verabreden	to arrange to meet
Veranstaltung (f.) (-en)	event
Verbindung (f.) (-en)	connection, link
verbreiten (verbreitet)	to spread
verbringen (verbracht)	to spend (time)
verdecken	to cover
verdienen	to earn
sich verdoppeln	to double
vergessen (er vergisst, vergessen)	to forget, to leave behind
Verhalten (n.)	behaviour
verhindern	to prevent
verkosten	to try (taste)
Verlag (m.) (-e)	publisher
verlegen (verlegt)	to route
vermieten	to let
verschieden	different, various
Versicherung (f.) (-en)	insurance
versprechen	to promise
Versprecher (m.) (-)	slip of the tongue
versuchen	to try
Verwandten (pl.)	relations
Verwertungsrechte (pl.)	commercial rights
viel (mehr)	a lot of, much (more)
vielleicht	maybe
von	from
vor	to/ in front of
vorbei	gone, past
(sich) vorbereiten auf	to prepare for
Vorhang (m.) (¨e)	curtain

VOKABELN

Vorlesung (f.) (-en)	lecture
Vormittag (m.) (-e)	morning
Vorschlag (m.) (¨e)	suggestion
vorschlagen	to suggest
vorsichtig	careful
Vorspeise (f.) (-n)	starter
Vorstellungsgespräch (n.) (-e)	interview
wahrnehmen	to take advantage of
wandern	to go hiking
wann	when
warm	warm
Warmmiete (f.) (-n)	rent including heating
warum	why
was	what
was für …	what kind of …
Waschraum (m.) (¨e)	laundry room
weder … noch	neither … nor
wehen	to blow
wehtun (es tut weh)	to hurt, ache
weiblich	female, feminine
weil	because
Wein (m.) (-e)	wine
Weinlokal (n.) (-e)	wine bar
weiß	white
weit	far
weit entfernt	far away
weiter	further, continue
welcher/e/es	which
Welle (f.) (-n)	wave
weltweit	worldwide
wenig	little
wenige	few
weniger	less
wenn	if, when(ever)
werden (ist geworden)	to become
Werkstudent (m.) (-en)	student trainee
Wettervorhersage (f.) (-n)	weather forecast
wichtig(ste)	(most) important
wie	what, how
wie immer	as always
wie viel	how much
wie viele	how many
wieder	again
windig	windy
Winter (m.) (-)	winter
wirklich	really
wissen (ich weiß)	to know
Wissenschaftler/Wissenschaftlerin (-/-nen)	scientist (m/f)
wo	where
Woche (f.) (-n)	week
Wochenkarte (f.) (-n)	weekly bus pass
woher	where from
wohin	where (to)
wohnen	to live
Wohngemeinschaft (WG) (f.) (-en)	shared flat/house
Wohnort (m.) (-e)	place of residence
Wohnung (f.) (-en)	flat, apartment
Wolle (f.) (-n)	wool
wollen	to want
Wurst (f.) (¨e)	sausage, cold meat
Würstchen (n.) (-)	sausage
zahlen	to pay
Zahlungsart (f.) (-en)	method of payment
Zahn (m.) (¨e)	tooth
Zahnarzt (m.) (¨e)	dentist
Zahnbürste (f.) (-n)	toothbrush
Zeit (f.) (-en)	time
Zeitraum (m.) (¨e)	timespan
Zeitung (f.) (-en)	newspaper
Zeugnis (n.) (-se)	certificate
ziemlich	fairly, rather
Zimmer (n.) (-)	room
zu	to
Zucker (m.)	sugar
zuerst	first
Zug (m.) (¨e)	train
zum Schluß	finally
zumindest	at least
zurückkommen (zurückgekommen)	to return
zusammen	together
Zusammenfassung (f.) (-en)	summary
Zusammenhang (m.) (¨e)	connection
Zustand (m.) (¨e)	condition
zuvor	before
zwar	it's true that …, although …
Zweck (m.) (-e)	purpose, use
zweimal	two (helpings), twice
Zwiebelsuppe (f.) (-n)	onion soup
zwischen	between